COLECCIÓN TESTIMONIO

UN HOMBRE
SIN SOMBRAS

GRACIELA GUERRERO GARAY

GRACIELA
GUERRERO GARAY

UN HOMBRE
SIN
SOMBRAS

EDITORIAL LETRA VIVA
CORAL GABLES, LA FLORIDA

GRACIELA GUERRERO GARAY

ISBN: 0976207044
ISBN-13: 978-0-9762070-4-7

Printed in the United States of America

DEDICATORIA

A esta generación que puede convertir a
la tierra en un cono de luz o un calvario.
A quienes rectificaron y sintieron que mirar sobre montañas era bueno al alma.

A todos los que creen en el mejoramiento humano, hacen de la virtud un amule-
to y se detienen, para saltar con más
bríos y dignidad sobre los pasos perdidos.

A quienes construyen puentes sobre espinas y miran de frente al sol.

A los que confían y aman, y me quieren
sin velos transparentes. A la gente que se
levanta y mira de frente al sol.

A todos los que luchan porque cada mañana, en cualquier rincón del planeta, no
importa cómo,   nazca un hombre sin
sombras.

A la memoria de mi padre y todos los
guerrilleros de fe que andan entre las
nubes, sin tragarse el brillo de una estrella.

GRACIELA GUERRERO GARAY

Agradecimientos

A Pedro Rodríguez Medina por ser un excelente interlocutor y dejarme entrar en los túneles de su vida, atravesando distancias, remolinos y esperanzas.

A los divinos seres de mi familia querida, que me apoyaron, dejaron hacer y creyeron que podía brincar obstáculos y sueños.

A mi madre, mis hermanos y sobrinos que estuvieron pendientes del reto y me empujaron cuando los ánimos bajaban y la salud me impuso desafíos.

A mi Santa Bárbara y a ese Dios hermoso que nos guía y fortalece cuando el camino se tuerce.

A todos los angelitos buenos que con caras de amigos verdaderos están ahí, entre las pesadillas y las luces.

A los que quieran hacer suya la gloria que cabe en un grano de maíz y confían en los hombres, al margen de aciertos y desaciertos.

Palabras de la Autora

Un hombre sin sombras, más que un relato autobiográfico de Pedro Rodríguez Medina o una entrevista, explícita o implícita entre preguntas y respuestas, acotaciones al margen o aderezos periodísticos o literarios, es un trayecto de manos con este cubano de cepa, nacionalista y martiano, que nos lleva a encontrar no su vida ni sus aciertos, encuentros o desencuentros, sino algo más vital, la comunión existencialista que hay en él y que, ahora mismo, puede suceder en cualesquiera de nosotros.

No pretende este libro relatar ni maximizar el destino o los pasos de un hombre que tiene mucho que contar, más que de sí mismo, de la lucha, a veces con voces y otras en silencio, entre dos naciones que marcan, cada una en su espacio concreto, un hito en la historia de la humanidad. Cuba, como Faro de América Latina y la Primera Revolución Socialista del hemisferio Norte, y Estados Unidos, la cuna del imperialismo yanqui, la gestora del más sangriento proceso de expoliación del Tercer Mundo y la meca de la prepotencia anticubana, contrarrevolucionaria y gerencial del diferendo político que ha mantenido irreconciliables a estos dos países por más de medio siglo.

Esta entrevista - testimonio, atípica quizás bajo la lupa de la conceptualización de los llamados Géneros Periodísticos, no busca dignificar a un individuo que por sí mismo ha dignificado ya con creces el camino que decidió tomar definitivamente, amén de que a los ojos de algunos testarudos su actuar, consciente y convincente desde todos los puntos de vista, sea tal vez un desdoblamiento sobre una posible "mea culpa", dado el carácter dual que trasciende sobre su propio destino.

Nunca hubo un <u>Pedro ahora y otro después</u>..., es el mismo **Pedro,** quien sobrevoló las circunstancias a partir de su fe y sus convicciones, sujetas, como la de todo ser humano, a ese medio de influencias, situaciones, oportunidades y evidencias que cohabitan en la vida cotidiana, enriquecidas con el paso de los años y la experiencia, por la realidad que gana a la fantasía, la ficción y los decires sociales.

Un **Pedro** único, con identidad propia, que un día se aceptó el reto de andar por donde siempre anduvo, levantó la voz y aquí está, sin sombras, para aleccionar a los que duden de esa transparencia de las almas que son, aunque naveguen en medio de oscuras tempestades.

Interesante resulta la proverbial síntesis de sus palabras, acunadas en una sencillez escueta y sincera de todos los sentimientos que le promueven las preguntas. Reveladoras, las muchas anécdotas de lo que se cocina en el exilio cubano por una muy bien calificada y bautizada mafia anticastrista que, abismalmente distante del interés patrio que quieren vender, se reacomoda a la intransigencia política e intereses económicos, *facistoides* e imperiales del Gobierno, Presidente, Congreso y Cámara de Representantes que ocupen las sillas y auditorios de la Casa Blanca en los Estados Unidos.

Testimonial, cívicamente muy testimonial, la amalgama psicológica de su actuar social y humano. Su lucha por defender la soberanía de su querida Cuba con hechos concretos, acciones riesgosas, empeño desmedido... Nadie crea que busca ser un héroe ni un protagonista excepcional. No lo necesita.

Pedro Rodríguez Medina es una semilla tangible y creadora de los que hacen y después dicen si se les impele, y con ese sentido voluntarioso y tenaz que le caracteriza nunca dejó para sí mismo lo que encontró justo defender y abocar, en el complejo juego de luces que puede ser el camino de un hombre sin sombras, martiano y cubano por demás.

Por eso vale andar con él en este largo y cortísimo espacio donde a sus sentimientos se han sumado tantos –siguen y seguirán sumando-, de los que sienten a

11

Cuba más allá de las aguas picadas del exilio en el Sur de la Florida, para convertirla en ese tridimensional concepto martiano de que Patria es Humanidad. Noble y real principio que sustenta la red social Blogueros y Corresponsales de la Revolución, creada por la colega Norelys Morales desde Villa Clara, donde tuve el inmenso placer de descubrirlo y acercarme a las ventanas abiertas que siempre deja al sol.

Gracias Pedro.

De la Autora

I PARTE

LAS RUEDAS DEL TIEMPO

Capítulo I

Con ojos propios

Sin Lupas

Sonríe. El chino Ramón le retoza entre la retina y el iris café con leche de sus ojos. No ha perdido el tiempo, aunque los almanaques se amontonan en su mesita de noche. Pocos saben de su niñez adulterada y de los sustos de andar por los aires con pedazos de hierros pegados, más por osadía que por inteligencia.

A veces, todo parece tan real que no puede esconder un rictus de amargura. No sabe si es tristeza o alegría, cansancio o determinación. Nada importa ya. No puede, sencillamente no puede, desaparecer los trazos de sus huellas. Más vale así. Tal vez hiciera lo mismo desde otra perspectiva. Tampoco quiere saberlo. Cada cosa es. Fue. Será. Al final queda siempre lo que hiciste.

Los recuerdos son como las ventanas viejas. El aire juega con ellas y las besa, unas con furia, otras con pasión. Besos, después de todo. Y la ternura es un secreto que se lo lleva el viento. Era demasiado pequeño para entender que el destino escapa entre los barrotes de los sueños y se ancla allí donde casi nadie quiere estar. Su suerte parecía una compleja partida de ajedrez, jaque o tabla de los designios de su padre y los aires de Buey de Oro, su abuelo.

Vuelve a sonreír cuando la imagen del chino Lee revive una infancia inquieta, inestable, pero propia. Un cubo, ora en las manos, ora en los hombros del hombre que le cuidó hasta los 16 años, fue su cuna y corral en sus días de bebé. Cuando despertaba, necesitaba jugar o añoraba a mamá, aquel balde que Ramón transportaba a todos lados estaba ahí con la tibieza de las sábanas, algún que otro juguete o simplemente un susurro cariñoso en dialecto cantón, del que Pedrito aprendió siempre algo y balbuceaba en sus complicidades con una de las personas que tienen hoy un lugar especial en su corazón y memoria.

Mucho tiempo después galopa sobre el unicornio de una etapa de su vida que quizás influye de manera notoria en su personalidad y carácter. *"...mi querido Ramón. Nunca lo olvido, fueron varios años de mi niñez conmigo al retortero. Lo mismo en el auto de la casa, con el chofer de turno, que en la guagua o caminando. Siempre sentado dentro de un cubo mientras era un bebé. Después, cuando tenía cuatro años, me tomaba de la mano y salíamos a las gestiones que Ramón hacía..."*

Y su mente dibuja palmo a palmo las visitas al habanero barrio de Zanjas, donde todavía tal vez alguien recuerde a aquel chino que llevaba de inseparable compañía a un niño bien blanco, calladito y grande. Tampoco olvida al barrio Chino y a los amigos de Ramón, entre los que pasaba sus horas antes de entrar al teatro o al cine, domingo a domingo. Inviolable ritual que lo acerca definitivamente a una cultura que, día a día, lo convierte en un hombre exacto, de detalles, observador y práctico.

HITOS

Pedro Rodríguez Medina pasó toda su niñez de un lado para otro. Sus padres se divorciaron cuando apenas tenía dos años y fue a vivir a la casa de la abuela materna, con el más joven de sus seis tíos y tres tías. Ramón Lee era el mayordomo de la familia y el hombre de confianza de su abuelo Coro Medina, conocido como el Buey de Oro y propietario de dos colonias en Matanzas, Hueste y Arrieta, ubicadas entre los poblados de Coliseo y San Miguel de los Baños.
El poderoso "Buey" compró al chino Lee en un lote de asiáticos que llegó por Cárdenas.
Nunca más podría aquel chico de 16 años separarse del influyente poder de los Coro Medina ni la ostensible autoridad del señor Rodríguez. Crió a casi todos los tíos de Pedro, incluida su

mamá. Tenía 15 años cuando salió de Cantón, en China, y era nacionalista. Sin proponérselo, hizo del pequeño Pedrito su mayor cómplice y mejor compañía. Pedrito, a cambio, le devolvió las primeras sorpresas, sustos y caricias que casi nunca sus padres disfrutaron y simulaban no inquietarles, en medio de una vida social agitada y burguesa.

Por la mente de aquel escuálido muchacho de ojos rasgados y piel amarillenta nunca pasó desempeñar el roll de nodriza cuando cruzaba los abismales mares que unen, desde siglos, a China con Cuba. Era muy difícil imaginar, en plena adolescencia, que las mayores emociones y preocupaciones de su trabajo en la Isla estarían firmemente relacionadas con un bebé, que vendría al mundo un cuarto de horas antes del 26 de julio de 1936, en la Clínica Militar 4 de Septiembre, en Marianao, a las puertas de Columbia, hoy Ciudad Libertad.

Aquel niño que llamaron Pedro y el misterioso ruedo del destino le reservaban una existencia dividida y compleja, reñida entre las diferencias de dos familias con poder y rango en la sociedad cubana de la década del 30. Empero, debía trabajar y ser fiel a un matrimonio que se creía con iguales derechos de paternidad y colocaba sobre la mesa sus propios desmanes, por encima de las necesidades espirituales del pequeño vástago, quien desde sus primeros pasos sufre el enraizado machismo del padre y crece con la añoranza de la bondad maternal y la tibieza de su regazo. Esta realidad une para siempre a Ramón Lee y a Pedro Rodríguez Medina.

MEMORIAS

A este hombre que ahora tengo delante de mí las palabras no le sobran en la boca, aunque no puedo calificarlo de parco. Es exacto. Honesto. Valiente. Presto a confesar lo que siente y cree. Quizás los que miren su dermis no lo encuentren nunca, porque esté escondido dentro del cubo que el Chino Ramón dejó por un instante en algún lugar seguro de la casa o el camino, para hacer determinada diligencia.

O ande por ahí, en un avión cualquiera, sobrevolando el tiempo de la infancia que le robaron de la caja de fantasías y le soltaron en los amplios potreros de las colonias de su abuelo materno, tal como si jugara al escondido. Primeros años que el mismo Pedro reconoce como difíciles y que le rompieron, apresuradamente, esa pueril inocencia que asoma siempre virgen en los niños de su edad.

No es casual que sus mascotas no fueran los tradicionales peluches de las vidrieras de la tienda Fin de Siglo, donde la tía Lucrecia era la jefa del Departamento de Créditos y su mamá la del Área de las vendedoras. O que no tuviera más de un avión de juguete en todas las habitaciones de la casa, prestó a volar hacia el planeta rojo o salir de expedición al polo sur.

Pedrito tenía una familia demasiado ocupada en sus propios negocios y estilos de vida para ganarse el don de crecer entre las páginas de un libro de cuentos o una canción de cuna. La rectitud del padre impidió, muchas veces, a su mamá y a la abuela regalarles los sueños que la cuna materna teje para sus bebés. Todavía mantiene intacto en el recuerdo aquella mañana en que Margot descubrió que sus mascotas eran la vaca Monita y el toro Cebú, negro como un azabache. María Margarita Medina y Díaz pegó el grito en el cielo.

Con la mochila al hombro — así bautiza esta primera etapa de su vida — llegó un día Pedro a la finca del tío de su padre, en Punta Alegre, en la costa norte de la entonces provincia de Camagüey y actualmente enclavada en Ciego de Ávila. En las tierras de Las Maboas, Heraclio (Laco) Ochoa no podía ofrecerle al muchacho otro entretenimiento que el ir y venir de las vacas, con toda aquella algarabía que se armaba cuando una de ellas se ponía de parto y había que salvar al ternerito.

La curiosidad y el asombro ganaron a Pedrito. Ya no se asustaba ante el movimiento sorpresivo de la cabeza de aquellos animales que, por minutos, le resultaban más cercanos. El día en que nació la vaquita blanca, sin tarros, encontró la compañera inseparable de sus juegos y monólogos. Mona, la pequeña Mona, era una delicia de ternura y empezaron a identificarse entre las rutinas de los amaneceres de unas llanuras donde las vaquerías eran el eje de cada suspiro.

La ternera creció a la grupa de sus manos y desapareció por magia el miedo, más cuando él traía el don de husmear lo imposible. Y allá lo encontrabas, crecidito, tomando leche de la teta de Mona, tal cual el ternero que ésta acababa de parir. Margot casi infarta de pánico al ver a su hijo entre las patas de la res, en una de las visitas que habitualmente le hacía mes por mes, mientras la abuela, Dolores Díaz de Medina, Lola, reía y trataba de calmarla.

Doña Lola era una mujer de campo, dueña y señora de una colonia donde el ganado y la caña de azúcar sumaban cientos de cabezas y caballerías. Mamamía — como le dijo siempre su nieto preferido — disfrutaba la osadía del muchacho y endiosaba el orgullo de la estirpe que defendió con rectitud y abundancia el abuelo Buey de Oro. Aquel "¡¡¡¡Mamáaa!!!! desesperado de Margot tampoco le hacían perder la gracia ni la tranquilidad a Dolores, mientras el espigado chiquillo montaba al búfalo Cebú con una mirada picaresca y audaz. Ese era su nieto, que caray. Un Medina de cepa.

LAS MABOAS

Dicen que en las tardes cuando el sol se ponía hacia el oeste, el chino Lee pensaba en Cantón y entristecía al saber que su mejor amigo en Cuba crecía y cada día era más independiente. Se culpaba por ello. Su fidelidad a Rodríguez y el machismo acérrimo de este hombre que siempre impuso y defendió sus ideas a cualquier precio, determinaron que un día les cambiara el destino y la próxima ruta del viaje fuera la finca Las Maboas. Allí vivía el tío Laco, la mano dura que necesitaba Pedrito para no andar entre las faldas de Margot y Lola.

Sucedió como en una película de aventuras. No había cerrado la boca Ramón contando que estaba "enñoñao y sobreprotegido" para que montara en cólera. "Ardió Troya — recuerda Pedro.

Formó la bronca y salió conmigo para el aeropuerto de Rancho Boyeros. Sacó un pasaje para Mayajigua y le dijo al Sobrecargo que me dejara en la caseta de Cubana de Aviación y me entregaran al piloto Viera, quien volaba un avión de la Aerolínea del Norte con capacidad para 12 pasajeros.

"Viera tenía que bajarme en el aeropuerto del Central Punta Alegre, donde me recogería una pareja de la Guardia Rural y me llevaría al cuartel, al que iría el tío Heraclio Ochoa a recogerme. Así llegué a la finca Las Maboas."

Una nueva parada en la vida itinerante de Pedro Rodríguez Medina. Otra prueba de fuego para una infancia inestable y privada del lógico tutelaje maternal. Descubrió, poco a poco, que allí tampoco faltaba la abundancia. Su tío abuelo tenía una vaquería respetable y su primo Juanito era el dueño de la salina. *"Recogían la sal, la molían y la sacaban en patanas para otros lugares. Otra tía abuela que vivía en el pueblo era la dueña de Cayo Coco, que lo tenía rentado al gobierno de entonces por 99 años. En el Cayo se hacía carbón y se criaba ganado"*, cuenta ahora con hablar sereno y ese gesto pausado y enérgico que distinguen sus manos cuando un asunto importante se traen entre sí.

27

Medio pueblo era familia y dueños de tiendas de ropa, el cine y el correo local. Cuando unos días después llegaron Margot y Dolores vio los cielos abiertos. Los latidos de felicidad acabaron en dos semanas, cuando el padre se opuso a que volviera a La Habana con su mamá y la abuela. No tenía otra opción que adaptarse y buscar sus propios medios de escape. Mona y Cebú fueron sus grandes confesores, las mascotas vivas que le harían sentirse hombre antes de tiempo.

Llegó el momento de ir a la escuela. Amalia Castillo le recibe con cariño y le pone la mano en la cabeza. Sería la maestra de uno de los muchachos de Laco Ochoa y había que esmerarse. Sus dos primeros años escolares todavía le despiertan con agrado la memoria. Nunca más volvió a Las Maboas, pero con el tiempo el vuelo rasante del avión que piloteaba le regalaba, como un enorme tapiz verde amarillo, los momentos de dos años de su vida que le enseñaron a lidiar con la soledad y la distancia y a fortalecer un carácter y una personalidad que, desde el vientre de Margot, parecían destinados a marcar la existencia de un hombre singular, radical y humano por excelencia.

RESPUESTAS PARA UN RECUERDO...

G.G.G: En su infancia, ¿Qué cosas, hechos, vivencias, influencias o experiencias considera gestaron al hombre que es hoy, fue ayer y cree será mañana?

P.R.M: Con toda honestidad, no pienso en el mañana solo en el presente y, el pasado, pasado es. Nunca olvido lo siguiente: no me digas lo que hiciste, dime lo que estás haciendo.

Pero bien, mi infancia fue bien complicada. Entre mi padre de fuerte carácter e inflexible en sus determinaciones con poder político, en los dos gobiernos de Fulgencio Batista, tanto en 1933 como en 1952. Aunque mi padre Luis Rodríguez Ochoa y mi tío Pedro Rodríguez Ochoa, no participaron en el golpe del 10 de marzo de 1952, Batista les consideraba fieles amigos.

No participaron ya que mi tío Pedro y Francisco Tabernilla no se soportaban, y Tabernilla después del golpe del 10 de marzo fue el Jefe del Ejército o Estado Mayor Conjunto de Tierra, Mar y Aire.

Es una historia que en su oportunidad contaré. Como decía al principio, tenían poder político ya que la familia Rodríguez Ochoa era batistiana, del Partido Auténtico y del Partido Ortodoxo. Me forjé en la Aviación Militar, de los 17 hasta los 19 años. En cuanto pasé mi curso en Estados Unidos me trasladé para la Aviación Civil.

A los 20 años reclamé a mi abuelo materno Coro Medina, "El Buey de Oro", el olvido a su primer nieto ya que él había repartido la mayoría de su fortuna entre sus hijos, a medida en que las hembras se casaban y los varones terminaban sus estudios.

Y, siendo yo su nieto, que él no defendió con su capital y con un tío abogado, permitió que yo fuera zarandeado de un lugar a otro por mi padre. Le pregunté cómo es que no sentía culpabilidad por permitir la lejanía de mi madre, abuela y de él mismo. ¿Cómo es posible que él lo permitiera? Me abrazó y sentí sus lágrimas en mi cuello. Y dijo: fuiste sacrificado por evitar un serio conflicto donde hubiera corrido la sangre y posiblemente tu padre o Carlitos - mi tío menor - no vivieran, ya que se habían golpeado en dos ocasiones y tu padre - si sucedía otra vez - me dijo que la próxima lo mataría a tiros.

Entonces me preguntó, ¿cuánto quieres? Le dije, ahora nada. Solo que antes de morirte cumplas con tus nietos, haciendo lo mismo que hiciste con tus hijos. Mi abuelo murió en 1963, en Coliseo, estando yo preso.

En definitiva fui victima de dos familias conservadoras. Pero no me arrepiento, opino gestaron al niño, al joven y al hombre que no tiene sombra. Ahora que digo sombra, sabes el por qué los judíos salen a sus gestiones a las doce del día... porque ellos no dan ni sombra...

G.G.G: ¿Qué cosas recuerda con mayor pasión sobre su niñez? ¿Alguna afición especial que le haya marcado desde entonces? Puede relatarnos alguna anécdota que ilustre esta primera etapa esencial de la vida. Me refiero a lugares, encuentros...

P.R.M: ¿La verdad?, he tenido varias etapas, a pupilo en el colegio durante siete años, después en casa de mis padres continúe estudiando y, a los 24 años, preso por delito contrarrevolucionario y, por último, acá en Miami.

En fin, me acostumbré a estar con la mochila en los hombros y siempre pensando que si se presentara una agresión por parte de EE.UU a Cuba, iría para Cuba a combatirlos. Y si no pudiera ir, protestaría en Washington DC., manteniéndome en contacto con la Sección de Intereses de Cuba en dicha ciudad.

¿Anécdota?, mi aventura aérea, de Rancho Boyeros a Mayajigua y de Mayajigua al Central Punta Alegre, de allí en las ancas de un caballo de la Guardia Rural al Cuartel y de aquí para Las Maboas con Chela Ochoa, prima hermana de mi padre, solterona, que era la encargada de mi cuidado junto con mi tío abuelo Heraclio Ochoa.

Del cariño familiar
y los puntos de su infancia.

Con su querida madre María Margarita Medina y Díaz (Margot). Ella, a pesar de las impuestas lejanías de la infancia, siempre fue el pedestal de amor que lo ayudó a levantarse entre las tormentas sentimentales y existencialistas. Y su Mima, por él, sacrificó todo, hasta la compañía de su pequeño hijo, José Carlos.

Su hermana Martha, radicada en Maracaibo, Venezuela.

Otro de los recuerdos que tiene de su hermana.

Memorias de sus años más jóvenes

Desde muy joven tuvo una mirada firme, profunda, y a la vez bondadosa. A los 18 años ya era Ingeniero de Vuelo de Aviación.

Capítulo II

Retorno a La Habana

GRACIELA GUERRERO GARAY

LAS PRIMERAS ENSEÑANZAS

La agitación no se desprendió muy fácilmente de la vida de Pedro. Su destino parecía estar marcado siempre entre dos mundos, como ahora. Las Maboas era un sitio demasiado lejos para Margot y sus responsabilidades dentro de la tienda Fin de Siglo. Había que enfrentarse a Rodríguez y definir la situación del niño. La edad escolar no esperaba más.

Entre desavenencias, puntos de vista, acuerdos y desacuerdos logran una suerte de pacto que convierten al muchacho en pupilo del Candler College en Marianao. La ciudad que le vio nacer vuelve a recibirlo. Para él poco había cambiado. Seguía solo.

No ha olvidado un momento de esta etapa. Lo que debió ser un tierno corazón de niño empezó a curtirse por el sufrimiento y la añoranza ganaba la partida, salvo los sábados y domingos en que regresaba a casa, *"unas veces con mamá y otras con papá"*.

La primera y segunda enseñanzas acontecen entre esta dualidad familiar y una precoz madurez que se nutre del férreo carácter del padre y sus ideas, - vinculadas directamente a la dictadura de Fulgencio Batista de quien fue amigo íntimo -, y la vida social de la aburguesada familia materna, totalmente alejada de la po-

lítica y concentrada en incrementar la
fortuna que el abuelo   Coro Medina -
"Buey de Oro"- se encargó de acrecentar
en sus colonias, en la provincia de Matanzas.

Su "manejador", el inseparable chino
Lee, no renunció tampoco a llevar de la
mano a Pedrito, y exigió su custodia los
domingos en que venía de visita a la ca-
sona del Vedado, comprada años atrás
por la abuela Lola Díaz de Medina para
que sus hijos estudiaran en el Instituto y
la Universidad de La Habana.

Las andanzas por el barrio Chino de
Zanjas continuaron su ritual dominguero
hasta que Pedro cumplió los 16 años. Una
cultura que se pegaba en la piel y devino
muy cercana entre la lengua Cantón, el
nacionalismo de Ramón, sus tradiciones y
el desarrollo y afianzamiento de esta comunidad en Cuba.

Eran las horas que más disfrutaba y mi-
tigaba su enraizada soledad, con un cariño bien correspondido y libre de rigideces
sociales. También de la que guarda más
de una anécdota y recuerdos afectivos.
Ramón era impredecible, decidido y dedicado a evitarle el más mínimo sufrimiento.

*"Una madrugada acabó con una fiesta
de Gala en el Casino Deportivo de Playa – rememora Pedro - . Fue mi madre
quien me contó que teniendo yo unos
cuatro años, me desperté llorando y
llamándola a ella y a mi abuela. El*

chino Lee se puso su traje y el insepa-
rable lazo al cuello. Me vistió, tomó un
auto de alquiler y salió conmigo para
allá a las doce de la noche. Cuando en-
tró de mi mano por aquel Salón de Bai-
le, la orquesta dejó de tocar. Fue un
escándalo, porque Ramón decía "niño
Pedrito llorar por madre y abuela, yo
traer al niño para que no llore por
abuela y madre'. Terminó todo ahí
mismo".

Las semanas de clases pasaban sin
otras emociones que aprender cada materia con el estricto cumplimiento que exi-
gían en el Candler College de Marianao.
Algunos que otros compañeros de curso
ganaron su amistad y de los siete años en
que Pedro Rodríguez Medina revive su
estancia allí, el mejor recuerdo es para
los meses de vacaciones o los juegos de
baloncesto.

Todavía parece sentir el sudor que bañaba su cuerpo, mientras dribleaba el balón
por la cancha durante los encuentros in-
tercolegiales. Era su deporte favorito y su
porte alto y delgado le hicieron muchas
veces entrar en la canasta el punto de la
victoria. Ello lo llevó, posteriormente, a
las competencias juveniles que se desa-
rrollaban en el Deportivo Asturias.

Otros pasos

La Academia Militar del Caribe, enclavada en las calles Heredia y Patrocinio, en
La Víbora, le abre sus puertas dos años
más tarde. Estaba decidido a ser piloto.
Su mayor pasión fue siempre verse dentro de la cabina de mando de un avión y
ya lo había logrado y experimentado. Su
padre trabajaba en la Compañía Cubana
de Aviación como mecánico y también
alternaba sus horarios en la base área
militar.

Sin embargo nunca tuvo "avioncitos de
juguetes" aunque el corazón todavía le
salta de alegría y asombro, como aquel
día en que cogió, por primera vez, los controles de una nave monomotor. Tenía 10
años. Fue una etapa fantástica sin pizca
de fantasía. A los trece años Pedro despegaba y aterrizaba como un experimentado piloto.

Eso allanó los caminos al matricular por
las noches en la escuela de Cubana de
Aviación, en Santo Suárez, mientras en
horario diurno se iba a los talleres de la
Fuerza Aérea, hasta graduarse de Mecánico e Ingeniero de Vuelos en Cuba, estudios que luego prosigue en los Estados
Unidos.

Predilección por el riesgo

Este hombre de ojos claros y penetrante
mirada no tiene miedo ni sombras a los

75 años. Ha jugado con la muerte más de una vez y jugará todas las que sean necesarias. Ama el riesgo. Pone y ha puesto siempre su voluntad entre dos fuegos y gusta de tomar "un cortadito" para pensar, decidir y observar minuciosamente cada paso y sus alrededores.

Ninguna de las amplias y antiguas casonas de las Alturas del Vedado, en la capital de su querida Isla de Cuba, se le desdibuja de la retina. Con el tiempo, la crudeza de la realidad y el verdadero encuentro con un mundo de seres y cosas que aún le hieren sus éticas interiores, le han movido muchas piezas de su noble y pragmática existencia. Hubiese preferido cambiar muchos hechos, lugares, conductas, actitudes, decisiones y puntos de vistas. Nunca por cobardía, sino para que fueran mejor. Sabe que cientos pudieron ser reversibles.

Pero él mismo lo dice: *"Opino que a lo hecho pecho. He cometido errores pero el error mayor es no rectificar. Además, el buen jugador debe saber ser buen perdedor. Me siento tranquilo, sin remordimientos, ya que - repito – soy buen perdedor. Aunque no he sido ni soy jugador".*

Siempre estuvo apostando algo mientras, en shorts escolares, su pelo inquieto y lacio, *arrubiado*, quería volar como sus largas piernas por la calle 32, entre 41 y

Avenida Kolhy, donde se crió. Nació con
él esa inquietud latente, creativa, arriesgada y comprometida aunque hubiera
que desafiar al mundo, apartar malezas,
discutir, discernir, pactar o partir el li-
món en dos ruedas.

Por eso, quizás, pudo ser centro de atención en las ferias que se celebraban en
Rancho Boyeros. La historia comenzó con
Candito, un teniente del Ejército de Batista, a quien el padre lo entregó para
que le enseñara a montar bestias de pura
sangre, en horas libres de las vacaciones.
El establo de caballos, destinado a los
saltos hípicos, fue el destino fijo durante
varios meses. Su padre se había empeña-
do en que fuera un buen jinete y así sería.

Pedrito lo disfrutaba esta vez. A dos kilómetros del aeropuerto de Rancho Boyeros le esperaban dos joyas vivientes que
jamás ha podido olvidar: Cuca y Carola.
Ahora una, la otra después, surgió entre
los tres un nexo que solo experimentan
el domador y sus animales. Su pasión por
el riesgo volvió a darles las bridas del éxito: las competencias con obstáculos que
se celebraban en el estadio de la cervecería La Tropical, en Marianao. Iba representando al Círculo Militar y Naval.

Nuevamente el colegio le esperaba, Y un
día, al salir de esta adolescencia también
divida y cultivada desde angulares divergentes, con hipos de mimos, trastrueques
de ideas, ejemplos, convivencias y una

sociedad que apenas le dejaba asomarse a los pasillos que nos fueran de interés maternal o paternal, el niño Pedrito descubrió que había crecido. Un joven hombre ya con 19 años se le enfrentaba al espejo.

Para entonces lloró a su mejor amigo, el chino Ramón Lee. Fue el único viaje que prefirió no dar nunca a su querido barrio de Zanjas. Toda su infancia y adolescencia parecía llevárselas consigo aquel sencillo y sentimental asiático. Cuando leyó en la prensa de la época su deceso y que no había sido enterrado en el cementerio Chino, sintió que era lo más justo de la tierra. Ramón Lee tenía que descansar donde estaba: en el panteón de la familia Medina, en el cementerio de Colón. A ellos, a él, les pertenecía.

BUSCANDO LAS COORDENADAS

G.G.G: ¿Tiene Pedro Rodríguez Medina alguna inclinación o formación religiosa? ¿Dónde recibió o no recibió dicha influencia?

P.R.M: A las pocas semanas de haber nacido fui bautizado por la Iglesia Católica Apostólica y Romana. Posteriormente a medida que crecía, mis familiares por parte de padre y madre, me bautizaron por la Iglesia Metodista, Presbiteriana y Bautista.

45

Ya siendo mayor y en un vuelo aéreo a Santiago de Cuba, conocí a una persona que era de la Religión Afro-Cubana. Las raíces de la religión santería podrían haber tenido su origen en las tradiciones de la tribu yoruba de África.

La yoruba proviene de lo que se conoce hoy como Nigeria cerca del río Níger, pero bien, el caso es que para no tener dificultad y poder participar en los toques de Santos, etc., me pusieron los cuatro collares reglamentarios. Fue mi padrino de Santo, en Fresneda 64, en el poblado de Regla, en La Habana. Meses después, me hicieron el Santo, Yemayá con Ogún Guerrero.

Pero me considero Bautista y fui bautizado en la iglesia "Estrella de Belén", en la ciudad de Hialeah, por mi buen amigo Reverendo Reynaldo Medina, fallecido hace algunos años y a quien le deseo que descanse en paz.

G.G.G: El Candler College de Marianao, ¿era de enseñanza laica o religiosa? ¿Había diferencias entre sus pupilos por ser feligreses o negar la existencia de Dios?

P.R.M: Candler College fue fundado por un Pastor Metodista de origen Inglés. Teníamos tres veces a la semana culto en la Iglesia del Colegio. Siempre el pupilo tenía más obligaciones de asistir a los cultos ya que por lo regular eran de noche, a las 8: 00 pm.

G.G.G: ¿Puede resumir los valores que le ayudó a cultivar y formar esta escuela de la Cuba pre- revolucionaria, desde su conocimiento actual?

P.R.M: Todas las Iglesias en que fui bautizado tuvieron influencias en mí ya que asistí a ellas. Claro, la que más visité fue a la metodista y la que más me impactó fue la afro-cubana.

Nunca me ha afectado el Ateísmo ni su filosofía, ya que nuestro Apóstol José Martí dijo: A Dios no es menester defenderlo, la naturaleza lo defiende. Y, Jesús no murió en Palestina, sino que esta vivo en cada hombre.

G.G.G: Usted dirigió un importante Tecnológico en Miami. Es Licenciado en Letras, Editor, Investigador Privado, Empresario... tiene, en fin, una basta experiencia social y humana. Ha viajado a Cuba por años y establecido contactos con importantes sectores de su sociedad. ¿Puede hacer notar los aspectos positivos o negativos que diferencian ambos sistemas de enseñanzas? Me refiero al que recibió en el Candler College de Marianao y del que tiene referencias o vivencias que se enseña hoy en Cuba Socialista.

P.R.M: La impartida hoy en Cuba no puedo decir, no he tenido la curiosidad de estudiar su metodología, pero sí puedo asegurar que a todos los alum-

nos que le hacemos exámenes para verificar el grado que tienen, son superiores a los de su edad y grado. Los estudios demuestran que en Cuba la educación es superior a la de Estados Unidos.

Ahora bien, debo aclarar que los estudios impartidos en Escuelas Privadas son superiores a las Escuelas Públicas, pero soy de los que piensan que las escuelas públicas deben ser superiores a las privadas.

G.G.G: Sus primeras enseñanzas, ¿de qué le han servido a Pedro como herramienta de vida en la actualidad, en su desempeño e ideología? De estos primeros años de niño- adolescente, ¿le quedó algo pendiente, le gustaría haber tenido la posibilidad de cambiar alguna cosa?

P.R.M: He analizado mi pasado, creo firmemente que he tenido una vida provechosa con sus frustraciones, realidades y vivencias ya que por naturaleza el material humano - en su mayoría - es egoísta, insatisfecho y por último mal agradecido. La historia así lo reconoce, sobre todo en Cuba.

EN UNO DE SUS MOMENTOS COMO
DIRECTOR DEL TECNOLÓGICO DE MIAMI.

Aquí demostró su calibre de educador,
hombre práctico y talentoso. A pesar de
las tensiones propias de un centro de este
tipo en el sur de Florida, disfrutó poder
encausar sus experiencias y dejar una
huella de bien público.

49

EJERCIENDO FUNCIONES
ESPECÍFICAS DE DIRECTOR

Llegó como Consejo del Miami Technical
College, y al final sus condiciones lo llevaron a dirigirlo dos meses después. Fue
una etapa que recuerda con mucho altruismo y que le hicieron valorar las diferencias, aun cuando reconoce no tener
información directa ni vivencias del sistema educación cubano en la actualidad.

Capítulo III

Caminos de Fuego

GRACIELA GUERRERO GARAY

Caminos de Fuego

Hubiese sido conceptualmente un niño cuando triunfó la Revolución, con 22 años, de no ser por todo ese mundo de conspiraciones afectivas y políticas en que nació y creció y las cuales, con el tiempo, le desarrollaron una psiquis fuerte, un temperamento firme y una visión no común para los muchachos de su edad.

El entreoír del entorno de Rodríguez Medina le hizo vivir en una constante confusión durante los primeros dos años del triunfo de la Revolución Cubana, donde era evidente el contraste ideológico que se ponía a descubierto entre sus propios amigos y los de la familia. Unos con pensamiento e inclinaciones revolucionarias, y otros que ya se declaraban enemigos de la victoria social que sacudía al país, luego de la escapada del dictador Fulgencio Batista y la asunción del poder por el movimiento 26 de Julio, liderado por Fidel Castro y sus compañeros de lucha.

Cada minuto era un oscuro desafío para Pedro, quien se debatía entre las tertulias familiares donde seres queridos y allegados, amistades de total confianza, empezaban a dar señales de no estar de acuerdo con las medidas y el camino que tomaba la primera y naciente revolución de América Latina, mientras la efervescencia revolucionaria y el carácter popular del nuevo gobierno de los llamados Barbudos, el Ejército Rebelde, crecía y se fortalecía a lo largo y ancho del país.

El muchacho se movía en este mar de dudas y ambiciones humanas. Escuchaba promesas y proyectos bien calculados para destruir la insipiente semilla del triunfo primogénito del movimiento de izquierda más singular del Caribe, que arranca y hace brotar criterios, actitudes y hechos discutibles en la medida que Fidel empieza a depurar caminos, implantar justicia y aplicar medidas revolucionarias a tono con el legítimo momento histórico que sacude a Cuba.

Pedrito recibía a diario una alta dosis de influencia de su tío y su padre. En su interior sufría el encontronazo del nacionalismo, inculcado quizás sin querer por el querido chino Lee, y una devoción martiana propia, aprendida tal vez del apresurado ritmo de su infancia y su afiliación católica, donde encajaban perfectamente los preceptos martianos coincidentes con sus principios básicos de *cubanía* y libertad.

Nada más natural que comprobar un día la alianza entre estos divergentes grupos que, más que todo, veían de alguna manera afectados sus intereses y rehúsan a sumarse a la aceptación popular que, con rostro humilde y manos vírgenes de conocimiento, apoyaban a los "Barbudos" y sentían materializarse su sueño de alfabetizarse, tener vivienda propia, un pedacito de tierra y trabajar para criar a sus hijos honrada y libremente. El programa de la Historia me Absolverá empezaba a rodar por lomas y llanos de la Isla.

Empero, a 90 millas el país más desarrollado del mundo, comienza a comprender que ha perdido uno de sus retablos más codiciados e importantes. No hay tiempo que perder y se gesta todo un inteligente y secreto plan para acabar con la soberanía cubana, desestabilizando la nación, atacando a sus dirigentes y aprovechando el reducto insurgente que había quedado en el país y que empieza a organizarse.

Hay divergencias y traiciones dentro del alto mando de la Revolución y estas contradicciones son aprovechadas de manera sutil por el poderoso enemigo del norte que, desde su casa de gobierno en Washington, usa de trampolín a los estados títeres de América Latina y los confesados enemigos eternos del Comunismo, representado por la Unión Soviética y sus repúblicas.

Desde adentro se inicia el juego sucio. Y Pedro traía sobre sus hombros una mochila bastante pesada de ideas e influencias encontradas. Era muy difícil discernir amén de su precoz madurez y fortaleza de carácter. Muy joven aún, sentía un

55

apego especial por su tío paterno y reconocía y respetaba – hasta con temor tal vez – la autoridad paterna. Se va con los suyos. En ese instante se convierte en un enemigo potencial de la Revolución Cubana. En su interior algo le chocaba fuerte, sentimiento que muchos años más tarde confiesa una y otra vez ante el encuentro existencialista de su propio destino.

Para entonces nadie pensaba – lo corrobora el historial de varios hombres y mujeres que se confundieron en esta etapa crucial de la historia del proyecto socialista en Cuba y apostaron por sus metas -. Tampoco él pensó. Los cubanos no tenían una ideología sembrada y mucho menos conocían el marxismo – leninismo. Eran "Fidelistas" y el líder revolucionario llevaba en su solapa un precepto único: era la Revolución de los humildes y para los humildes. La mediana clase burguesa, los terratenientes, los regionalistas que solo querían poder sin sangre, no tenían espacio aquí. Ellos mismos se lo quitaron el Primero de Enero de 1959.

Una viva lucha de contrarios que enroló a Rodríguez Medina y lo enfrentó para siempre ante sí mismo, pero a lo que le debe de alguna manera el distingo de haber conservado un sentimiento puramente nacionalista y ponerlo a prueba de fuego en escenarios más convulsos, complejos y definitorios que los mismos que le llevaron a dar un paso adelante, de espaldas a los que nunca dejarán de ser sus paisanos, congéneres y hermanos de Patria y soberanía.

Lo confiesa sin temblor ni arrepentimiento: **"... mis principios nacionalistas y martianos chocaban con el camino tomado por mí, pero mi formación me impedía ver más allá del alcance de mi vista, cosa que pude analizar años más tarde cuando estaba prisionero..."**

PASOS DECISIVOS

Las primeras misiones de su nuevo estatus de vida como cubano y ente social no esperaron la maduración del desenlace de los acontecimientos, que ponían a Cuba y a su nuevo gobierno en la picota internacional con ínfulas de "Estado monstruo". Todavía Fidel Castro Ruz no declaraba el carácter socialista de la Revolución Cubana y el mundo entero parecía estar en su contra y tener la firme convicción de que había que derrocarlo.

La Isla era un hervidero de pasión y esperanza después de la victoria del primero de enero de 1959. Por campos y ciudades el pueblo manifestaba abiertamente su afiliación al ejército rebelde que había bajado victorioso de la Sierra Maestra, la mayor cordillera montañosa de la Isla, ubicada en los límites geográficos de las actuales provincias de Granma (Bayamo) y Santiago de Cuba.

En tanto, los desafectos a la Revolución tampoco perdían tiempo. Ya había comenzado el reclutamiento desde Estados Unidos y otros países de Latinoamérica de ex oficiales "Batistianos" que habían quedado en el país, así como de cubanos que resaltaban su descontento al ver en peligro sus riquezas personales. La Agencia Central de Inteligencia Americana (CIA) era la principal protagonista de estos hechos, dentro de la isla y en el extranjero. Sabotajes, huelgas, regionalismo, propaganda política y labor subversiva forman parte del labrar cotidiano a lo largo y ancho de la nación.

Siguiendo la táctica estratégica de la guerra de guerrillas, los enemigos reclutados y organizados por personeros del gobierno norteamericano y los cabecillas de la resistencia interna empezaban a organizarse en la zona del Escambray, en la provincia de Villa Clara. Se tenía información de que existía un sólido grupo de alzados, armados y pertrechados desde Estados Unidos y terceros países. Era el primer volcán con lava propia que se activaba desde adentro con el firme empeño de acabar con lo que ya se vislumbraba como el primer país libre de América Latina, con ideales radicalmente opuestos al imperialismo yanqui y en condiciones **sui géneris** en el contexto mundial.

A mediados del año 60 Pedro Rodríguez Medina asume y actúa como enemigo de la Revolución Cubana: tiene la compleja y riesgosa misión de ir a las lomas villaclareñas a encontrarse con los alzados. Su objetivo: cuántos eran y cómo y por dónde se le podía enviar armamento. Estaba a punto de cumplir sus 23 años. La orden debía materializarla en quince días. Llegó, y allí el escenario era más cruento y peligroso de lo que le dijeron. Ese viaje volvió a cambiar su vida y sus caminos legítimos.   La estrella que parece que nació con él y lo lleva siempre al borde de las aguas revueltas, le juega otra mala pasada. El niño hecho hombre a "sombrerazos" debe volver a decidir. Lo uno o lo otro, ese era el reto y su paso decisivo. Pedrito otra vez, echo a andar con su destino.

En las cuevas del "Centro"

El "runrún" se lo metió en el pescuezo un americano, con aquello de que había miles de alzados en El Escambray. Andaba con su primo hermano Joaquín Del Cueto Rodríguez. Estaban reunidos y era inevitable cierta fanfarronería y autoridad entre los que querían convertirse de ahora para ahora, en fracciones de segundos, en los líderes del exterminio de Fidel Castro y la Revolución en Cuba. El gato había que llevarlo al agua. Sus parientes empujaban y a él le gustaba jugar con la suerte, quitar de sí cualquier signo de niño mimado.

Del Cueto Rodríguez dirigía la Organización Acción Cívica Anticomunista (ACA), encargada de captar a ex militares y civiles del régimen de Batista, decididos a enfrentar el naciente proceso revolucionario. Su contacto era el americano Frederick Anderson, viejo amigo de la familia durante años y residente en la Isla, propietario de una gasolinera en la rotonda de Playa, en Marianao, y el enlace que tenía la Agencia Central de Inteligencia (CIA). *"Este señor Anderson — recuerda Pedro — fue quien informó en la reunión la cifra de alzados en los altos villaclareños"*.

Ahí mismo le salió a Pedro esa valentía probada a fuerza de rebeldía. Delante de todos se ofreció a ir y averiguar si era cierto o no lo que se afirmaba a pie juntillas. En pocos días tuvo en sus manos un mapa, para que los alzados marcaran el sitio exacto donde querían les tiraran los pertrechos militares. Se haría con paracaídas. Corrían los finales del año 1960.

Aunque hay brumas sobre el lugar preciso donde puso el pie al llegar a las elevaciones más notables del centro de la isla, cincuenta años después su mente dibuja con meridiana exactitud un llano llamado Los Tramojos, del cual salió hacia Cabaiguán hasta llegar a Santa Lucia. Por allí entró sierra adentro y, cuatro días después, estaba a la suerte de tres guerrilleros de la tropa guiada por Tomas San Gil, quien le concede la entrevista 96 horas más tarde de estar en la cueva de los ratones, quienes se veían ya en flamantes jeeps, sacudiendo las calles habaneras con el nuevo discurso de libertad que traería, como aretes colgantes, la bandera americana.

Rodríguez Medina no es hombre de quedarse con metas en las manos. Traía una misión concreta y a ella se dispuso, frente a frente al guerrillero contrarrevolucionario. Le entregó el mapa y en dos días le fue devuelto con todas las señales previstas y reclamadas por la organización en La Habana. El camino de regreso volvía a tener las huellas del inquieto joven, y los mismos tres hombres que lo reciben lo dejan en el lugar en que lo recogieron. En Santa Lucia se lo encomendaron a una mujer, quien lo montó en un Jeep hasta Placetas. El resto del viaje lo hace por su cuenta.

Era su primera actividad con nombre propio a favor de la contrarrevolución. No cuestionaba entonces. Se dejaba llevar por ese impulso innato de la juventud y su personalidad decidida y amoldada bajo andares de adultos, sin que ello sea ahora, casi a los 76 años, una justificación para su actual comportamiento respecto al país donde nació y del cual jamás ha estado ajeno, amén de que pueda – y algunos lo someten abierta y bajamente – ser cuestionado por la manera en que afrontó y encausó sus posibles contradicciones internas, y los senderos que escogió para apoyar a Cuba y defender su irrevocable principio martiano y nacionalista.

Nada cambió en quince días. La Habana estaba dividida en secretos conspirativos. De un lado, aumentaba el frenesí y la alegría de quienes recibían las luces del naciente triunfo del Movimiento 26 de Julio, en tanto Fidel ponía a raya todo lo que pusiera en peligro la estabilidad del país. Por otro, el primo Joaquín y los integrantes de las organizaciones que cifraban su esperanza en el apoyo de los americanos, trataban de ganar tiempo y aumentar la popularidad resaltando sus diferencias políticas con las decisiones y medidas que se adoptan en la Isla.

Pedro había madurado muy rápidamente y sentía una persistente necesidad en demostrar que podía tener mayor protagonismo en el apoyo a su estirpe, quizás buscando sentirse a la altura de un padre del que nunca sintió un total tutelaje, o agradar a un tío a quien admiraba y quería y, a la vez, le compensó muchas veces las ausencias paternas.

NO SE SENTÍA COMPROMETIDO CON NADA.

Tal vez para aquel entonces ni sabía a ciencia cierta qué era la lucha de guerrilla. Un breve, repentino y clandestino viaje a Estados Unidos en el año 1960 no definía nada en asuntos conceptuales y planes futuros, aunque no restaba importancia al hecho de que conocía de primera mano que por Las Pozas, en Pinar del Río, habían entrado ocho toneladas de armas para tumbar a Fidel Castro.

Al dar su misión cumplida, 48 horas más tarde de estar en La Habana, nadie le creyó. El mapa debidamente señalizado corroboraba que fue hasta el centro de la cueva, pero no era grato a los oídos de los contrarrevolucionarios saber que la cifra de alzados apenas sumaba los 1,000, malamente organizados en tres o cuatro bandas. Frederick Anderson volvió a tomar palabra en el escenario: ejerció su influencia para dudar de la información compilada por Pedro, de quien dijo no había estado con el grueso de las tropas alzadas, pues no se podía dudar de la inteligencia de los Estados Unidos.

La rabia o la decepción le hicieron pensar en abandonar la isla y así se lo dijo al padre y al tío. Él sabía que Anderson mentía, por fanfarronería, prepotencia, desinformación o mala pata, pero mentía. Eso lo tenía mal genioso y con un algo "dentro" que no lo dejaba tranquilo. Una semana más tarde, Joaquín y Anderson

63

salieron para Miami con el pretexto de las carreras de autos en Sebring, Florida.

"Allí tuvieron la reunión con altas personalidades de la Agencia Central de Inteligencia (CIA) – indica Pedro-. La presentación del viaje a las carreras de Sebring, de ir y regresar, fue normal ya que mi primo fue organizador de las carreras de autos en Cuba y Anderson un viejo amigo de la familia, y a la vez tenía un taller para preparar autos de carreras."

Cuando su primo Joaquín, al llegar, le confía y cuenta lo que dijeron los americanos en Florida y el tratamiento de **ma-terial gastable** que le dieron a los alzados, confirma su decisión de salir de Cuba y retirarse de todo. **"Esa actitud de los americanos era para mí una bajeza – resalta – además de que nunca ideológicamente los soporté por su prepotencia imperialista"**. Marcha hacia los Estados Unidos en los últimos meses de 1960.

Ese año le muestra un "Miami" lleno de odio hacia la Isla y a los cubanos que apoyan y siguen a Fidel. Siempre fue hombre de palabra y se sentía comprometido con la causa que lo lleva al exilio y lo acerca a organizaciones y personas que están decididas a darle el puntillazo al movimiento de izquierda en Cuba. Su suerte y su aventura empiezan a rodar. También comienza a verle el rostro y el verdadero corazón a los desafectos del proceso revolucionario allí, en el sur de la Florida, donde se cocina la primera invasión mercenaria a la nación que ya es Faro de América Latina.

- "Al gobierno americano nunca le ha interesado el resolver la situación de los contrarrevolucionarios en el exilio, o los de la Isla. Eso lo pude saber cuando Joaquín Del Cueto Rodríguez se reunió en Florida, con los agentes de la Central de Inteligencia (CIA) para entregarles el mapa con los puntos señalados para recibir los pertrechos bélicos", dice respondiendo a un cuestionario enviado como parte de la investigación para la elaboración de este libro. Y continúa afirmando:

- "Me contó que le habían dicho que los alzados en el Escambray no le interesaban a Estados Unidos, solo interesaba mantener en jaque al gobierno cubano. Entonces Joaquín les dice: '¿pero si no habrá derrocamiento, y las vidas de los alzados y de los que están en el clandestinaje?'. A lo que le contestaron, son material gastable. Desde ese momento comprendimos que los americanos estaban jugando con la vida de los cubanos y solo les importaban sus intereses".

Esta realidad empezó a despertar en su interior. Fue una metamorfosis lenta, quizás únicamente percibida o aceptada en las profundas ilaciones del subconsciente. Tangible mucho después y revelada en sus enfrentamientos continuados y públicos ante una disidencia miamense mucho más ambiciosa, bien pagada y apoyada desde los escaños del gobierno de la Casa Blanca. Hombre sin sombras, leal a sus ideas, vertical ante sí, no se detuvo ni dio un paso atrás. Sencillamente, siguió la ruta pero ya no era el mismo. Alguna fuerza interna le llevaba a inclinarse a favor de su tierra y no apoyaba la idea de verla sometida o entregada a otra bandera.

Sobre su andar en el año 1961 rememora:

-"Corrían los primeros meses del 61, yo estaba indocumentado en Miami y fui contactado por José (Cuchín) Hilario Rodríguez Ocampo para entrevistarme con él y el nieto del Generalísimo Máximo Gómez, ex embajador de Cuba que había desertado, el Doctor Andrés Vargas Gómez. El plan era desembarcar antes de que llegara la invasión de los americanos a la Isla de Cuba.

-"Había varios motivos. El principal era no apoyar la invasión, porque aunque no aceptábamos al gobierno que ya estaba firmando y cerrando negociaciones con los soviéticos, tampoco estábamos de acuerdo con los invasores, que eran entreguistas y mercenarios de los yanquis.

-"Si los americanos derrocaban al gobierno cubano, nosotros, con la resistencia, nos incorporaríamos a los del gobierno que estuvieran en resistencia a los invasores. Nunca nos pasó por la mente que una invasión planeada por Estados Unidos dejaría en la estancada a sus lacayos. Los invasores fueron derrotados y nosotros quedamos desorganizados en Cuba."

Cuando entra nuevamente a Cuba por El Morrillo, en la costa norte de Pinar del Río, no imaginó nunca recibir la noticia de que su padre y su tío estaban presos. Se entera al llegar a La Habana y, al sentirse desvinculado, empieza a buscar contactos con otras organizaciones. Faltaban dos semanas exactamente para la invasión mercenaria por Playa Girón. El 19 de abril le sorprende también el aviso de que fusilaron a su primo Joaquín en Pinar del Río.

-"Fue cuando comencé a hacer contacto con elementos que estaban dentro del gobierno cubano y conspiraban contra Fidel Castro y la Revolución. Estaba en la Resistencia Cívica, una organización de organizaciones, con el capitán de la Revolución Cubana y atacante del Palacio Presidencial Ricardo Olmedo, quien era de la organización Montecristo".

Las actividades se intensifican dentro de la contrarrevolución interna. Se brinda para acompañar a Luis David Rodríguez, del Movimiento Rescate Revolucionario, a El Escambray, donde hay que llevar el Acta de Unificación de la Resistencia Cívica a los jefes de los alzados Oswaldo Ramírez y Tomás San Gil para que la firmaran. Los buenos contactos que tenía Luis David facilitan el ascenso y el encuentro.

Pasaron 45 días en aquellas lomas. No era fácil bajar con los potentes cercos que tenía en la zona el Ejército Rebelde, fiel a Fidel y al movimiento revolucionario. Las milicias por un lado y el acoso de la banda de un alzado nombrado Carretero, que quería unirse a ellos dos para firmar con su puño el Acta de Unificación, por el otro, extendieron el final de la misión que llevaban y el regreso a la capital.

"El tal Carretero — dice- nos hizo cambiar cinco veces de lugar, ya que nos buscaba y a nosotros no nos interesaba que él lo hiciera. Incluso se comentó que decía que cuando se empatara con nosotros veríamos quien es él, y eso me preocupaba ya que estábamos desarmados. Casi tenía más preocupación con este sujeto que con la milicia. Así fue mi segunda visita a El Escambray."

La invasión por Playa Girón fue un fracaso. Cuba estaba dispuesta a conservar su libertad e independencia. Fidel declara el carácter socialista de la Revolución y el ataque mercenario pasa a la historia universal como la primera derrota del imperialismo yanqui en América Latina. El Escambray quedó limpio de bandidos y Estados Unidos comienza, entonces, una guerra fría que marcará hasta el presente siglo XXI las irreconciliables relaciones entre ambos gobiernos, con hechos de singular impacto nacional e internacional como las constantes amenazas de agresión, sabotajes pagados y gestados por la CIA, el bloqueo económico, financiero y comercial y el enfrentamiento encubierto desde todos los ángulos políticos, con el propósito de frenar el desarrollo del país y desarticular su máxima dirección, específicamente al Comandante en Jefe Fidel Castro Ruz, líder genuino del movimiento revolucionario.

Pedro comienza, a veces, a cuestionarse ciertas cosas. Incluso, alguna que otra vez, piensa que está en el lado equivocado, pero encuentra razones para cumplir sus proyectos y no dejarse marear por las ideas que le asaltaban en determinados momentos de meditación: la trayectoria de sus raíces paternas, ser ejecutivo de una organización reaccionaria, estar educado bajo la rigidez de la disciplina militar y graduado bajo el sello de la aviación batistiana, a lo que se le sumaba casi siempre también el dolor del fusilamiento de su primo Joaquín. Había que seguir. No regresó por gusto, aunque todos los planes de victoria se fueron abajo. No abandonaría la lucha.

Se entrega a lo que vino, como lo hace a todo. Planean acciones de alto riesgo y cautelosa exposición. En su agenda está frustrar una reunión del Consejo de Ministros y secuestrar a Fidel en el acto del 13 de Marzo en la Universidad de La Habana, junto a otras misiones no menos importantes pero de menor riesgo y envergadura internacional. Nada sale como está previsto. La Seguridad del Estado Cubano lo detiene.

El joven e impetuoso Pedro Rodríguez Medina es sancionado en la Fortaleza de la Cabaña. Veinte años es la sentencia, condicionada al trabajo forzado en prisión. Se había marcado para siempre, al parecer, como enemigo confeso y peligroso de la Revolución Cubana y sus principales dirigentes. Empero, otro hombre volvía a nacer dentro de él. Nadie lo sabía, ni él mismo.

La prisión es su nueva alborada. Y allí continúa su próximo combate.

Sondeando el Escambray

G.G.G: ¿Puede Usted reseñarnos si alguien lo mandó al Escambray o fue su voluntad expresa?

P.R.M: La primera vez que subí a la Sierra del Escambray fue a finales del año 1960, recuerdo que en una reunión con mi primo hermano Joaquín Del Cueto Rodríguez, él decía tener información que habían miles de alzados, le dije en presencia de los presentes que yo subiría para saber si era cierto, que si tenia algún mensaje para los Jefes guerrilleros que me lo diera. Así fue, días después me entregó un mapa para que ellos marcaran el lugar que deseaban les lanzaran en paracaídas los pertrechos militares.

G.G.G: ¿Por dónde entró y subió Usted? ¿Recuerda algún pensamiento o añoranza en esos momentos en que se acercaba al final de su misión?

P.R.M: No recuerdo el lugar exacto de mí llegada a la Sierra, solo que estuve en el llano en un lugar llamado Los Tramojos, de allí pase por Cabaiguán y llegamos a Santa Lucia. Por allí fue mi entrada a la Sierra, cuatro días después el guía me dejó en manos de tres guerrilleros de Tomás San Gil, cuatro días después pude hablar con él y entregarle el mapa. A los dos días me en-

71

tregó el mapa con los lugares señalados, los mismos tres hombres me dejaron en el lugar que me habían recogido
dos semanas atrás e hice mi regreso
con otro guía que me sacó hasta Santa
Lucia, allí me entregó a una mujer que
me montó en un Jeep hasta Placetas.
De ahí pase por mi cuenta hasta La
Habana.

Dos días después cuando entregué el
mapa y comuniqué que no había nada
organizado y que solo existían tres o
cuatro bandas, que en total no llegaban
a mil alzados no me creían. Entonces
plantee a mi padre y primo mi salida
de la Isla, que se realizó como he contado anteriormente.

G.G.G: ¿Piensa Pedro que realmente al
gobierno de los Estado Unidos le preocu-
pe el destino de los cubanos, tanto de los
que residen hoy en la Isla como los que
están en el exterior, al margen del país
donde se encuentren? ¿Le preocupaba el
destino de los alzados, sus familias y del
resto del pueblo?

P.R.M: Al gobierno americano nunca le
ha interesado el resolver la situación
de los contrarrevolucionarios en el exilio o de los de la Isla.

LA TRIUNFANTE REVOLUCIÓN CUBANA.

Mientras Fidel y sus compañeros de la Sierra disfrutaban la victoria junto al pueblo de Cuba, en la familia Rodríguez Medina empezaron a brotar los sentimientos que los unían a Fulgencio Batista, quien ya había abandonado el país pero dejaba atrás su bien sembrado germen anexionista y contrarrevolucionario.

ESPÍRITU NACIONALISTA Y MARTIANO.

Su querido Martí fue siempre para Pedro
un pedestal vivo, aun cuando puso el pecho por apostar contra Cuba. No se trata
de un mito, es una convicción y un acto
de fe en su convulsa vida.

Capítulo IV

Cementerio de Hombres Vivos

GRACIELA GUERRERO GARAY

VERANO SIN SOL

"En Cuba el cambio es y será lento, seguro y generacional", así piensa, dice e identifica su obra actual y mueve, con ella, cada uno de sus pasos. No juega a los acertijos ni pretende levantar una columna de hierro cuando confía. Hace más de 40 años que empezó a ensartarla, letra a letra, razón a razón y buche tras buche de soledades, heridas, meditaciones, incomprensiones, rebeldía, tolerancia, pecho y sangre.

Poco a poco, la vida se la matiza con un tanto de verdades ocultas, a medias tintas o con voces hilvanadas a la impronta de una batalla más dura y más voraz que las esencias en que pudo tejerla, en medio de un silencio de muerte y vida que solo se percibe allí, donde un hombre puede ser su sombra sin el sol. Una ficha, un número, un esbozo, una pena, una verdad o una mentira. El reo no tiene nombre propio. No sabe si se lo quita el tiempo, gana el mote o se pierde a sí mismo. Es un hipo de yo contra yo.

Quizás ni eso. Se pega a los sueños o se lanza al abismo. No es difícil para él recordar cada momento. No quiere disfrazarlo con gotas de amnesia ni excusas justificativas. Cometió un delito. Se la "jugó" consciente y tenía que pagar el precio. No cree en el karma de los desterrados, pero sabe responsablemente que la ley encuentra lo que busca y cada quien se busca lo que quiere. Vivir es un proceso, con principio y final y estaba ahí, abriendo su camino, convertido en el número **33228** desde que entró en la prisión de Isla de Pinos.

Todo sucedió en verano. Julio de 1963. Acababa de entrevistarse con José (Joselín) Fuertes Veranes, coordinador de la provincia oriental, el llamado Montenegro para los asuntos de guerra y las conspiraciones. Un ex dirigente obrero que sirvió a los intereses de Eusebio Mujal y a quien la Seguridad del Estado venía vigilando. Pedro no lo sabía. Tenía que reunirse con él y allá fue como siempre, decidido a cumplir su misión política. Lo detienen al salir del Hotel New York donde se encontraron.

Esa noche no durmió en ninguno de sus escondites clandestinos ni piropeó a la luna pensando en la muchacha que tal vez le esperaba en una esquina. Se lo llevaron a Villa Marista. La Habana la bañaba un sol bien fuerte a las dos de la tarde y a él, un rato después, le acribillaban la psiquis a preguntas. Acababa de convertirse en un prisionero político. Había echado su suerte en un sillón.

Nunca llegaría a la casa del viejo Río Seco, el curtido pescador de El Morillo, en Pinar del Río, para partir ese mismo día hacia los Estados Unidos. Su mar, en ese momento, era un continuo bateo de interrogaciones y él no tenía todas las respuestas. Cuando el reloj marcó las 11.00 p.m. un vacío enorme se le pegó a la garganta. Otra vez, enfrentaba un camino imprevisto. Era la hora exacta en que debía encontrarse oteando el norte.

Aunque estaba acostumbrado desde niño a llevar mochilas y problemas encima, su juventud le hace guardar largos silencios, entre las miradas acusativas, persistentes, agudas y amenazantes de los agentes de la Seguridad Cubana. No tenía miedo, pero debía ser cuidadoso al responder. Ellos conocían de las acciones planificadas para el 13 de marzo en la Universidad. Nunca se realizaron, sin embargo eran decisivas y comprometedoras.

Todo salía de un golpe. A los 21 años Pedrito podía contar historias y anécdotas de su vida de conspirador y se volvía un personaje dentro del grupo que, amigo o a favor de Fulgencio Batista, nunca aceptó que Cuba se les fuera de las manos y una revolución se gestara desde adentro, declarándose socialista y saliendo airosa de una invasión mercenaria que traía el cuño del imperialismo más poderoso del mundo, armada con táctica y favorecida y financiada por la CIA.

Ya lo habían perseguido por todo San Miguel del Padrón y no pudieron cogerlo. **"Yo manejaba un auto y ellos otro** – ha

79

contado en varias oportunidades – **y poco
a poco les fui ganando terreno, doblando a una velocidad máxima por todas
las calles de los repartos. Me pude escapar".** Al recordar la detención que lo
llevó 20 años de su vida a vivir entre barrotes, siempre viene a su mente el primer encuentro con los oficiales cubanos
en Villa Marista:

**"A los meses me cogieron, cuando el
encuentro con Montenegro. Al empezar
el interrogatorio me dijeron: Pedrito se
te acabó manejar como si estuvieras
pilotando un avión. Eso tampoco lo olvido."** Fundador de la Resistencia Cívica
y uno de sus ejecutivos militares, era un
"pez gordo" que, pita de pescar en boca,
podía llevar a la inteligencia cubana hasta la puerta que escondía el programa
sedicioso del que ya era víctima la Isla en
los primeros años de la Revolución, a sus
principales cabecillas y a mucha información valiosa que desnudara las ideas anexionistas de unos, traidoras de otros y
beligerantes de los más. Incluso, con
nombres y apellidos.

A pesar de que al ser detenido muchos
de los principales jefes estaban presos y
otros los habían fusilado, para Pedro el
interrogatorio fue a la medida del momento histórico que vivía Cuba y al que
se enfrentaban los líderes del Movimiento
26 de Julio. Él podía tener muchas de las
fichas que necesitaba el nuevo gobierno
para armar el rompecabezas y poner el

caso en manos de la justicia revolucionaria.

No conocía lo que la Seguridad quería saber. Se percató después, cuando le quitaron la pena de muerte. Sin embargo, bajo aquellos convulsos años de conspiración y con la radical posición revolucionaria de los efectivos del Ministerio del Interior sintió la fuerza de la violencia psicológica. Era muy joven aunque de una madurez precoz, tanto para sus quehaceres ideológicos como personales y la dura huella de su condición de preso político está ahí, fresca como el primer día:

"Fueron violentos – relata – y hasta cierto punto extremistas en el trato psicológico. Físicamente no. Me aplicaron un frío intenso, primero con ropa y descalzo, luego sin ropa. Era una celda oscura, con cuatro paredes pintadas de rojo y una puerta tapiada. Fui conducido a ese lugar pasando por un sitio que tenía agua congelada. Cuando me trasladaron hacia donde me harían los interrogatorios, desde Villa Marista, me cubrieron la cabeza con un capuchón negro.

"Me sacaron dos veces para interrogarme y cuando me quitaban el capuchón, me veía parte del cuerpo pintado de rojo, creo que serían las paredes de la celda. Finalmente, me llevaron a otra celda sin frío para recuperarme

81

pues comprobaron que yo no sabía lo que les interesaba conocer."

No siente rencor ni juzga más allá de lo debido. Tampoco fue un tiempo estéril a pesar de que su juventud y plenitud de vida la pasó así: en prisión, en varias cárceles cubanas, haciendo trabajo forzoso e, incluso, poniendo a riesgo su salud con los ayunos de las huelgas de hambre a las que decidió sumarse o emprender por iniciativa personal.

La muerte no ha querido llevarle todavía. Desde entonces parece que le trae entre manos algún pacto secreto, que Pedro agradece entregándose con más ímpetu al giro actual de su vida y al que decidió voltearse desde que agujereó el carapacho de la mafia anticubana en Miami y sintió sobre la piel el desencanto del oportunismo de muchos, quienes bajo la bandera cubana, buscaban ganarse las simpatías y dádivas de los norteamericanos y utilizar un falso nacionalismo para encubrirse. De aquellos momentos iniciales de su detención dice:

"La causa la dividieron en varios encausamientos, a mi me encausaron dos veces, en la primera me pedían pena de muerte, semanas después la dejaron sin efecto y me encausaron nuevamente pidiéndome 30 años de prisión. En el juicio, el Fiscal pidió que me elevaran la sanción a pena de muerte, pero el tribunal no lo aceptó y al día siguiente me entregaron el encausamiento donde me habían reducido de 30 años a 20.

"Efectivamente, me trasladaron de Villa Marista para La Fortaleza de La Cabaña en 1963. Después del juicio, al día siguiente, nos subieron de las Galeras Especiales, donde tenían a los pendientes a juicio, para las Galeras, en las que estaban los presos sancionados. Allí me encontré con mi padre, que se me abrazó llorando ya que estaba informado de mi situación por los presos que llevaban la comida a las Galeras Especiales.

"Me cuenta que en la noche - del día del juicio - a las nueve, con el cañonazo de esa hora, fue que comenzaron a fusilar a los tres que eran de mi causa. El juicio comenzó desde por la mañana y terminó a las ocho de la noche. Mi padre no sabía la decisión final del Tribunal, pero conocía por los presos que trabajaban en el Orden Interior de la prisión, que me habían elevado la sanción de 30 años a pena de muerte. Ellos fueron quienes le contaron parte del juicio. Figúrate, pensó como todos los presos que estaban en la Galeras, que me estaban fusilando".

El encuentro con su padre le marcó para siempre, a pesar de que en alguna esquina de su alma le responsabilizaba de haberlo alejado de Margot, en momentos en que necesitaba de sus mimos y atención. Aquel roce profundo, muy paternal, interminable para la aguda tensión de una cárcel, le devolvió una inmensa sensación de paz y algo muy parecido a la certeza de que nunca estaría solo en medio de aquel abismo que se le abría a sus pies. No sentía miedo, pero sus sueños, metas, promesas y aspiraciones quedaban prisioneros, como él, y a merced de un mundo que ya le mostraba sus cortantes tenazas.

De este encuentro con Luis Rodríguez Ochoa le habla casi medio siglo después a su media hermana, Martha Rodríguez León, residente desde los años 50 en Maracaibo, Venezuela, y quien no entiende - como muchos - el proceder de Pedro en las últimas décadas, testificando su apoyo al gobierno revolucionario y defendiendo con creces la soberanía de Cuba, con hechos concretos como la participación directa en las actividades de solidaridad por el regreso del niño cubano Elián González, la creación del Comité por la Liberación de Los CINCO y la oposición abierta, a riesgo de su vida, a las acciones e injerencias de la extrema derecha de Miami. La conversación sucede a través del chat de la red social de Facebook, en el mes de octubre del 2010.

El acercamiento paterno se intensifica en el propio año 1959. De este tiempo recuerda y dice a Martha:

"En 1959, con la llegada de la Revolución, depuraron a nuestro padre de Cubana de Aviación y al ver que me quedé solo pedí la baja, la cual me dieron al momento. Papá Luis comenzó a trabajar en el colegio que estudié, el Candler College, de instructor de Educación Física, ya que él era un atleta, y yo en los laboratorios GEROS de productos de belleza, que el dueño era el esposo de mi tía Lucrecia, la hermana de mi madre. Distribuíamos los productos Lancaster y atendíamos el Salón de Belleza Lancaster, que la tía Lucrecia era la dueña.

"Así nos pasamos este año 1959, y a la vez preparando condiciones en las distintas provincias para una futura organización conspirativa contra el sistema de Fidel Castro. Cuando estaba en Miami, que llegué en 1960, me enteré que él estaba preso. Era el año 1961 y enseguida hice mis mochilas y desembarqué en Cuba. Después compartimos varios años presos y estaba orgulloso de mí y yo de él. Además, siempre en prisión estuvimos identificados. Me aceptó muchas cosas, incluso personales sobre las relaciones con nuestras madres, y lloró en mi hombro. Él no se portó a la altura que tenía que portarse por su desmedido genio".

Respecto a su "vía crucis" ideológico y ante la insistencia de Martha de comprender lo que para ella es totalmente incomprensible, busca en sí las raíces de sus sentimientos y le impela:

"Tú sabes que siendo adolescente no determinábamos nada, lo hacían nuestros mayores. Solo quería entrar en la aviación y como no tenía edad, mi tío Argelio que era abogado, por orden de papá, me adelantó dos años en una nueva inscripción de nacimiento. Determiné mi vida cuando ingresé en la aviación y me independicé de la tutela de papá Luis, que por cierto siempre estaba interfiriendo en mis cosas. Con 16 años terminé el bachiller y comencé el curso, y con 17 me enviaron a la base Albrook, en Panamá.

"Al graduarme, me dieron el Ala Americana, ya que usaba la cubana al lado izquierdo, y en el derecho, la americana. No comparto en su totalidad con el socialismo ni con el comunismo. Eso sí, como nacionalista y martiano, apoyo la soberanía de Cuba, sea quien sea su gobierno. No acepto intervenciones extranjerizantes, por eso no desembarqué en Girón, ni acepté ser un lacayo de uno ni otro.

"Desembarqué días antes de la invasión pensando en que derrotarían al gobierno comunista, para después combatir a los mercenarios cubanos al servicio de los americanos. En Cuba hay miles de hombres como yo. Soy un firme defensor de las nuevas generaciones, he mantenido mi tesis del cambio desde 1963. Mis compañeros de prisión me decían que era anarquista, pero los años me han dado la razón. He sido nacionalista, martiano y antimperialista.

"Combatí al gobierno de Cuba antes y después de unirse con el imperialismo soviético. Ahora me queda combatir a los entreguistas que son cipayos y mercenarios de la ultra derecha de los americanos. El pueblo americano es noble y trabajador, pero los grandes intereses que están al servicio solo de sus intereses, no hacen más que interferir y dividir a los medianos y pequeños propietarios que somos los que pagamos impuestos y no los millonarios negocios. ¿Sabías tú que aquí las grandes empresas no pagan un centavo?

"Este país se formó por emigrantes, tanto religiosos como políticos, así que acá nadie es dueño de nada como lo son los venezolanos, los cubanos, etc.; acá los únicos verdaderos americanos nativos son los indios, que los saquearon y se lo quitaron todo a la brava. Aquí en Estados Unidos son los grandes capitales los que dirigen. No me opongo al capital, pero no acepto que la extrema derecha americana me arrincone utilizando la extrema derecha cubanoamericana.

"Y cuando ellos no pueden silenciarme con palabras o estrangulándome económicamente, usan la fuerza y a sus lacayos cubanoamericanos, para callarme mediante atentado armado. Son unos cobardes. No soy ni seré partidario de los extremistas de Cuba ni de Estados Unidos."

En el diálogo franco y limpio con su media hermana deja también claro porqué, aunque ha podido vivir mucho mejor y más cómodo en los Estados Unidos, mantiene fiel sus ideales, no tan reaccionarios como muchos quieren ver respecto a su país natal ni tan irreverentes como tratan de pintarlos, buscando quizás el descredito ante los ojos del gobierno que apoya y defiende y al que, con la madurez de los años y la vivencia directa en la meca de la contrarrevolución, Miami City, le reconoce sus valores y comprende muchas de las estrategias utilizadas para sobrevivir ante un imperio poderoso, yanqui, que le impuso un bloqueo comercial, financiero, cruel y antihumano desde los inicios del proceso socialista.

Al respecto puntualiza a Martha: "La mayoría de los cubanos que han echado raíces en Miami son personas trabajadoras y pequeños empresarios. Un porciento es millonario que hicieron el capital lavando dinero y con el narcotráfico y, hay un pequeño segmento, que vive del negocio anticastrista, que el día que se arreglen las cosas se les acabará el negocio. Hay otro pequeño segmento que se dice de izquierda, que es defensor sincero de la Revolución Cubana y otros hipócritas que dicen defenderla. Esa es la realidad del titulado exilio cubano, que no lo considero así ya que una vez que te haces ciudadano de Estados Unidos dejas de ser exiliado. Es por eso que no soy ciudadano americano."

CÁRCEL ADENTRO

Volver en el tiempo no le es difícil, aunque de cierto modo algún recuerdo incómodo se cuaje en las claras pupilas, marcadas por una bondad innata que le hace merecer el respeto y el cariño de quienes le conocen. Pedro Rodríguez Medina no es uno de esos personajes que llaman "los quinta columnistas" en el sur de la Florida. Empero, más de una vez su nombre se ha utilizado para ponerlo de estigma en programas radiales que están al servicio de la mafia miamense.

Quizás no le perdonan el hecho de ser durante 20 años un preso político en Cuba, bajo las órdenes del gobierno de Fidel Castro, y actuar ahora con total libertad de pensamiento haciéndose notar entre los cubanos que condenan y se enfrentan a las principales leyes injerencistas e imperialistas de los Estados Unidos, recrudecidas por las últimas administraciones de la Casa Oval, fundamentalmente por la de George Busch. Su posición sincera, sin rencor, confesada en voz alta en todos los escenarios que han sido necesarios puede que sea – es - lo que no acepten quienes, como dice Pedro, se aprovechan en beneficio propio del diferendo político existente entre ambas naciones.

Su actitud no nace en la meca del llamado exilio cubano, Miami. Rodríguez Medina traía en sí esta filosofía muchas décadas atrás, incluso manifiesta antes de combatir al gobierno revolucionario, sin que ello le impida reconocer su radicalismo desde el mismo 1959 y, a la par, reflejar el impacto que le causó el triunfo revolucionario.

En una entrevista que le hiciera Carlos Manuel Estefanía, el 14 de agosto del 2005, respondía con toda honestidad al director de Cuba Nuestra:

"Nunca fui revolucionario, aunque con el triunfo de la Revolución me sentí neutralizado e impresionado y, hasta cierto punto, simpaticé con la Revolución, pero rápidamente comprendí que no podía ser ya que nunca creerían en mí por mi trayectoria y, en el mismo año del triunfo, comencé a involucrarme con un primo hermano – por parte de padre – Joaquín del Cueto Rodrí-

guez, fusilado el **19 de abril de 1961 en Pinar del Río."**

No podía serlo, si se cumple la objetiva tesis de que la educación nace en la cuna y la familia es la primera escuela que recibe el individuo. Su familia paterna era Batistiana y Auténticos puros, estos últimos devenidos luego Ortodoxos. Luis Rodríguez Ochoa y su hermano Pedro Rodríguez Ochoa fueron amigos íntimos de Fulgencio Batista, al punto que su tío Pedro es capaz de aconsejar al dictador que no se postule para presidente en las elecciones de 1954.

Esta confidencia la cuenta en la entrevista de marras con Estefanía: **"Fueron dos etapas de su vida, en la primera de 1933, fue un éxito. En la segunda de 1952, un rotundo fracaso, aunque en 1954, se le presentó la oportunidad de salir airoso, pero no supo aprovechar el planteamiento que le hicieron los verdaderos Batistianos – ya que estaban divididos – que lo querían bien y que no habían participado del golpe militar de 1952.**

"Debo ampliarte esto. En los preparativos de la elección de 1954, mi tío Pedro Rodríguez Ochoa en una reunión le dice a Batista que no debía presentar candidatura para presidente, y dejar que la elección sea entre la oposición, eso sería un gesto histórico. Tengo la

91

*completa seguridad que los historiado-
res del gobierno de Batista y de la Revolución no saben de esa entrevista de
mi tío Pedro, en la cual yo estaba presente, ya que aunque no en el salón si
en la ante sala y pude estar al corriente de la reunión.*

*"Además, Fidel Castro se encontraba
preso en Isla de Pinos por los hechos
del asalto al Cuartel Moncada, y sería
el gobierno entrante el que le pondría
en libertad.*

*Batista que tenía el escaño de Sena-
dor podría ir preparando las condiciones para la candidatura de presidente
en 1958, ya que el gobierno entrante
hubiera restituido la Constitución de
1940.*

*"Pero no, no era el mismo Batista de
1933, era un Batista comprometido
con la oficialidad golpista, que encabezaba el General Francisco Tabernilla.
Si hubiera aceptado el consejo de mi tío
Pedro, la Historia de Cuba habría sido
distinta".*

El director de Cuba Nuestra fondea en
ese Pedro Rodríguez Medina que se rebela ante un exilio venenoso y airado, impo-
tente ante un hombre, cubano, que defiende una tesis controversial, <u>Cambio
lento y seguro, generacional</u>, y busca su
proyección ideológica dentro de la cárcel.
Al respecto, contesta:

"En prisión aprendí a ser un nacionalista y un martiano. En el titulado "exi-

lio" aprendí a conocer a los titulados "líderes" y si he cambiado, se lo debo a los titulados verticales que son revanchistas y se pasan el tiempo planificando futuros gobiernos, además son falsos e hipócritas, hablan de democracia y de guerras y no practican con el ejemplo".

Y el brote de este sentimiento e inclinación de ideas lo confirma en sus respuestas al cuestionario para el presente libro:

"En la época nuestra, había una inmensa mayoría de presos nacionalistas y martianos, pero de derecha, algunos de centro derecha y pocos como mi caso de centro izquierda. Nosotros veníamos de familias burguesas, estudiantes universitarios, profesores y catedráticos, guajiros analfabetos, que ayudaron a los alzados porque los conocían, ya que habían estado en la zona anteriormente en contra de la dictadura de Batista. En fin, nosotros, en su mayoría, teníamos una frontera; no como actualmente noto de los titulados opositores disidentes que no tienen frontera y son entreguistas e incluso anexionistas. Nosotros éramos niños de teta en comparación con el actual material humano que está en contra de la Revolución".

En otro de los diálogos destaca:

"Existe una gran diferencia entre los que fuimos presos políticos en las décadas de 1960 y 1970, con los actuales presos titulados disidentes y de conciencia. La única conciencia que capto de ellos es el interés monetario y de salir del país. Lo de disidente sí es correcto, pues son criados con la Revolución y tienen un sentido muy agudo de tratar de derrocar al gobierno con el engaño del pacifismo y con un trasfondo de pasarle la cuenta a todo funcionario y persona que esté al lado de la Revolución, a la que ellos pertenecieron. Todo lo contrario a nosotros, los titulados presos históricos de la década del 60 y 70, que sí queríamos derrocar el sistema pero no teníamos odio ni rencor a la dirigencia. Eso lo puedo asegurar con toda responsabilidad".

Hoy también reconoce que el tratamiento a los presos políticos de entonces, incluido el fusilamiento, debía y tenía que ser enérgico para salvar el proyecto y programa revolucionarios. Y siente como normal el régimen de vida que llevó en los 20 años que estuvo prisionero:

"A finales del año 1964 comenzó un Plan de Trabajo con cierto personal de la prisión que se encontraba en los dos edificios de la entrada, antes de llegar a las cuatro Circulares que estaban denominadas Circular # 1, 2, 3, y 4, con un aproximado cada una de mil 500 reclusos. A ese Plan los presos que estábamos en las Circulares le llamamos Plan Morejón, o sea, por el apellido del jefe de la prisión, aquí en Isla de Pinos.

"Eso lo considero un Plan Piloto, ya que algunos meses más tarde comenzaron a organizar el Plan Camilo Cienfuegos, que duró cuatro años y costó la vida de algunos compañeros presos políticos. Las brigadas de trabajo fueron organizadas con doscientos presos. Yo me encontraba en la Circular # 1. Comencé en trabajo forzado en las Canteras de mármol, en el Bloque # 9, con una mandarria de 25 libras.

"Nos sacaban de las Circulares a las seis de mañana en camiones KP3, y regresábamos a las seis de la tarde. No recuerdo bien si trabajábamos cinco o seis días en la semana. A los tres meses de estar trabajando en la Cantera, en el bloque # 9, un día al salir para el trabajo, me avisaron que no saliera y que recogiera mis pertenencias que me trasladaban. Así lo hice y después que salieron todos los bloques de la Circular, me llamaron y me trasladaron para la Circular # 4. Allí no había comenzado el Plan de Trabajo.

"Varios días después comenzaron a organizar los bloques de trabajo en la Circular # 4. Me tocó un bloque bien conflictivo, donde la mayoría eran estudiantes y presos titulados líderes o conflictivos, como era mi caso. Resultó que nos tocó la Cantera. Relevamos al bloque en que anteriormente me encontraba, el número 9.

"Desde que comenzó el presidio político en Isla de Pinos, en el año 1959, con los presos del régimen de Batista, titulados esbirros, hasta que empezaron a finales del mismo año 1959, las causas por delitos políticos, habían cientos de libros de distintas ideologías, por lo que cuando me llevaron en cordillera, -que es como se denomina el grupo que trasladan de prisión en prisión -,en un avión de transporte militar desde la Cabaña a la Isla de Pinos, en enero de 1964, comencé a interesarme en libros como el Materialismo Dialéctico. En pocas semanas sabía tanto como los instructores políticos, que nos sacaban a interrogarnos sobre distintos temas. Algunos me decían, 'chico que tú haces aquí dentro si debías estar con nosotros'. Claro, cuando comenzaba a entrar en el tema nacionalista y martiano, ahí terminaba la entrevista. Los años fueron pasando y los presos estudiaban y se instruían con las inmensas bibliotecas."

MÁS ALLÁ DE LOS DOMINGOS

Leer era uno de los remansos de Pedrito. Buscaba siempre la inmensa soledad de los espacios abiertos para encontrarse, tal vez, con aquel hombre que dormía a la derecha de la espera, donde solo su propio subconsciente sabía y podía dar cuentas de sí. A veces, sentía que la mirada de Luis le decía muchas cosas de las que nunca dijo cuando debía ser. Otras sonreía, recordando con profundo cariño al chino Lee.

¿Qué diría ahora este hombre que se ocupó de sus desvelos infantiles como la más celosa de las madres? ¿Cómo aceptaría que él, el escuálido y larguirucho chiquillo que se sabía de memoria el idioma Cantón, desbaratara golpe a golpe el corazón de las piedras y rajara el mármol, tal como más de una vez rajó sus pantalones en las andanzas por la finca del viejo Buey de Oro?

Concluía y caía siempre en lo mismo: su infancia, aunque alocada y recia, desnaturalizada quizás, fue feliz. No había perdido la ternura ni el deseo impaciente de esperar a Margot, quien domingo a domingo lo visitaba aunque no estuviera presente. Era un ritual sagrado que le ayudaba a leer más y más, y a mezclarse solo lo necesario con sus compañeros de prisión. Él tenía su gente, pero gustaba responder por sí mismo.

Cambió. Y un día quiso verterlo en un periódico que tituló "Liberta". Fue en la cárcel de Guanajay. Defendía su nacionalismo martiano y las ideas progresistas que le invadían el cerebro. Seleccionó a un grupo de presos para que escribieran también. "Liberta" siempre caía en manos de la guarnición cuando había requisa, pero nunca lo llamaron a la dirección del penal.

Empero, para casi todos era un anarquista. Él mismo reconoce que era demasiado el entreguismo y muy pésimo el material humano, para aceptar que un reo de su categoría tratara de persuadir que no se debía ser anticomunista, en la semi-penumbra de una celda o dando mandarria a la roca bajo el sol. Su innata rebeldía pudo ser otra razón para que no compartieran ni vieran como lógica su tesis del "cambio". Jamás se acogió al Plan de Rehabilitación por no acatar, de facto, los círculos de estudios que se daban a los presos en las clases políticas, amén de que pensaba no tenía nada de que rehabilitarse.

Pedro Rodríguez Medina fue siempre así. Testarudo desde que montaba, bien pequeñín, al torete búfalo después de acariciarle los huevos, y se prendía de la teta de la vaca Mona, como si fuera un ternero. Sin embargo, no era su carácter quien le hacía ser intransigente en sus disquisiciones políticas y, menos, en su conducta manifiesta.

En 1968, cinco años después de su primer día de barrotes, ya había estudiado bastante el Marxismo – Leninismo, conocía mucho de los sentimientos y actitudes humanas y alcanzaba la adultez, con lecciones más complicadas que las matemáticas y las posibles coordenadas de un vuelo rasante en relieves montañosos. Cuando ese año lo trasladan para el Campamento de Sandino, en Pinar del Río, era otro hombre.

Nada le sorprendió al llegar al campamento. Tampoco en la cárcel del kilómetro cinco y medio, en la carretera de Luis Lazo y menos en la de Guanajay. Aquí siguió con su condena al imperialismo y el periódico "Liberta" da cuenta de ello. No conspira. Deja traslucir una voluntad que mantiene secreta y le atrapa sus atardeceres de domingo, cuando la soledad y la partida de su madre se vuelven en medio del pecho un tizón de carbón enrojecido.

Su secreto lo guarda igualmente en la Fortaleza de la Cabaña y le hace resistir en la huelga de hambre de 36 días que lo lleva, en enero de 1970, hacia la prisión de Boniatos en Santiago de Cuba. Todavía le faltaba una década para trazar un nuevo rumbo a su vida.

Era un contrarrevolucionario diferente. Siempre existirá la sombra para otros. Él estaba claro desde entonces: **"Nunca he ocultado mi historia social y mucho menos política. Desde que estaba recluido en las cárceles cubanas por mi actitud contrarrevolucionaria - que en**

99

definitiva creo que nunca lo fui - choqué con mis compatriotas de prisión por mi posición en contra del imperialismo. En aquel entonces - para mí - existían dos, el soviético y el yanqui. Con los años me fui dando cuenta de que si hubiera estado en el lugar de los líderes de la Revolución hubiera hecho lo que ellos hicieron, o de lo contrario, la Revolución Cubana no existiera, ya que en aquel entonces los embates del imperio yanqui la hubieran destruido".

La cárcel no es un paseo sobre botellas rotas, aunque haya que sortear el vidrio y coser las heridas. Había instantes en que la euforia acortaba distancias. En los momentos en que llegaba el carro móvil con aquellas cintas enormes y se hacía el cine, la alegría incitaba a escribir poemas y se añoraba a la mujer que esperaba envidiando, con el rabo del ojo, el beso apasionado que se daban los novios del barrio en el poste de la esquina, y maldiciendo su suerte por el macho que escogió.

Pedro nunca lo supo. Estaba divorciado cuando entonces, pero en su corazón había un rostro de trazos femeninos que le ayudaba a paliar la sed del sentimiento y le curaba las huellas de alguna golpiza, dada con vehemencia para dominar su rebeldía. Otros reos contaban impacientes los días que faltaban para la llegada del domingo.

Las enormes jabas de comida no suplían el hambre del afecto ni el rictus amargo de las despedidas. Eran como las noticias que se oían sobre los avances cada vez más consolidados de la Revolución en Cuba. O de las incontables maniobras y ataques que recrudecían en el norte imperial para destruir a Fidel Castro y su victoria socialista.

Un reloj tipo bomba marcando el tiempo. Lento, rápido...mordaz, asesino. Una puesta de sol sin brillo y una luna eclipsada en la punta de una estrella. Muchos de sus compañeros creían morir sin saborear la libertad de andar nuevamente las calles que traicionaron con zapatos de ambición y criminales suelas. Habían manchado de sangre enlodada sus veredas. Y el odio, muchas veces, trasgredía los domingos.

Él no era la oveja negra de la prisión, tampoco el pan de Cristo. No le temían, le respetaban y siempre se negó a venderse a los americanos. Lo que haría después, sería después. Ahora cargaba con su culpa. Algunos compañeros se llamaban revolucionarios y buscaban la manera de demostrarlo por los cuatro vientos. Pasaban mucho tiempo incomunicados. No profesaban el concepto de soberanía ni dignidad que bajó de la Sierra Maestra y encontró cuerpo y apoyo en los llanos y provincias cubanas.

Él fue a celda de alta seguridad y aislamiento por desacato a las autoridades de la cárcel y por la huelga de hambre que sacudió el sistema penitenciario cubano en noviembre de 1969. Al final, aceptaron las demandas pero él, como otros cientos, ya estaban marcados por la rebeldía. Casi dos meses más tarde se lo llevan a Boniatos.

Llegaba a un nuevo escenario de espinas pero tan nacionalista, martiano y antimperialista como era desde sus años de estudiante y sin comprender, entonces, la alianza de Cuba con la Unión Soviética. Para Pedro, la Unión y sus repúblicas eran también imperialismo, con un concepto diferente del poder y las bases que lo sustentaban.

La prisión le enseña otros caminos y más de una vez casi va a los puños por defender su tesis. Había estudiado y empezaba a razonar de otra manera. Se convencía de esa necesaria integración política y económica. Empezaba a darle la razón a Fidel Castro, a interiorizar sus acciones para salvar a la Revolución del asedio constante y sin fronteras que ejercía sobre la Isla el gobierno de los Estados Unidos de América. Pero no se consideraba un revolucionario. Esa era una condición que siente no merecer.

Oasis

Ya no era el mozalbete elegante que andaba por las alturas del Vedado con aires de campeón, aunque regando cortesía y humanidad por todos sus puntos cardinales. Nadie podía hablarle de caperucitas ni lobos y, menos, de que los hombres no lloran. Hay lágrimas que son duras como el mármol y desgarran como las puñaladas.

Separarse de su padre volvió a marcarle una cruz en el alma. De la cárcel de Boniato se decían muchas cosas. Allí vio y sintió lo mismo por sus compañeros de prisión.

Él se aferraba a otra cosa. Estudiaba y buscaba ser coherente con su propio destino. Si alguna vez se negó a sí mismo o se dejó arrastrar por otros sentimientos, ahora no había marcha atrás. Pensaba en lo que había trazado cuando llegó a Miami en 1960 y en quienes creían en su poder de líder e influencia pública. Era duro de pelar y eso le dotaba de cierta preferencia, autoridad, respeto y confianza entre los cabecillas de la CIA y los testaferros batistianos amigos de su padre.

A veces sonreía con cierta mueca simulada al rememorar su poder de evasión. Se acordaba de su salida por la costa de Pinar del Río y la llegada a Cayo Hueso, donde no pasó por la aduana ni se registró porque al tocar tierra se separó de la tripulación, que eran cubanos al servicio de la CIA. Cuando empezaron a buscarlo ya iba camino a Miami.

Estaba claro Carlos Pirre y Llorca, ex – capitán de la Fuerza Aérea del gobierno de Batista y veterano de Corea, cuando le aconsejó que no se enrolara en la invasión que estaban preparando en Centroamérica, **"ya que estaba dirigida por los americanos y seguro que irían al descalabro"** –recuerda –. Aceptó el consejo y se libró de ser mercenario de Girón. No estaba para morir. En el libro de su vida había otras escrituras. Tenía que entrar clandestino a la Isla, pero no de esa manera. En marzo de 1961, por la costa de Pinar del Río, entra en Cuba. El Dr. Vargas Gómez e Hilario Rodríguez Ocampo –ese mismo día- entraban por la costa de Matanzas, a la altura de Varadero.

No era un cobarde, qué carajo. Y le debía a la cárcel un poco de cosas buenas después de todo. Se reconcilió con Luis y aprendió el materialismo. También se probó que podía con una mole de hierro y que el trabajo no mata. Lo sentía por la vieja, que se quedó en Cuba para no abandonarlo. Eso no se lo perdonaría nunca, aunque era su alegría y esperanza en cada minuto. El oasis de sus angustias y rencuentros.

Mamamía – como siempre le dijo a su abuela materna, la incansable Dolores

Díaz de Medina – le despertaba los letargos nocturnos con aquella risa propia de mujer guapa de campo, acostumbrada a lidiar entre el ganado y la caña como una gacela en pleno vuelo. Era la única que no se asustaba cuando montaba a Cebú y quien ponía freno al nerviosismo de Mima, quien gritaba desesperada que se bajara de ahí.

Es tan bueno poder recordar. Y de esto vivió mucho tiempo, mientras los reos deambulaban en el amplio patio de la prisión y se esperaban noticias "de afuera". Tenía que ser cauteloso. Ya se había buscado tremendo lío con los extremistas por andar hablando de que era antimperialista y que Fidel sabía lo que estaba haciendo. Pero era el hijo de Luis Rodríguez Ochoa y el sobrino de Pedro. Los Rodríguez Ochoa eran amigos de cepa de Batista y a su primo Joaquín lo fusilaron cuando el desembarco por Playa Girón. No podían tocarlo.

Nunca chivateó a nadie en ningún lado, pero tampoco dijo mentiras. A la gente de la Seguridad no se engatusa fácil. Y en estos monólogos se le pasa el tiempo...

"El viejo Buey de Oro está chivao... quizás mima no venga este domingo...me falta un montón de años y este lugar no acaba de gustarme. Ya papá está al cumplir, menos mal que él se va de esta mierda con to' su gente. ¿Cum-

*plir?... mierda...si empieza ahora...
¡Cómo lo extraño carajo!... nunca pensé
que llegáramos a esto..."*
Siempre lo mismo. El pitazo, la campana
o el silbato. A formar y a dormir.

*"Hace días que no duermes Pedro Ro-
dríguez. Te está doliendo mucho la espalda y el estómago te arde..."*
-Oye tú, grandulón... ¿qué te pasa?
Anda apúrate
-Vamos camina.
Y otra vez el empellón del palo seco y
frío por la espalda. Pero él no se murió de
hambre ni se va a morir de un tiro. Otra
noche caía con sus sombras sobre el lo-
merío de Santiago. Las luces de la ciudad
parecían burlarse de tantas añoranzas y
pesares. Los presos están revueltos hoy.
La comida que dieron fue una mierda.
Estaba incomunicado, pero en su alma
bailaba la vida y la ciudad que estaban a
lo lejos.

LAS CUERDAS DEL TRAMPOLÍN

*"Esta litera está dura como un palo.
Me quiero ir de aquí para La Habana.
Mima está triste por la muerte del viejo y estos viajes tan largos. Voy a pactar... creo que voy a pactar..."*
El abuelo Coro Medina le venía a la cabeza. Había muerto en 1963, en Coliseo,
y él estaba preso. "Buey de Oro"...
*"Tal vez tenía razón con eso de que mi
padre hubiera matado a tiros a   tío*

Carlitos, porque ya se habían golpeado duro en dos buenas broncas. Claro, él no iba a sacrificar al hijo... sabía de lo que era capaz Luis Rodríguez Ochoa y me tocó a mi andar de ambulante toda mi vida y que él no se le enfrentara y lo dejara alejarme de Mima y Mamamía... y de él... su único nieto...

"Abuelo... creo que se sentía culpable... lloró en mi hombro cuando le fui a reclamar por qué lo había permitido.

No es hombre de darle vuelta a los ovillos. Pero solo si acepta las condiciones que le piden las autoridades de la cárcel puede volver para La Habana. De nuevo la huelga de 36 días en La Cabaña le da vueltas...

"No éramos presos comunes... no había por qué aceptar que nos cambiaran el uniforme... no éramos iguales... 15 mil presos políticos... a 700 no nos dio la gana de cambiar... eso fue a la cañona... pero a golpe y bayoneta no se doma a todo el mundo... estar tapiado no es fácil, pero no me voy a volver loco... ellos fueron los que dieron ese uniforme de caqui amarillo para diferenciarnos y somos diferentes... al carajo los judocas..."

"Por la fuerza no camino... he rodado bastante... ahora estoy metido aquí, tapiado... pero qué... en el 68 estaba en Sandino... en el 69 en La Cabaña... hi-

ce la huelga porque no me da la gana de que me pongan esa mezclilla azul de los comunes y porque había que pedir esas reformas... nos sacaron de Isla de Pinos para formar todo este lío del uniforme... estoy y estaré sin ropa cuantas veces me obliguen... total..."

"Ya papá Luis va a salir pronto de esto... se metió sus nueve años, pero ahorita se va para el norte... menos mal que se lleva a la mujer y a mis hermanos... no podré despedirlo... quién sabe cuando lo volveré a ver... me queda un montón todavía... menos mal que no me mataron..."

A veces se dormía en la niebla de sus recuerdos y sus desvaríos. Con alguien tenía que hablar para no morirse de silencio. No podía evitar el sobresalto de que alguna noticia llegara de pronto. Margot le había prometido quedarse en Cuba hasta que cumpliera, sacrificando a su hermano que se había ido a USA cuando la Operación Peter Pan. La familia seguía dividida como siempre. Era como una cruz.

En abril de 1970 llega ese "algo" que esperaba. Le confirman que su padre partió hacia los Estados Unidos con su familia. Uno menos que tiene que comerse la gandofia y expiar sus culpas. Otro que sale de la cárcel de Agüica, Matanzas. Una vez más la mente le transporta a La Cabaña. En la cárcel de Boniatos solamente una puerta de hierro fea y solitaria es el mapa del mundo.

"No pedíamos tanto... fuimos unos 900 los que hicimos la huelga de hambre y nos trajeron para acá... aquí esto si está de pelar... pero teníamos que exigir nuestros derechos... visitas mensuales y no cada tres meses... que nos requisaran a nosotros y no a la familia... Mejorar la comida con sazón... no acumularnos la correspondencia... tremendo fin de año 69... sin ropa, pero firmes... qué más da...".

Treinta y seis días después les anuncian que estas situaciones se arreglarían. Pedro decide deponer su actitud. Deja la huelga de hambre. Dos semanas más tarde, en enero de 1970, lo trasladan para la prisión de Boniatos. Allí *"nos subieron la parada y nos tapiaron, sin visitas y con un extremo rigor disciplinario",* cuenta luego. Muchos, como él, continuaron sus protestas y siguieron sin ropa, esperando la respuesta a lo que entendían eran lógicas demandas.

Dos años de perenne zozobra y soledad, alimentadas con la imaginación y los recuerdos. Sintiendo la presencia constante de Mima en cada minuto de alegría y de tristeza. No podía perder los sueños ni la perspectiva del hombre que pintó sus primeros dibujos en un cubo sobre la cabeza o el hombro del chino Lee. El mismo que montó a caballos y se hizo célebre en las carreras de salto hípico, con Cuca y Carola, dos yeguas que eran las reinas de Rancho Boyeros.

"¿Qué será del teniente Candito?... era bueno ese negro después de todo... me enseñó a brincar obstáculos y le debo las competencias en el círculo militar y naval... ese día en el estadio de la cervecería La Tropical en Marianao fue fabuloso... eran lindas las ferias... papá estaba muy orgulloso de mí..."

Sabía lo que le esperaba. Estaba totalmente incomunicado. Eran las reglas para los que se rebelaban y se enfrentaban a las autoridades y a la disciplina de las prisiones. Nunca huyó de las dificultades y asumió conscientemente su rebeldía. Seguramente no podía ver a Margot en mucho tiempo. Ya el jefe del Orden Interior de la prisión, a su llegada, lo había resumido de manera contundente: "Boniato no pertenece a Cuba, aquí mando yo". Ni por teléfono pudo llamarla, jamás tuvo uno a su alcance. Nada de televisores y mucho menos tomar agua fría. Era el castigo justo que se había buscado. Tampoco se quejaba por ello.

No podía predecir el tiempo que pasaría en Boniato. Llegó en enero de 1970. Esa era la certeza. Salir, solo Dios podía saberlo. Tal vez fuera un capricho el ponerse en huelga por el color del uniforme. No era orgullo. Ellos eran presos políticos y les pusieron desde el primer día el de caqui, igualito al que usaban los militares cubanos o los americanos, el del ejército de la Cuba Republicana. Ahí mismo empezaron los problemas, pero sencillamente ellos no eran presos comunes. Las bayonetas y las golpizas no podían cambiar la realidad.

"Otra vez lo mismo... el plato con esta 'cosa' por debajo de la puerta... hoy los guardias no han venido a mirar... tengo que hacer ejercicios... creo me estoy encogiendo... ya perdí la cuenta de los días... cómo estará el viejo en los Estados Unidos..."

"¿Cuántos habrán resistido?... creo que traen la comida... aquí uno aprende a descifrar el silencio... no voy a comer... me duele la cabeza y la columna... ¿qué estará haciendo mima a esta hora?... y ¿qué hora será?"

No había días ni noches, solo una puerta de hierro fea y triste era el mapa del mundo. Podían pasar siglos, era siempre igual.

"Estoy envejeciendo, pero gracias Dios no siento rencor... no me voy a convertir en un amargado renegado... defenderé mi tesis... yo me entiendo y estoy convencido... un día me iré de aquí y lo demostraré... no como me dicen esta gente...no soy anarquista"

Mira el plato de comida que acaban de pasarle por el hueco, debajo de la mole de hierro carmelita. Sobre su cabeza siente se le posan unos ojos agudos que ignora otra vez más. Tiene ganas de mandarlos a paseo, pero no, quizás sea eso lo que ellos quieren.

"Esto huele a sobaco de vieja vagabunda... está más mal que ayer... uuuuuuhhhhfffff... nos van a reventar de hambre... esto si es una huelga de verdad..."

Trata de dormir pero no lo consigue. Al menos, si pudiera tener algo que leer. La modorra y el tufillo a humedad le están calando la garganta y los huesos. Empieza a dar cabezazos.

El viejuco Macías le hace una seña. Macías es el abuelo de mi hermana Marthica por parte de su mamá, Martha. Los tiros no paran. La Rampa está llena de gente y alguien compra un boleto de avión. No lo encontraron. La Policía se fue y no lo encontraron. Macías es un abuelo cariñoso y huevón...

"oye despierta, te toca bañarte..."

Se pasa la mano por la barba. No fue un sueño malo. Era real.

LOS SUEÑOS DE UNA PARTIDA

Un año no pasa rápido entre tres paredes y una puerta de hierro. Pero pasó. Ya llevaba un año en Boniatos. Pronto pensaba ver a Mima. María Margarita Medina y Díaz, Margot para todos, había sacrificado su libertad junto a su hijo y rezaba el rosario inmaculadamente para que saliera pronto de la cárcel. No la veía desde que llegó a Santiago de Cuba, aunque presentía que pronto sentiría la tierna fortaleza de sus manos y el apretado beso en las mejillas.

"Los sobrenombres son peores que los números de un reo... supe que mi madre se llamaba María Margarita a los 12 años... para mí era Mima y para los demás Margot..."

"Quiero volver a La Habana... ojalá esta gente acabe de levantar esa absurda medida de los uniformes... estoy como si estuviera en otro mundo... ¿en qué vendrá Mima?... esto está en casa del carajo... ahorita tengo 40 años..."

Cárdenas, la Ciudad Bandera, le venía a los sueños con demasiado frecuencia. No era el Vedado ni La Habana, pero allí nació Margot y toda la descendencia de Coro Medina y también fueron educados en el colegio La Progresiva. Fue una educación burguesa y elegante. Mamamía se los llevó a tiempo para los mejores institutos de La Habana.

"Tía Lucrecia era buenísima... era la jefa del Departamento de Crédito de la famosa tienda Fin de Siglo, en el mismo corazón habanero... me acuerdo de Margarita La Guardia y su esposo Gabrielito, los dueños de la tienda... Mima era la jefa de los vendedores del

Departamento de Crédito... noche por noche arreglaban las cuentas por teléfono... un dineral se movía todos los días... ¡qué tiempos esos, madre mía!".

Un recuerdo tras otro se atropella en su mente. Era el escape para no dejar salir el rugido de furia del león que se le metía en el cuerpo. Un hombre no nace para estar prisionero. Es como si llevara una gacela dentro y le amputaran las alas. A veces no sabía ni quería volar hacia los Estados Unidos. Lo que si necesitaba era que el tiempo volara y estar en la calle. Ya después todo llegaba por su peso.

Apenas duró una hora la visita de Margot. La encontró agotada, pero elegante y fina como cuando Luis Rodríguez la enamoró por aquellos parques matanceros. Era una mujer bajita pero distinguida, de buen gusto y con un brillo especial en la mirada. En la prisión siempre la trataron de señora. Reconocían que era toda una dama de abolengo, con una humildad propia de los corazones grandes.

"Tengo que hacer una vida buena por Mima... ya se ha sacrificado bastante por mí y sufrió mucho por culpa de mi padre... me trajo noticias frescas de toda la gente... dice que La Habana como toda la Isla anda en eso de la zafra de los diez millones y que Fidel le tira duro a los americanos en sus discursos... el bloqueo está recio de verdad... y de nosotros no se dice nada... pero yo sé que no ve voy a podrir en la

cárcel... Mima me encontró flaco... si ella supiera la comida que nos ponen aquí..."

Se fue como siempre sucedía. Siempre era siempre. Dejaba el alma en cada despedida. Por momentos, no encontraba consuelo y mis palabras le caían mal. No era mujer de andar con rodeos y gustaba llamar las cosas por su nombre. Aunque yo le escondiera las cosas, sabía que la pasaba mal y que un minuto era el infinito. Se aferraba a la fe para aguantar la realidad.

Año 1972. Hay un rumor de buenas noticias. Un guardia ya había insinuado algo.

"No voy a ceder, pero si aflojan, acepto... tengo que volver a La Habana. Quizás me manden para La Cabaña... ahora si que estoy delirando... La Cabaña no existe, ya no es una cárcel... es un lugar histórico... hace casi 15 años de toda esa jodedera de los fusilamientos y los presos políticos."

Siente la gloria de Dios sacudirle el cuerpo. Se olvidó por completo del dolor de las piernas y las rodillas. Hasta la columna le parece un aguinaldo de huesos rosados. Acaban de ofrecerle el uniforme caqui. Hasta hoy estará plantado. Pedro Rodríguez Medina volvía a vestir el distingo de los presos políticos. Esa era su categoría y así tenía que ser. Un cosquilleo le subía al cerebro. Ahora a esperar las decisiones.

La cárcel de Guanajay es el nuevo recinto de su condena. Estaba en La Habana. Todo sería más fácil. La ternura de Margot no le faltaría los domingos. Retomaría sus lecturas y hasta visitas de amigos le sacarían las sonrisas que convertían en muecas las más de las veces. En noviembre de 1972 acabó su pesadilla en la prisión de Boniatos y dejaría de andar en calzoncillos para demostrar su rebeldía. Fueron casi tres años de extrema dureza para quien apenas sobrepasaba los 30 años, pero en su interior un hombre nuevo renacía, si se quiere, por encima de su voluntad. No era el mismo que fue a contar a los bandidos en El Escambray ni el que fundó la organización de la Resistencia Cívica en la década del 60.

No lamentaba pasar sus años mozos entre los zumbidos de impotencia que se sienten cuando el mundo se respira detrás de unas pocas barras de hierro frío, tal como si le gritaran a la cara que el sol y la libertad no nacieron para él. Tuvo la oportunidad de escoger otro camino y no lo hizo. En su interior, a veces, con roña y un indefinido sentimiento de dudas y preguntas sin respuestas, algo le decía "algo" que no alcanzaba comprender.

Años más tarde, al llegar a su destino entre las luces y las apariencias faranduleras de un Miami City convulso y traicionero, lo sabría. Apenas empezaba a vivir su nueva celda en Guanajay. Le quedaban años para poder caminar libremente por las alturas del Vedado y palpar el aire fresco y cada vez más renovador de la Revolución Cubana. Ya La Habana había cerrado para siempre sus burdeles. Los cuarteles eran escuelas. No había vagabundos violando con hambre y mugre los latones de basura, y el Caballero de París era una leyenda intimista y cómplice de la Giraldilla, allá en lo alto de la cúpula de El Capitolio y un banco en el parque de La Fraternidad.

No era ni socialista ni capitalista. Era martiano y antimperialista. Ahora interiorizaba algunas ideas del materialismo dialéctico y entendía con alguna claridad muchos detalles y hechos que jamás caló, mientras sus amigos y los padrones de su familia compartían codo a codo con Fulgencio Batista y toda la camarilla que guiaba, desde el ejército, el general Francisco Tabernilla, mano visible del ataque golpista militar de 1952.

Sus discursos con los demás reos ya no eran los mismos de 1963. No había rencor hacia los carceleros ni el personal que dirigía el sistema de prisiones en Cuba. Reconocía que algunos guardias se extremaban en el trato con los presos y las golpizas se tornaban graves o de muerte. En sus andares de "cordillera" por las distintas penitenciarias encontró detenidos a muchos de estos guardias abusadores y violentos.

La cárcel de Guanajay no es distinta a las demás. Allí está el mismo cementerio de hombres vivos.

Su tesis del Cambio no le afloró por gusto entre los momentos de meditación, al poco tiempo de estar prisionero. Revolución es eso... transformación gradual, oportuna, segura. Confianza en las nuevas generaciones de cubanos que crecen y se desarrollan con el dialéctico curso de la nación y el mundo. La validan los principales hechos de connotación que marcan el siglo XX y XXI en la Patria de José Martí y en América Latina. El ideal de Pedrito no era una escaramuza. Es el sentir de un nacionalista neto y un cubano martiano de raíz que, a su modo, comprendió a tiempo lo que era la independencia de su querida Isla y el deber de defenderla por encima de convicciones y principios, de corrientes ideológicas y cotejos políticos.

Cuando en 1979 le llega la libertad ya este sentimiento sería más que un reto en su conciencia. Gracias a las negociaciones de la Comunidad Cubana en el Exterior y el Gobierno Revolucionario sale de la prisión y le autorizan abandonar el país. Antes de partir vía México contrae matrimonio con Araceli, su querida Lila, y Margot, su Mima, le acompaña luego de más de veinte años de espera, sacrificios y nostalgias por su primogénito, del que tuvo siempre una constante añoranza y una necesidad afectiva que los unió a los dos más allá de la lejanía y la existencia misma.

No fue un viaje de felicidad. Nada de planes concebidos. Ninguna rencilla de venganza. Dejaba a su Patria y no sabía hasta cuándo. No era un asesino. Nunca dañó a nadie ni robó al heraldo público. Solo en ideas, con panfletos en las manos confeccionados por otros, hizo su guerra a la Revolución. Aquel niño de 21 años que dio imagen de contrarrevolucionario y una valentía precoz, audaz y arriesgada, volvía a ser juguete de su propio destino. Su vida quedaba nuevamente divida en afectos e intereses.

Lila quedaba en Cuba, con los dos hijos de su primer matrimonio. Mientras Pedro almacenaba en su pecho un secreto callado hasta ahora y muy especial. Cuando el avión despegó y las costas cubanas eran apenas unos islotes grises verdosos que se convertían en punticos con la altura, él, el primer y único descendiente de los Rodríguez Medina, pensaba:

"Algún día regresaré a morir a mi Patria cubana, pero será con este mismo gobierno revolucionario".

Y las lágrimas rodaban de sus ojos, calladas, firmes, decididas a meterse en el amargo rictus de la comisura de los labios. Unas lágrimas que, como todas las

119

cosas puras, legítimamente puras, hay que tener alma para verlas. Tenía entonces 42 años y ya estaba identificado con la mayoría de las actividades de la Revolución. Sabía, por convencimiento propio, desgarrador y bien pagado en las cárceles cubanas, que si Fidel no hace lo que hizo, Cuba hoy no sería el Faro de América Latina y el paradigma de los pueblos y los hombres justos y humildes del planeta.

Quizás, sería, un cementerio de hombres vivos. Un caimán mustio y lleno de vidrieras donde se esconden los fantasmas de los que piden pan y se reflejan los ojillos húmedos de esos desposeídos, quienes no forman parte de los elegidos por la fortuna en las grandes y pequeñas naciones de este mundo, tal como sucede allende al mar.

TANTEANDO ENTRE BARROTES Y BATALLAS

G.G.G: Usted estuvo preso en las cárceles de Cuba, ¿Desde cuándo y por qué?

P.R.M: Desde el año 1963, por delito político.

G.G.G: La causa por la que fue condenado, ¿La llevó a Juicio un Tribunal Popular o los llamados Tribunales Revolucionarios? ¿Sintió usted, al ser juzgado y procesado, que se violó alguna ley o Disposición Jurídica, Legislativa?

P.R.M: Por conspirar contra los poderes del estado fui sancionado a 20 años de prisión de máxima seguridad y a

trabajo forzado, por el tribunal revolucionario en La Fortaleza de La Cabaña. No creo fueron violados leyes ni disposiciones jurídicas o legislativas. Tuve mi abogado defensor y desde el principio acepté mi culpabilidad.

G.G.G: ¿Sintió y tuvo consciencia siempre de que el Estado Cubano era justo e imparcial al llevarle como acusado a un proceso judicial? ¿Entendía que el Gobierno de Cuba tenía todos los Derechos, en su caso, para proceder a levantar una vista oral en su caso? ¿Sintió algún acoso, represión o manipulación hacia su persona, por el hecho de ser considerado un preso político?

P.R.M: Fui juzgado y sancionado por el tribunal como yo lo hubiera hecho, estando en su lugar.

G.G.G: ¿Vio durante este proceso algún trato diferenciador, por mínimo que fuere, entre su persona y el resto de los acusados? ¿Considera que un preso político, ya por el hecho de serlo, recibe un tratamiento marginado y es rigurosamente vigilado y chequeado antes y después de ser condenado?

P.R.M: El trato a los prisioneros por cualquier delito debe ser parejo y, así fue mientras estuve en prisión. Claro, hay veces cuando tomaba una actitud de rebeldía en desacato a las disposiciones carcelarias o entraba en una

121

huelga de hambre, tenían que incomunicarme del resto de los reclusos.

G.G.G: ¿Conoce Usted a qué llaman Primavera Negra en Cuba los grupúsculos que dentro y fuera de la Isla atacan directamente las ideas y al gobierno revolucionario presidido por Fidel Castro y que, ahora, al ocupar el cargo su hermano Raúl, lo envuelven en duras campañas difamatorias y anticubanas?

P.R.M: Considero que no es un delito atacar o no acatar ideas del gobierno, lo que no estoy de acuerdo es en llevar el asunto a la violencia ni a entregarse a intereses extranjerizantes. Las campañas difamatorias y anticubanas vienen realizándose desde el principio de la llegada de la Revolución, pero últimamente la derecha internacional se ha aliado con la derecha de Estados Unidos en estas campañas.

G.G.G: ¿Cree Usted posible que el Gobierno en Cuba permita que muera un reo por enfermedad o sin atención médica? ¿Cree que la muerte del disidente Zapata la causara directamente el gobierno de Raúl Castro? ¿Hay alguna coherencia en esta acusación?

P.R.M: Depende de la actitud del prisionero, si uno desea morir no hay quien lo impida. Lo digo con seguridad, ya que estuve en huelga de hambre en La Fortaleza de La Cabaña en noviembre de 1969. Fueron 36 días sin ingerir alimentos, y depuse mi actitud cuando las autoridades carcelarias me informaron que aceptaban mi demanda.

Con relación a la muerte del prisionero Zapata, creo se le complicó cuando dejo de tomar agua. En mi época de prisión siempre fui atendido cuando necesité asistencia médica. Ahora creo sea igual, ya que si le dejan hablar al prisionero por teléfono, cosa que cuando estuve preso ni pensar en eso. Además, -repito- cuando uno desea morir no hay quien lo evite. Por lo cual, no es responsabilidad de nadie cuando una persona muere por decidir sacrificar su vida, por huelga de hambre, inmolación o suicidio.

G.G.G: ¿Hasta qué punto se tortura a los presos políticos en las cárceles cubanas? ¿Le violaron a Usted algún derecho en su tiempo de prisión? ¿Sintió que dejaba de ser un preso común dentro del sistema penitenciario, a los efectos de recibir cualquier tipo de atención o servicio establecido en la prisión?

P.R.M: Siempre me consideré un preso político y, así lo consideraba el gobierno aunque decían que éramos contrarrevolucionarios, cosa que aceptaba, otros no porque decían que eran revolucionarios, pero como que nunca lo fui no me molestaba.

Me considero un ex prisionero afortunado dentro de mi régimen carcelario, aunque pasé tortura sicológica cuando se me interrogaban en la Seguridad del Estado. Mis años de prisionero estuve en Isla de Pinos trabajando forzado en las Cantera de Mármol; en Pinar del Rio, en la Cárcel del Kilometro 5 y medio plantado sin ropa, solo en calzoncillo; en la Cárcel de Guanajay en La Cabaña por segunda vez – allí fue donde hice la huelga de hambre – después trasladado para la prisión de Boniatos en Santiago de Cuba, todos esos recorridos plantado en calzoncillo. Por último, decidí ponerme la ropa.

Tortura física, nunca me dieron ese trato. Ah!, cuando me reviré a la guarnición siempre me dieron para someterme. Sí hubo guardias que fueron abusadores y que dieron golpes – sin motivo - con bayonetas e incluso heridas graves, pero también con los años los veíamos presos en distintas prisiones – en los traslados que nos hacían – en el patio de los presos comunes.

G.G.G: Su sanción sucede paralela a un proceso de definiciones de varias políticas y medidas de consolidación revolucionaria en Cuba. Desde entonces, como parte de la dialéctica del desarrollo integrador del país, acontecen cambios en el sector judicial y el sistema general de las prisiones. ¿Usted cree que las cárceles cubanas son típicos centros de torturas y vejaciones para su población penal?

P.R.M: No creo que el régimen carcelario sea más fuerte que en los años 60, 70, 80 y 90. Ya le digo, nunca fui torturado físicamente ni se de caso alguno. Abusos si hubo, golpiza y vejaciones.

G.G.G: ¿Está Usted informado de que a las prisiones cubanas actualmente se llevan elencos culturales de primer nivel en calidad y popularidad en el país, así como que existen centros docentes dentro de las mismas, para facilitar que los sancionados alcancen sus distintos grados de escolaridad? ¿Tiene alguna referencia de algo similar en cualquier otro lugar? ¿Existía esta facilidad cuando usted cumplía condena?

P.R.M: He oído comentarios sobre ese particular, pero sí puedo asegurar que en mi tiempo en prisión cuando estaba normal, sin posiciones de enfrentamiento nos traían cine para ver películas. Esto comenzó en el año 1970.

Ahora bien, siempre existió el Plan de Rehabilitación y todo aquel que lo aceptaba tenía derecho a todo lo que expones. En mi caso nunca acepté el plan de rehabilitación, pues no creí que debía rehabilitarme de nada, siempre estuve en contra de ese plan porque entre las obligaciones había que aceptar las clases políticas, en el Círculo de Estudio.

Sin embargo, acá en Miami cuando Andrés Gómez me invitó a participar lo acepté sin reservas, cosa que en plena reunión lo comenté a todos los presentes.

G.G.G: Usted es uno de los promotores que con ahínco, y desde el propio Estados Unidos, ha defendido y ejecutado una campaña a favor de los CINCO cubanos prisioneros y falsamente acusados de terroristas, por lo que cumplen arbitrarias condenas en cárceles norteamericanas. ¿Qué le ha motivado a ello? ¿Solidaridad con Cuba o un acto per se, de pura constricción?

P.R.M: Desde que fueron condenados y en la forma que se hizo aquí en Miami, me chocó y los comparé con la actitud que asumieron los enemigos de origen cubano, con el niño Elián González. La influencia de la mafia miamense fue decisiva en las condenas impuestas a los Cinco. Desde ese momento sentí que debía poner mi esfuerzo – como lo hacía contra el Bloqueo impuesto a Cuba – en ayudar a los Cinco compatriotas presos.

Después fui comprendiendo mejor todo lo relacionado con ellos por medio de las charlas con Andrés Gómez, de la Brigada Antonio Maceo, en el Círculo de Estudio que imparte. Así me fui involucrando y conocí a sus familiares, en reuniones realizadas por La Alianza Martiana. En lo adelante continúe solo con Combate News, las noticias más combatidas por combativas, de la Comunidad Cubana en el Exterior.

G.G.G: ¿Percibe usted algún tipo de relación, profesa o ex profesa, entre el tratamiento jurídico dado a los CINCO cubanos antiterroristas prisioneros por más de una década en cárceles de Estados Unidos, el sostenimiento cruel del bloqueo económico y el financiamiento que también este propio gobierno eroga para mantener en primer plano su pretensión en el caso de Cuba? ¿Esta percepción suya, positiva o negativa, la tiene o pudiera tener el pueblo americano? ¿Por qué?

P.R.M: Desafortunadamente el pueblo estadounidense desconoce la verdad de los CINCO patriotas.

Desde el momento que la prensa reaccionaria habla de ellos calificándolos de espías. Eso asusta a la mayoría silenciosa del pueblo americano.

Mi percepción, en conjunto, es que todo está encadenado. La del pueblo estadounidense se puede cambiar si se continúa con el apoyo a los CINCO, Estado por Estado y Ciudad por Ciudad.

G.G.G: Su actividad política a favor del nacionalismo y los postulados martianos lo definen más allá de sí mismo. ¿Esta toma de partido a favor de su país de origen tiene que ver con la etapa de su vida en prisión? ¿Qué hay de ellas en los mo-

127

mentos en que decide ser fundador de alianzas y organizaciones en pro y en contra de la Revolución Cubana?

P.R.M: Aunque mantuve mis principios y convicciones nacionalistas y martianas en las prisiones de Cuba, los entreguistas me catalogaban de anarquista, no importa que defendiera mi posición y comentara que no se debe ser anticomunista pero nada, con ellos no había arreglo. Una vez que llegué al titulado "exilio" –ya que considero que el que viaje a la Isla o se haga ciudadano de otro país, deja de ser exiliado político- me puse a conspirar. Pero pronto me di cuenta que no debía seguir ese camino ya que el material humano era pésimo, con odios, rencores y revanchismo. Cuando se *desmerengó* la Unión Soviética y el pueblo de Cuba comenzó a sufrir las consecuencias, decidí comenzar un acercamiento con el gobierno cubano mediante hechos positivos, como participar a favor de que Elián González se lo entregaran a su padre y abuelos. Después se fundo La Alianza Martiana, participé en algunos programas de televisión, etc., etc.

G.G.G: ¿Puede Usted hoy llamarse un "hombre de izquierda"? En su opinión, ¿qué debería salvarse para las futuras generaciones de las esencias que hoy mueven la izquierda y el nacionalismo en América Latina? ¿A quién pondría a la cabeza entre los hombres y mujeres de este continente, que pudieran ser considerados como precursores de este tiempo?

P.R.M: No creo en el aparentemente cómodo neutralismo ni en la izquierda cubana, he convivido con ellos como con la derecha y, no me convencen sus postulados. Opino que <u>se es o no se es</u>. Me dicen, ¿y tú no te aplicas ese slogan?, y contesto que el verdadero nacionalista defiende la soberanía nacional de su patria a la clase obrera y su pueblo, sea el gobierno comunista o socialista ya que son los únicos – repito - que defienden los intereses de la clase obrera, la patria y la soberanía nacional.

El nacionalismo y la izquierda en América Latina están entregados a diversos intereses. Debemos aceptar que nos apoyen en la lucha, a que combatan el Bloqueo político, social y económico y, en la libertad de nuestros CINCO Héroes presos en Estados Unidos.

G.G.G: ¿Cuál es su orgullo político y personal? ¿Hay alguna relación entre sus actividades revolucionarias y editoriales? ¿Escribió alguna cosa estando en prisión?

P.R.M: Solo en la Cárcel o prisión de Guanajay. Allí hice un periódico titulado "LIBERTA", para el que escribían algunos presos seleccionados por mí, no todo el que quería, debían ser de ideas

progresistas. Cada vez que la guarnición hacía requisa los ocupaban, pero nunca me llamaron a la dirección del penal.

¿Orgullo político?, nunca me he considerado líder. Simplemente me considero un activista. ¿Personal? , ser hombre honesto y de palabra.

Escape de Ideas

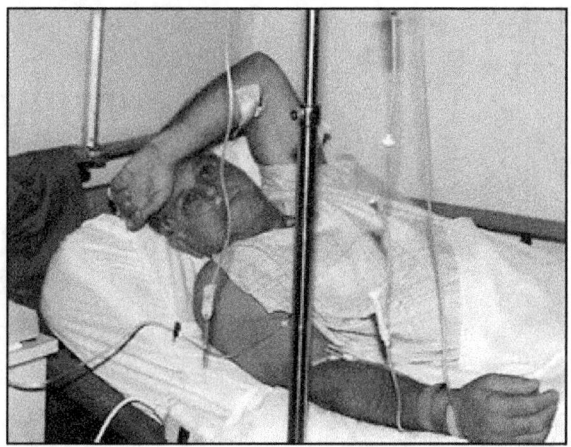

Momentos como éste, con riesgo para la vida, tuvo varios en sus años de cárceles. Meditar, dejar escapar sus pensamientos, con las nubes oscuras de la añoranza y la luz reflexiva de un hombre que no se resiste al cambio, Pedro ha enfrentado todo su destino.

Actualmente, la cultura se lleva a las cárceles, tal como en sus tiempos de prisión, Pedro disfrutó del cine. En aquellos años iniciales de la Revolución todo era más difícil, pero había igual preocupación por la población penal de la Isla. En la foto, el trovador Silvio Rodríguez en la gira que realizó por las prisiones en enero del 2008.

II Parte

LAS GARRAS DEL LEÓN

Capítulo I

Encontradas distancias

Luces del Exilio

Esa Isla grande y estrecha no se le borra de la retina. Temía mirar por la ventanilla. Un cielo azul inmenso y solitario está debajo y encima del avión. Margot tampoco dice ni media palabra. No sabe definir si el tiempo vuela o se detiene. De cualquier modo, estaba loco por llegar a su destino y empezar alguna cosa que le quitara el amargo sabor a soledad que sentía en la garganta.

Miró a Mima y la tos seca le sobrevino de repente. Parecía estar bien lejos de allí. No creo pueda responder de qué color tiene el pelo la señora que está del otro lado del pasillo – pensó – y un nuevo rictus de amargura le envolvió el paladar. Su madre había sufrido mucho este largo tiempo de ausencias y prisiones. Admiraría para siempre el coraje con que lo soportó. Nunca quiso marcharse mientras él estuviera en la cárcel. Prácticamente lo había perdido a los 21 años y ahora lo recuperaba a los 42, quizás más loco que nunca. Ni él mismo lo sabía.

Un pensamiento tras otro golpeaba la sien de Pedro. Los ojos de Araceli le miraban angustiados y el tímido gesto de un adiós se congeló en el aire. Lila, la esposa que apenas pudo regalarle la ternura del encuentro y la pasión, quedaba atrás, en la confusa niebla de su Cuba, en el pasado y el presente de una "Habana" que no imaginaba cuando volvería a recorrer.

Tibios estaban también los abrazos de los dos chicos que hizo suyos mientras firmaba la fe de matrimonio ¡Qué destino ese de vivir dividido, con un ramo de pólvora en las manos! *Tenía que volver, tenía que volver*, se dijo con tanta fuerza a sí mismo que casi escupe las palabras y un bocado de aire le atora el aliento. Era desesperante la apretazón que sentía en el pecho. Se asfixiaba entre el simulado quietismo de la nave y el silencio que envolvía todo aquel estrecho pasillo donde parecían centinelas los fantasmas de sus malditos recuerdos.

Volvió a mirar por la ventanilla y, como para que no lo vieran, simuló rascarse un ojo. Otra lágrima más se congelaba en el iris de sus claras pupilas. No podía esconderse su propio secreto... **"algún día regresaré a morir a mi patria cubana, pero sé que será con este gobierno revolucionario. No me interesa llegar a México... disfruto el vuelo..."**. Sacó el pañuelo y se secó el frío sudor que le mojaba la frente como si fuera a caer en un estado de hipotermia. **"¿Estaré loco... qué me pasa?... nadie puede... no acabamos de llegar a México..."**

POCO DESPUÉS

Ni rastro de su querida Habana. Siente que el estómago le da un vuelco y las tri-

pas se revuelven. **Creo que llegamos** –
balbucea a Margot, quien lo mira con miles de mudas interrogaciones. Se moría
de miedo por tener que volar en avión y
ni una sola palabra había salido de su
boca. La nave comenzó a descender y los
bombillos rojos, con los mensajes de alerta, se encendieron. La aeromoza anunciaba el obligado apretón de los cinturo-
nes de seguridad. El vuelo La Habana –
Acapulco estaba a segundos de finalizar.

La recogida del breve equipaje fue una
tortura. Nada parecía moverse y menos
el tiempo. El olor del mar le trajo de vuelta su viaje clandestino por la costa norte
de Matanzas. En otras épocas, el aeropuerto, los turistas, el exótico balneario y
hasta las palmeras del camino le hubie-
sen resultado eróticos. Llamaban de
nuevo a retornar el vuelo. México DF la
próxima parada. Miami se acercaba, pero
estaba muy lejos de su corazón. Alguna
rara cosa le hacía saltar nuevamente el
estómago.

Ciudad México

No miró el reloj. Estaba cansado y abu-
rrido, tanto como Mima. Era un hormiguero vivo y bravo aquel enorme aeropuerto. La gente caminaba sonámbula
entre la prisa y las gigantes pizarras lu-
mínicas anunciando las entradas y sali-

das de los vuelos. Apenas se distinguían las voces de las operadoras con sus tonos matizados bajo la lengua inglesa, el alemán, la suavidad del francés y la cadencia de un español cantado entre los timbres de las campanas de anuncio, la publicidad y el atropello del *llegaysale* casi simultáneo de las distintas aerolíneas. Toda una locura para veinticuatro horas.

"No hay vuelo para Miami hasta dentro de tres días", le dijo a Margot como quien le anunciaba una desgracia. Lo era. Pedro Rodríguez Medina no contaba con esta sorpresa, demasiado conflictiva para él y para Mima. Lo decidió en un segundo. *"Aquí reventamos* – determinó – *pero no le aviso a nadie de la familia. No estoy para protocolos afectivos y menos en DF que parece una olla de grillos humanos".* Y no asomó el pelo ni en las afueras del aeropuerto.

"Espera aquí". Con un gesto indicó a Margot que saldría a preguntar ventanilla por ventanilla. En minutos, un apuesto y delgado hombre blanco, extremadamente alto, con un cansancio que escondían sus largas pisadas, recorre línea por línea para ver cuál vendía boletos hacia los Estados Unidos. Irse de allí lo más pronto posible era el eje central de toda su impaciencia. Parecía perseguido por los demonios. Nadie lo esperaba en Miami, pero ya daba todo por estar allí. Tal vez, entonces, dejara de sentirse un prisionero de sí mismo.

"¿En dos horas un vuelo para Texas? La información es un bálsamo. Reservó dos asientos y salió a buscar a Margot. Otra vez el cinturón de seguridad. Mima de nuevo en sus prolongados silencios. Recuerdos mezclados con ideas pueriles y crueles de lo que haría al llegar. *"Vamos a aterrizar en San Antonio. Tú verás que ahorita estamos en Miami".* La elegante y mediana mujer que le acompaña y a quien venera hasta con sentimientos de culpa, no responde. El asomo de una leve sonrisa le sirve de consuelo. Comienza el descenso y siente el impacto del tren de aterrizaje al sacar chispas con la pista. *"Todos estos aeropuertos son la misma cosa. Tiene que haber un vuelo rápido a Miami".* Aprieta fuerte la pequeña mano de su madre. Un suspiro semejante a un gruñido de león se le escapa y su querida Mima le tranquiliza con *ten calma, hijo, ahorita llegamos.*

Nada. Miami no estaba en los horarios próximos. O se iban a Houston o esperaban. *"Nos vamos aquí".* La escalerilla del avión es infinita. Las 92 millas se multiplican por su cuenta para partirle el cerebro y grabarle un memorándum que no olvidaría jamás. *"¿Qué coño pasa con los vuelos a La Florida?* Para Atlanta, en Georgia. No hay alternativas. Se seca el sudor y toma cariñosamente el brazo de

141

Mima. No quiere pensar que sucedería lo mismo al llegar al siguiente destino.

El equipaje pesa una tonelada. La empleada lo mira. Los segundos... *¿A quién carajo se le ocurrió decir que se van rápido...? Míster...* ¿What do you do, please? ... No se atreve a preguntar. *"¿Dentro de una hora, un vuelo? ¿A Miami...?* Era cierto, increíble. Boletos en manos. Un agua mansa le baja la opresión que sentía en la espalda. Mima también suspiró aliviada. La pesadilla parece terminar. Esta vez la escalera para llegar al cielo era chiquita. Pedro Rodríguez Medina y María Margarita Medina y Díaz iban rumbo directo, sin escalas ni salones de espera, a pisar la cuna del exilio, el dorado sueño de los presos políticos cubanos. *"... pero de los presos políticos que no conocen al monstruo por dentro, como dijo nuestro Apóstol de la independencia José Martí Pérez",* enfatiza hoy al ser entrevistado.

A las nueve de la noche el aeropuerto de Miami, en el sur de La Florida, simula un juego de luces incandescentes en un inmenso salón de baile de una discoteca light *bulb.* Otro hormiguero. La Coca Cola se anuncia como Coca Cola. El paisano quiere esconder su rostro moreno tras un encarecido sombrero de pajilla. La mezcla de perfumes da náuseas, sobre todo en las vísceras anestesiadas por los baches atmosféricos y los cambios de temperatura.

Enseguida te abordan y te chamullan en inglés. *Money... money,* es lo único que cuenta. Y las puertas de los taxis y los "brazos-maleteros" pueden traer etiquetas Made in Cuba, Puerto Rico, Nicaragua, Colombia, Panamá, Costa Rica... *Yes, yes...Sir...Excuse me...* **"No se te ocurra hablar español Pedro Rodríguez Medina... no se te ocurra..."** Una voz interior le advierte. Después de 25 horas de vuelo se van al diablo todos estos buscavidas. **"Voy a llamar a tía Luque para decirle que estamos aquí y vamos para allá".** Mima asienta con la cabeza, totalmente aliviada y pensando fugazmente en el encuentro con su hermana y desesperada por tener a su hijo José Carlos en sus brazos, después de dos décadas de ausencia.

Otra vez mirando por las ventanillas. El taxista sortea el tráfico y parece curioso. Lo sorprende husmeando por el retrovisor. **"Hialeah... esta es la dirección..."** Y el gran Pedrito de la monta de caballos en el estadio de la cervecería La Tropical, en Marianao, adiestrado por el teniente Candito sobre la grupa de las yeguas Cuca y Carola, vuelve a dar un salto hípico y se recuesta, con los ojos cerrados, en el asiento acolchonado del taxi. El esperado viaje La Habana – Miami *colorín colorado.* La tía Lucrecia y todo el familión se deshacen en llantos, abrazos, besos y preguntas. Él solo quiere agua y una buena ducha. Descansar.

No gastó ni un kilo en los trasbordos aéreos. Todo venía acuñado y asegurado por la Sección de Intereses de Estados Unidos en Cuba. Las compañías aéreas recibirían el rembolso de las arcas del Departamento de Estado. La odisea era un tanto más a favor de la contrarrevolución en Miami. Llegaba a la meca del odio y el anticastrismo otro líder más. Había para hacer fiesta.

La comunidad cubana en el exterior le esperaba con los brazos abiertos. Uno de los duros de coger se les aliaba, gracias al diálogo entre ellos y el gobierno cubano. La rabia por la derrota de Girón seguía tan verde como en los lejanos días de abril de 1961 y hacer mierda a Fidel y su "maldito comunismo" era la comidilla de la ultraderecha de Miami y el hilo conductor de todos los planes secretos de la CIA, el Congreso, el Senado y el discurso martillado de la silla presidencial de la Casa Blanca.

Miami no había perdido sus aires de farándula de 20 años atrás. La Calle 8 seguía siendo el paraíso de la bulla y la codicia para cualquier cosa. El tufo a goma de mascar, mostaza agria, perfumes caros y botas de vaquero enrarecía el aire. El restaurant Versalles estaba ahí con sus cortaditos de primera y sus clientes de siempre. Nada parece haber cambiado. **Tengo que empezar a hacer los prime-**

ros contactos – pensó – y apretó el acelerador con desgano.

Otra vez echaba su suerte a la tesis del cambio que le movía las esperanzas desde 1963: el cambio en Cuba será lento y seguro, generacional. Era nacionalista y martiano. Después de tantos años tenía que empezar de nuevo, pero sería cauteloso. Algo le decía que no eran todos los que son, ni son todos los que están. No iba a aceptar intervenciones extranjerizantes en Cuba. Si no lo hizo en Girón tampoco será ahora. Eso sí lo iba a dejar bien claro con la gente de la derecha. Que no comparta totalmente con el comunismo ni el socialismo es otra cosa.

Iba envuelto en la ilación de sus propios pensamientos y olvidó llamar a Lila. Comentaban que en Cuba las cosas no estaban buenas. Algo gordo se gestaba. No podía perder la influencia de los Rodríguez Ochoa, pero sin afectar su decisión de defender y apoyar la soberanía de la Isla. No le importaba quienes fueran sus gobernantes. Al fin y al cabo, ya simpatizaba con muchas de las actividades de la Revolución y sabía que un día iba a regresar a su Patria querida.

"No puedo decirlo, nadie me va a creer y me van a interpretar mal. Tendré los mismos problemas que tuve en la cárcel. No soy un anarquista ni estoy loco. Algún día me darán la razón, pero

no permitiré que los cipayos y mercenarios me conviertan en su marioneta. Bastante tuve que halar en la prisión y me salvé de milagro, mientras estos aquí gozando sus parrilladas y se están haciendo ricos".

Lila lo extrañaba. La llamada se cortaba una y otra vez, pero sintió los apagados sollozos que la sacudían. Los niños estaban bien, sin embargo presentía que le ocultaba algo. "¿Se habrá arrepentido? Y con un 'chut' intentó apartar de su cabeza la sombra de la duda que le enfrió las manos. Eso no podía suceder. Las cosas habían quedado bien claritas entre los dos. Pedro Rodríguez no engaña y la sacaría de Cuba lo más pronto posible.

Encontró a Mima tranquila y entusiasmada con las compras que había hecho con tía Lucrecia. Deben haber recordado los tiempos de Fin de Siglo — y la idea le animó al diálogo. Lucrecia no había cambiado mucho y se alegraba y le agradecía que sacara del marasmo a Mima. Daba todo lo que tenía porque su madre fuera feliz y recobrara la alegría y esa imagen de niña sorprendida que tan bonita le caía en el rostro.

No durmió muy bien y despertó temprano. Pasaría por el Versalles y luego se reuniría con Luis. Quería independizarse y buscar un lugar para Lila y los muchachos donde todos estuvieran juntos. Hablaría con Mima de estas cosas. Los días pasaban rápido y necesitaba entrar en acción. Había perdido los mejores años de su vida entre rejas, pero al menos debía sacarle partido a lo que estudió. Era un mecánico e ingeniero de vuelo civil y militar. Había llegado la hora de continuar su vuelo táctico y estratégico.

Everglades National Park

"Voy a formar un campamento paramilitar – se dijo mientras estiraba las piernas y apartaba las sábanas del cuerpo - , **pero no quiero gente intoxicada. Tengo que reclutar a gente joven.**" Desayunó y se despidió de Mima como siempre. En sus primeros contactos, ya había tenido discrepancias con la derecha del exilio y también con los moderados que aspiraban a otro diálogo. Siempre consideró que esto no iba a suceder, porque **¿qué iban a ofrecer esta gente? Nada** –se dijo en voz alta - **nada tienen que ofrecer.**

No ocultó su criterio de que, de existir alguna conversación, sería de gobierno a gobierno. Y su negación a apoyar la disidencia y a los opositores le marcó las diferencias entre la llamada mafia miamense, que ya demostraba delante de él sus verdaderos intereses y resentimientos, revanchistas de la derecha y extrema derecha cubana a los que se sumaban quienes estuvieron integrados a la Revolución y buscaban insertarse en el sistema con el "pie derecho".

"Tomé todo con sabia filosofía – afirma hoy recordando sus primeros momentos en la meca del exilio – **y me di cuenta, después de intercambiar temas con algunos ex compañeros de prisión, que si hubiésemos derrotado a la Revolución seguro hubiéramos sido peores. Por eso, pregoné enseguida y apoyé el cambio lento, seguro y generacional, para que mi generación pasara y con las nuevas generaciones, poder continuar la obra, que siempre titulé la segunda gesta emancipadora, ya que la primera gesta fue la de nuestro Apóstol de la Independencia, José Martí".**

La derecha miamense no escondía su furia cuando él le hablaba que no podían meterse a respaldar la disidencia y mucho menos a los opositores. Los choques empezaron casi desde el primer día en que inició sus contactos con ellos. Pero ellos no contaban en sus planes. Haría lo suyo y estaba decidido. Busco apoyo y lo encontró. Un amigo, Pedro Fernández (Periquín), le facilitó sus terrenos cerca de Everglades National Park. Y aquí comenzó a formar un campamento paramilitar de entrenamiento.

No había que ser un sabueso al estilo de Sherlock Holmes para percatarse de que la mafia contrarrevolucionaria de Miami era un bunker de hipocresía y falso nacionalismo. Unos revanchistas y resentidos de la derecha y extrema derecha cubana. **"Nunca ignoré esta realidad ni dejé que permeara mis objetivos estratégicos y mucho menos tácticos. No era un revolucionario ni estaba en contra de la dirigencia de la Revolución, quería demostrar mi tesis y veía que Cuba necesitaba un cambio, para ella misma, sin el imperialismo ruso ni el imperialismo yanqui.**

"Busqué entre los exiliados a gente joven – continúa recordando más de veinte años después – **con mentalidad no intoxicada por estos elementos, entre los que existen también los oportunistas** – extremistas, personas que estuvieron integradas al proceso de la Revolución y para limpiarse actúan como tal.

"Logré reclutar a 48 jóvenes y formar un pelotón para enseñarles teoría y práctica sobre el terreno, o un mapa, la diferencia entre táctica y estrategia. Participamos en distintas actividades públicas de manifestaciones contra el gobierno cubano, asistíamos a reuniones, peñas y acciones de carácter cívico y comunitarias, en las que daba mi criterio de no revanchismo ni extremismo.

"Se me complicó todo – alega con un gesto que no se definir si es de placer o inconformidad - . **Comenzaron a echarme como un loco anarquista y algunos**

como si fuera un quinta columnista, incluso algunos afirmaban que me había reclutado la Seguridad del Estado cuando salí en libertad. Ya tenía mi Agencia de Seguridad Privada, y el primer paso que dieron para atacarme y excluirme fue cerrarme económicamente, influenciando a los dueños de las empresas con las que tenía contratos de vigilancia.

"También compraron a muchos de los reclutados por mí y decidí finalmente cerrar el campamento de entrenamiento, cuando captaron a dos jóvenes para que se infiltraran en Cuba. Estos fueron capturados en la misión y cumplen sanción en la Isla."

En esos instantes, el rebelde e intransigente Pedro Rodríguez Medina no sospechaba siquiera que estaba bien cerca de ver nuevamente las luces del Malecón de su querida Habana y fondear en la ensenada del Puerto. Lila, la amada mujer que dejó atrás, tampoco imaginaba que aquel hombre que le prometió llevarla con él lo más pronto que pudiera, estaría tocando el muelle por el Puerto del Mariel.

"Ya había cumplido mi objetivo principal, traer a mi madre a Miami, sana y salva, ponerla en manos de la familia Medina y en brazos de mi hermano José Carlos", confirma ahora cuando su mente recorre baldosa por baldosa su vida pasada.

Nuevamente La Habana: Mariel

Lila estaba inquieta. Pedro lo presentía entre el trajín cotidiano de un exilio al que todavía no acababa de adaptarse. Ese día fue tremendo. Ahora, al recordarlo, todo le fluye como si estuviera ahí, bien cerquita en el tiempo. Y está.

"Estaba trabajando en un frigorífico, en el cuarto de máquinas de amoníaco, donde chequeaba los relojes y detectaba los lugares del almacén que tenían salideros en la tubería, cuando se presentó la noticia de los acontecimientos en la Embajada del Perú, en La Habana..."

Siente el mismo salto en el estómago. Un escalofrío le sube por la columna vertebral y un trago en seco le anuncia en su cerebro que tiene que salir ahora mismo del frigorífico. Era su oportunidad, la de Lila y los muchachos. Una o dos llamadas rápidas le confirmaron que había autorización para todo el que quisiera ir a la Isla a recoger sus familiares.

Minutos después tenía lo necesario para hacer el viaje a Cayo Hueso. Llegó, seguro y dinámico como el que más. Aquello era una locura, pero no era hombre de titubeos en los momentos decisivos. Buscó la embarcación. El capitán lo miró de arriba abajo y le dijo en perfecto inglés —

era americano – que el viaje costaba cinco
mil dólares. Suspiró

Lila le eclipsó el corazón con sus gemi-
dos. La veía intranquila, con ese tic nervioso que denunciaba su temperamento
flemático y obsesivo. No la llamaría hasta
estar en La Habana. Esa imagen que
guardaba de ella, de la despedida, le
apretaba la sien cada vez que el rencuentro se avistaba por alguna vía. Esta era
la oportunidad.

**"Abordé un barco de más de 200 pies
– dice – que se dedicaba a la pesca de
atún. Fuimos 25 los que partimos para
el puerto del Mariel, en la costa norte
de La Habana. El único conocido era el
Griego, que fue compañero mío en la
prisión".**

La travesía por momentos parecía infinita. El tiempo volaba en la inmensidad
del mar y de las olas. Cuba, carajo. Su
Cuba nuevamente. La Habana estaba en
candela. Alguien comentó que toda la Isla
era un hervidero, que mucha gente se estaba moviendo desde el interior del país
hacia Mariel. Ojalá no se buscara problema alguno, pero él sacaba a su mujer
y sus hijos a como fuera.

**"Fuimos la tercera embarcación que
ancló en la bahía – sigue recordando - .
La mañana siguiente estaba llena.
Había de todo. Era un mar de barcos
de cualquier tipo. Dos días después llegó un bote con tres miembros del Ministerio del Interior, uniformados. Pe-**

dían los pasaportes para chequearlos,
les ponían un cuño de entrada y toma-
ban nota sobre el familiar que buscá-
bamos.

"Yo conocía al sargento. Fue años
atrás cuando estaba en la prisión de la
Fortaleza de La Cabaña, él era miembro de la guarnición. Al marcharse, le
pregunté si podía bajar a tierra y me
dijo que me dejaría en el muelle número dos, que viera al Coronel Miranda.
Así lo hice y me autorizó a viajar en
uno de los ómnibus que estaban dando
viajes para el hotel Tritón, en Mira-
mar".

Por momentos, sentía una frialdad recorrer su médula espinal. Era una sensación extraña, como si todavía estuviera
en el frigorífico, con temperaturas bajo
cero. Hace tiempo no veía a los muchachos ni a Lila. Pensaba en el encuentro,
las preguntas, las dudas, las certezas.

La llegada al hotel le corta el remolino
de neuronas que también parece revol-
verle el estómago. Su primo, caramba, su
primo estaba allí. Hernán Echevarría era
socio de la Cámara de Comercio de Hialeah y, luego, fue Concejal. El saludo de
otros conocidos, la mayoría ex presos políticos como él, le confirman que nadie
quiere perder la oportunidad de llevarse
a su gente de Cuba. El ambiente refleja

la tensión emocional y social del momento. Era ahora o nunca.

Nuevamente el muelle número Dos. Un ajetreo inusual y desesperante le rompe la rutina, entre el ruido de las olas y el entra y sale de los barcos. Gentes con ojos cansados y rojizos. Buscando alguna señal que los oriente y tratando de salir de allí lo más pronto posible. Voces en inglés y español, confundidas entre el viento de la tarde o el eco de la marea.

El Coronel Miranda se le acerca y le informa que el barco saldrá en pocos minutos para Cayo Hueso. Pedro no siente deseos de partir sin ver a Lila y los muchachos. Quería llevárselos con él. No se puede. El barco está lleno, pero Miranda le persuade y garantiza que en un par de días su mujer y los dos hijos saldrían para Miami. Otra vez se aleja de Cuba. Y el mismo sobresalto de cansancio le envuelve. Confía.

La llamada lo sorprende. Un desconocido le dice que Lila está en el aeropuerto de Opa Locka, en el Hangar de Goodyear Zeppelín. El Coronel Miranda cumplió su palabra. Apenas se apretaban en el reloj las 24 horas que le dio de plazo. Salió nervioso y agitado hacia allá. Le esperaban trámites y esperas, pero dentro de horas estarían todos juntos para siempre. En el apartamento que tenía alquilado en la ciudad de Hialeah empezaría la vida nuevamente.

Rutinas y amaneceres

Todo funcionó bien. Los muchachos habían crecido y Lila estaba contenta. Luego de los detalles del viaje, las rutinas comenzaron sus cruzadas. El éxodo del Mariel les había marcado a todos una raya, en Cuba y en Florida, que no siempre significó la esperanza y el rencuentro. Llegaban noticias de las manifestaciones en contra de los que se exiliaban en las embajadas. La Isla, y sobre todo La Habana, parecía estar al borde de una guerra.

Nunca podrá quitarse de la historia ni del diferendo entre los gobiernos cubano y norteamericano que entre abril y octubre de 1980, 125 mil cubanos llenaron cientos de barcos para unirse con los suyos o sembrar su propio sueño americano. La experiencia de la *desarraigante* Operación Peter Pan no parecía contar en las historias, tejidas al filo de un violento mar que se tragó los amaneceres de unos cuantos.

La mayoría alcanzó su objetivo: cruzar el estrecho de La Florida y poner pie en la nación declarada enemiga confesa de la Patria que los naturalizó. Las calles de La Habana se llenaron de marchas combatientes. En los barrios la gente repudiaba y tiraba huevos a los que no pudieron irse bajo el manto del secreto.

155

Hasta siempre la palabra escoria se pegó a la lengua de los cubanos de *aquí y de allá*.

En Miami, en la Calle 8 y la Nueva Habana, rostros preñados de asombro y barnizados con frívolas sonrisas escondían la palidez del miedo, mientras se cruzaban con quienes ya olían a colonia fresca y goma de mascar. Con los meses, muchos mataban la frialdad de las aceras con el calor de sus cuerpos. O engrosaban la lista de las penitenciarias de los Estados Unidos.

Los más osados deambulaban por las avenidas o pedían con clemencia regresar. Esa fue la suerte para una gran parte de los que no tenían una familia que los acogiera y se hiciera responsables de sus vidas, también desperdiciadas acá en el caimán del Caribe, donde igualmente sobrevivían bajo la misericordia de los vecinos o parapetados en el camastro de las benevolencias sociales de una Revolución, que en esa década gozaba de los privilegios de un comercio equilibrado y bonachón suministrado, esencialmente, por la Unión de Repúblicas Socialistas Soviéticas (URSS).

Marielitos, fue el bautizo del tiempo y la huella de un proceso que jamás se ha detenido entre las agitadas aguas del Golfo de México y el estrecho de La Florida. Miles de cubanos trazaron una ruta imborrable en la memoria, ora con alegría, ora con lágrimas, *de los que se fueron*.

Precedente de una emigración masiva, adultera y multirracial, in crescendo, de los actuales balseros, alentados por la ley de pies secos y las campañas contrarrevolucionarias.

"**Desde entonces** – comenta Pedro– **la emigración cubana, tanto legal como ilegal, hacia el norte no ha parado de crecer. Para evitar incidentes similares, entre 1994 y 1995, los gobiernos de Cuba y Estados Unidos firmaron acuerdos migratorios que comprometen a Washington otorgar, como mínimo, 20 mil visados anuales a ciudadanos cubanos**".

Lila y sus muchachos estaban seguros. Cuando realizó los trámites establecidos en Opa Locka firmó un documento testificando que se responsabilizaba con ellos y que todos vivirían en el apartamento alquilado por él en la ciudad de Hialeah. Por primera vez en su vida se enfrentaba al reto de vivir en familia, ser padre y esposo. Era feliz. Y apostaría por salir adelante. Razones tenía.

EL YO DEL COMIENZO

Había que trabajar. Comenzó como Consejero del Miami Technical College. Era el año 1981. A los dos meses, sus conocimientos le hacen merecer el puesto de Director. Fue una etapa de rencuentro

157

con su refinada educación y cultura, la fortaleza de carácter y su peculiar visión existencialista.

Tres meses después lo envían al "Main Campus" de Hialeah, la Central de los cuatro College en el Condado Miami- Dade, el cual atravesaba un período de crisis con la disciplina escolar. Cuando deciden sacar a la directora suplente, la junta del colegio le propone ser el director. Otras ideas le hacen ver que debe ampliar los horizontes. Gestiona, entonces, unos cursos para obtener la licencia de Oficial de Seguridad. Había que buscar el futuro económico y enfrentarse para sostener una familia.

Logra vencer sus objetivos. Sin embargo, siente que todavía no está satisfecho consigo mismo. La idea de morir en su Cuba tampoco se le aparta de la cabeza. El ambiente de la mafia anticubana, la derecha y ultraderecha de Miami, poseída de su poder, le producen náuseas. Empieza a descubrir a fondo la manipulación que tienen con la comunidad cubana en el exterior y con quienes, en la Isla, viven a la espera de volar o nadar hacia los Estados Unidos.

Matricula en un curso para Investigador Privado. Egresa con éxito y presenta en la División de Licencias del Condado Miami – Dade, una Corporación de Seguridad e Investigaciones, para someterla a la aprobación en el Estado de Florida. Le dan el visto bueno y funda su Agencia de

Seguridad e Investigaciones, que mantiene activa desde 1982 hasta estos primeros años del siglo XXI.

Su espíritu de estratega militar tampoco acalla entre la vorágine de su actividad docente. Lo traía cultivado en sangre desde esa niñez que compartió entre los talleres de la aviación donde trabajaba su padre, bajo las órdenes de Fulgencio Batista.

El conflicto que acontece en Nicaragua, donde el Frente Sandinista de Liberación Nacional (FSLN) se enfrenta en una lucha de guerrillas a la dictadura de Anastasio Somoza, lo impulsa y decide abrir un campamento de entrenamiento paramilitar.

La Federación Mundial de Ex - presos Políticos, de la que Rodríguez Medina fue fundador, valora su propuesta y abre la zona de entrenamiento en una de las fincas de su tocayo y amigo Pedro (Periquín) Fernández. Eugenio Llamera se unió a su proyecto y, días después, varios jóvenes le dieron vida al interesarse en pasar un fin de semana en estas actividades.

Como siempre, hombre de palabra, al enterarse de que dos de los muchachos reclutados habían marchado a Cuba para una misión de infiltración, - hecho sobre el cual ya había advertido que no se podía hacer sin su autorización -, cierra el campamento. Era la reacción de un hombre

159

que no se traiciona a sí mismo y respeta sus determinaciones, como regla elemental para exigir respeto.

Sus choques con la extrema derecha del exilio se agudizan, tal como se notan las diferencias con los moderados, que aspiraban a un diálogo que él estaba seguro jamás sucedería. Rodríguez Medina apostaba convencido de que, de existir alguna conversación, sería entre los gobiernos de Cuba y Estados Unidos.

Las divergencias se agudizan cuando abiertamente, en las diferentes vías de contacto que sostenían, **"les decía que no debíamos respaldar a la disidencia y mucho menos a los opositores"**, reitera más de 20 años después.

Por eso, a la hora de reclutar a los jóvenes para el entrenamiento militar, buscaba los que no estuvieran **"intoxicados por estos elementos de la mafia de Miami** – afirma – **que están resentidos y son revanchista de la derecha y extrema derecha cubana. Nunca me escondía para decirlo, lo hacía públicamente. Estaba y estoy en contra del revanchismo y el extremismo"**, recalca.

La vida se le fue complicando poco a poco. Ya no era el Pedro bien recibido en el exilio tras su excarcelación en 1979. Había perdido los aplausos y las sonrisas cómplices del gremio al que se sumó, algo después de su llegada, para realizar actividades públicas contra el gobierno cubano. El implacable tiempo fue la mejor prueba para comprender y aprender el verdadero rostro de sus aliados de *ideas.*

Tildado de *loco anarquista, una quinta columna y hasta señalado como agente de la Seguridad del Estado Cubano,* la extrema de derecha empieza a crearle un cerco económico que ha durado hasta los días que corren. El ataque se centró, de manera especial, en disuadir o convencer a los empresarios del Condado para que cancelaran los contratos de sus servicios de vigilancia. El señor Rodríguez no era confiable, defendía a la Revolución y estaba a favor de Fidel Castro, razones suficientes para que sea un enemigo de todos y había que eliminarlo, destruirlo, despreciarlo. Este era el mensaje – clarito y disfrazado- que debía quedar en los poderosos círculos de Miami.

Otra muestra más de esa desidia contra su persona fue el reclutamiento de muchos de los jóvenes que se matricularon en el campamento paramilitar, a quienes pagaron para que abandonaran el curso. De estos asedios públicos, *camuflajeados* entre ironías y desaires, hay constancia incluso en los medios televisivos y digitales de la ciudad de Miami, vendidos a los poderes de la mafia anticubana.

Una evidencia de estos desmanes contra Pedro Rodríguez Medina queda bien clara en el comentario digital que a continuación reproducimos:

GRÁFICAS

Todo lo que ha venido denunciando Nuevo Acción en anteriores ediciones desde hace meses, quedó evidenciado el pasado sábado 3 de febrero, cuando las "Juventudes Bolivarianas", convocaron, junto a otras 37 organizaciones izquierdistas a un "*rally*" en la Antorcha de la Amistad en el Bayfront Park, de Miami.

Aquí un "joven" bolivariano pide Libertad de expresión en los Estados Unidos. Atrás con camisa roja el Agente Castrista Pedro Rodríguez Medina. ¿Por qué no la piden en Cuba, ni en Venezuela? ¿Por qué no la piden para los periodistas independientes de Cuba o para los periodistas de Radio Caracas TV que será cerrada por Hugo Chávez en mayo? (www.nuevoaccion. com)

Hasta el presente, estas agresiones encaminadas a destruir su economía e imagen pública no dejan de existir, así como el cuestionamiento a sus actitudes positivas en defensa de su tesis del *Cambio, identificación martiana e ideología nacionalista. Ignorar su presencia o* no invitarlo a eventos importantes de los grupos de exiliados es otra forma que escogen para subestimar su persona y hacerle ver que él no es del bando de la derecha, y lo expresan abiertamente con amenazas directas a su integridad física, asedio telefónico, robo de contraseñas a sus páginas digitales y ataque en los medios de comunicación de la ciudad de Miami.

Al respecto Pedro testifica:

"**Claro, también reconozco que los asalariados de la Mafia de Miami y, aquellos que fueron funcionarios e integrados a la revolución cubana, que ahora asisten a los programas de televisión para denigrar al gobierno y su dirigencia, esos elementos pagados por los canales de televisión y por los mafiosos miamense, esos traidores y oportunistas, como son Nelson Rubio, Jesús Marzo Fernández, Carlos Calvo, Juan R. Sánchez, Delfín Fernández y, otros reconocidos terroristas como Carlos Alberto Montaner, Orlando Bosch, Luis Posada Carriles, etc., todos ellos se miden ante mi presencia cuando coincidimos en algún lugar público o en los canales de la televisión de Miami, por el motivo que saben que soy una persona mayor - por mi edad - y que siempre estoy armado con un arma de fuego por mi trabajo de Investigador Privado**".

El 18 de abril del 2010 salía por la WEB este artículo comentado, que pone ante los ojos de la comunidad cubana en el sur de Florida otra sombra de dudas y manipulaciones sobre su persona, siempre considerada y respetada por su historial contrarrevolucionario, sus años como prisionero político y su procedencia familiar, probadamente aliada del dictador Fulgencio Batista por la parte paterna y conservadora – burguesa por la materna.

Aquí está otra prueba testifical:

http://pedro-rodriguez-medina.blogspot.com/2010/04/sera-que-esta-cambiando-de-palo-parumba.html

Así es, compañeros. Quizás este equivocado, pero noto que Yndamiro Restano está cambiando de palo pa 'rumba. De la Santería del oportunista y extremista José Montoya a Católico Apostólico y Romano...pero bien, rectificar es de Sabio...espero no estar equivocado, ya que deseo lo mejor para él, que por lo regular es un ingenuo, según nuestro compañero Director de APIC., G. Frank Díaz...

LAS INCONGRUENCIAS Y LA HIPOCRESÍA DE LOS QUINTA COLUMNISTAS

Los integrantes de la Quinta Columna castrista en los Estados Unidos se caracterizan, por su hipocresía y la incongruencias de su discurso. Se dicen demócratas y defienden a la más longeva tiranía que ha existido en la América Nuestra. Dicen defender y reclaman para ellos el derecho a disentir de la mayoría, y a la libertad de expresión, pero jamás han condenado las constantes violaciones de esos derechos perpetradas por casi medio siglo por el gobierno que ellos defienden. Se dicen anti imperialistas, nacionalistas y socialistas, pero viven en el corazón de lo que ellos llaman "el imperialismo yanqui" y conducen sus negocios a la manera capitalista aquí entre nosotros.

La mejor demostración de eso, nos la da el Sr. Pedro Rodríguez Medina, director de la <u>Alianza Martiana de Max Lesnick</u> y fundador de la Fundación por la Normalización de Relaciones con Cuba, dueño de agencias de viajes y de paquetes a Cuba, y declarado defensor a ultranza de la tiranía cubana.

En un debate reciente sostenido en una televisora local el Sr. Rodríguez Medina se volvió a proclamar "Nacionalista y antimperialista" y defendió a capa y espada al gobierno "comunista" de Cuba.

Una de las cosas que más repelemos en esta vida es el de las personas que viven una doble moral, que en el fondo no es más que una total inmoralidad, al no ser consecuentes con lo que predican. Respetamos hasta a los adversarios que son congruentes y consecuentes con lo que predican públicamente, pero el Sr. Pedro Rodríguez, no merece nuestro respeto, ya que es imposible respetar a un "nacionalista", que defiende con todo lo que tiene al

165

gobierno cubano y en lugar de estar allá, en Cuba, "la patria de su nacionalismo", luchando por lo que cree, está aquí, viviendo en una sociedad extranjera y enemiga de "su nacionalismo" y haciendo negocios capitalistas, disfrutando de todos los privilegios de los que no puede disfrutar el pueblo de Cuba. Respetaríamos un poco al Sr Rodríguez Medina, el día que venda sus negocios capitalistas en la Capital de "la mafia anticubana de Miami" y en el sistema capitalismo imperialista y se marche para Cuba, para compartir con nuestro pueblo las vicisitudes y carencias que lo aquejan actualmente. Entonces y sólo entonces se podrá pregonar "Nacionalista". Mientras tanto solamente nos está dando la imagen de un demagogo y un aprovechado quintacolumnista que cumple las órdenes emanadas de un gobierno extranjero. ¡UN POCO MÁS DE SERIEDAD Y DE CONSECUENCIA ENTRE LAS PALABRAS Y LOS HECHOS, SR RODRÍGUEZ!
(http://pedro-rodriguez-medina.blogspot.com/2010/04/)

Sin embargo, Pedro no se amilana ante dichas provocaciones y continúa decidido a defender las transformaciones vivenciales que le marcaron para siempre sus ideas en el Miami sangrante y dividido, sobre todo por un exilio excluyente para quienes no son cubanos y engrosan los listados de los nuevos inmigrantes en Estados Unidos.

Esta realidad se acrecienta en la medida que el triunfo revolucionario se consolida y marca las diferencias entre ambos gobiernos. El sur de la Florida se convierte en refugio de los cubanos que no aceptaron – o traicionaron- la declaración del sistema socialista en Cuba y las posiciones asumidas por su líder, el Comandante en Jefe Fidel Castro Ruz.

Es un escenario que sirve de trampolín para que la extrema derecha fortalezca su poder y lo use para robar talentos, incentivar las migraciones ilegales y crear la imagen de que la Isla es una gran cárcel en huelga permanente. Tal propaganda simula que este fenómeno acontece por primera vez, y el culpable es el comunismo implantado tras la victoria de los rebeldes y la derrota de la dictadura Batistiana.

Leyenda malsana e intencional que el gobierno de USA utiliza para aislar a Cuba del contexto internacional y los movimientos de izquierda que, pálidamente, matizan la región iberoamericana. El Doctor Antonio Aja Díaz, del Centro de Estudios de la Migración Internacional (CEMI), en el año 2000, demuestra que no existe nada nuevo en este proceso migratorio ni es un escape político explícito a "la nueva dictadura de los Castros".

Su investigación afirma textual: *se reconoce que el puente migratorio Cuba – EE.UU. tiene marcado carácter histórico, determinados factores geográficos, económicos, políticos y sociales y que antes de la colonización existían vínculos entre la Isla y la población del sur de la Florida. A partir de 1820 la presencia cubana es de más de 1,000 personas. En 1870 el monto de cubanos inmigrantes se incrementa a casi 12,000, de los cuales cerca de 4,500 residían en New York, unos 3,000 en New Orleans, y 2,000 en Cayo Hueso.*

Más adelante el especialista agrega que *"Las causas de estos movimientos migratorios fueron tanto económicas como políticas. El problema se agudiza a partir de 1860, cuando el factor político encara el rol preponderante en las salidas de cubanos al exterior, como resultado de la agudización de las contradicciones con la metrópoli española".*

Pedro no escapa de ese odio a todo lo que huele a Revolución. Han pasado siglos y el *flujo de migrantes de un país atrasado a uno de los más desarrollados del mundo* – como indica Aja Díaz – no cambia sus esencias para muchos, aunque las cifras puedan ser y son desproporcionales comparativamente. En 1958, la población cubana catalogada oficialmente en territorio norteamericano era de unas 125 mil. El impacto que sufre en 1959 destaca por los beneficios a los migrantes socialistas con el fin de erosionar sus filas.

Apuntalar y recrear biografías como las de Pedro es una manera más de demostrar los horrores de Fidel Castro. Nunca contó para la ultraderecha y la derecha de Miami la verdadera historia del proceso ni las relaciones migratorias entre ambos países. El objetivo de la contrarrevolución y los estatus hegemónicos en USA fue sacar partido a esa sociedad burguesa vinculada en el plano político, militar y económico al gobierno de Fulgencio Batista, que definió e integró la marcada oleada migratoria entre los años 1959 y 1962.

De ahí los parabienes que personas como Rodríguez Medina reciben al pisar tierra estadounidense, pues encajan a la medida en los planes subversivos contra la Revolución. Cuando con el paso de la vida misma el expreso político cubano apuesta, poco a poco, por un cambio con su tesis del **Cambio**, la derecha de Miami y la prensa a su favor lo convierten en el conejillo de indias de sus maquiavélicos ataques, básicamente en los canales de la TV y los medios digitales.

COMBATE NEWS:
OTRO PUNTO EN EL CAMINO

La década del 80 fue para Pedro una etapa de pleno rencuentro consigo mismo. Tal vez ese Karma que fue definido así:

Deja que las chispas vuelen...*.♥
Las batallas y las personas que enfrentas
no son nuevas. Todas ellas son de vidas
pasadas.
Es una pérdida de tiempo preocuparse y
evitar la confrontación,
así sólo empeoras las cosas.
El momento no durará por siempre.
La hora de resolver los conflictos
es ahora.
Hoy, siente la fricción.
Deja que las chispas vuelen.
Llega al fondo de los asuntos.
De lo contrario,
vas a tener que enfrentarlos nuevamente.

Yehuda Berg

Lo cierto es que apuntó con todo a su destino y se dejó llevar por esa fuerza interior que hoy muy pocos valoran en la justa dimensión en que se mueven sus ideas, reivindicaciones, desencuentros, aspiraciones y radicalismo para defender sus creencias y convicciones.

En este contexto asume otra decisión muy importante, no solo para su vida y estatus social, sino para buscar el camino

que lo lleve a la médula de sus sentimientos, cada día sometidos a la experiencia de una nación que prácticamente
le pedía aquello "de Dios o del Diablo", y
le ponía una espada en medio del pecho
para obligarlo a caminar por sendas que
todavía él no acababa de sentir propias.
Nunca serán propias.

Incansable e intranquilo, arriesgado y
decidido, funda lo que hasta el presente
siglo XXI es una hoguera de atrevidas
palabras con sonidos digitales: su tabloide Combate News, que sin ser el mismo
de los años 80, tiene hoy la censura de
esa gran mafia envejecida y caduca que
sueña y se masturba con la ambición de
tomar el poder en Cuba y llevarse a bolina la Revolución de Fidel y Raúl Castro.

**"Su objetivo – dice – era apoyar a los
políticos de origen cubano que tenía
amistad con ellos. Era un tabloide en
colores con temas interesantes, sobre
todo noticias locales, farándula, depor-
tes, crónicas, actividades policíacas y
de los bomberos. Esa era su función.**

**"Tenía una tirada quincenal – conti-
núa – de 20 ó 30 mil ejemplares de 8 a
10 páginas y se distribuía por correo, a
distintos *Zip code* de la ciudad de Hialeah. Algunas veces se hacia a diversas
ciudades dentro del Condado Miami –
Dade, era completamente gratis y se**

pagaba con los anuncios de comerciantes y políticos locales.

"Siempre se dejaban – argumenta -
cinco mil tabloides para distribuirlos
en los distintos restaurants de Hialeah
y Miami. Comencé exactamente en esta
labor en 1983 y se llevaba vía postal
directo a las casas.

Ya había pasado para entonces el sinsa-
bor del accidente automovilístico que lo
llevó al borde la muerte en 1982. Veintio-
cho días estuvo hospitalizado y dos meses
sin salir a la calle, con las siete costillas
partidas y una dipnea severa que le oca-
sionó el agua que le entró a los pulmones.
Pero Pedro no podía morir, y una vez más
echó a andar con la vida.

Tras recuperarse, continuó su labor como articulista en varios tabloides del
Condado Miami- Dade. Un día no lo pensó dos veces: haría su propio periódico. Y
Combate News vino, un año después, a
quedarse para siempre y a convertirlo en
un gran editor. De esta suerte, el rotativo
Miami Herald, en su edición de los domingos, en el Neighbors, lo entrevista y
saca la foto del tabloide y lo califica como
el mejor del Condado.

Este no fue el único premio público de
Combate News, que ya traía el fuerte
slogan de "el periódico y las noticias
más Combatidas por Combativas de la
Comunidad Cubana en el Exterior". El
Colegio Nacional de Periodistas de Cuba

en el exilio le otorga Placas de Reconocimiento.

La mafia no ignora tales agasajos de un hombre que no dice una réplica cuando se le acusa, *face to face,* de ser comunista o agente castrista. En uno de los tantos correos – entrevistas que hemos sostenido en estos últimos años cuenta:

"Lo que les jode a esta gente acá en Miami es que me dicen comunista y yo no me ofendo y no contesto como otros, que defienden la revolución pero cuando le dicen comunista se ofenden y se fajan, en mi caso me quedo callado. Una vez María Laria del Canal 41., América Te Ve, me dijo que yo no ripostaba cuando me llamaban comunista ni Agente castrista y le contesté, para qué, si eso no es ofensa para mí".

Y como él mismo añade **"se le cocina el hígado conmigo. Aquí si es ofensa entre los cubanos, es una mala palabra decirle a alguien comunista".**

No podemos hablar de un arrepentimiento en Rodríguez Medina. Su transparencia de conciencia y actitud cívica es implícita al derecho total del hombre de rehacer o definir su destino. Es la dialéctica de ese pensamiento que genera el despertar de los pueblos, especialmente los latinoamericanos y que lleva a marcar hitos en las revoluciones sociales. No es la negación por la negación. Es la inteligencia dialéctica de la materia, en constante evolución sobre su pedestal existencialista.

Pedro nunca escondió sus ideas. COMBATE NEWS no fue un parto de acomodo ni la búsqueda de una relevancia pública. Su fisonomía varonil, su vida llena de argumentos arquetípicos, propios de personajes épicos o de leyenda, no lo necesitan. Jamás la mentira fue su pauta ni la jactancia, tampoco.

En una larga entrevista que le hiciera su amigo y tocayo Pedro González Munné, Director del Periódico La Nación Cubana (respetamos los derechos reservados del editor y la casa editorial La Nación Cubana y reproducimos textual los detalles), queda la evidencia.

He aquí el intercambio de preguntas y respuestas entre los dos Pedros, como suelen decirse y decirles algunos amigos que comparten espacios con ellos en las redes sociales:

Un luchador callejero, nacionalista convencido, fundador de organizaciones y movimientos por las causas de Cuba en los Estados Unidos, expone su evolución política y denuncia a los traidores y desertores a la causa de la Revolución que hoy sirven a los intereses imperiales de los Estados Unidos:

De contrarrevolucionario a defensor de la Revolución

Por Pedro González Munné

Lo que impresiona a primera vista de Pedro Rodríguez Medina es su tamaño, seis pies y casi 300 libras de peso y la tranquilidad de su expresión, es un hombre sin miedo y ya la muerte le dio otra oportunidad. Cuando nos cuenta su encuentro con Fidel Castro en La Habana, y le corrige la presentación al entonces canciller cubano, Pérez Roque: "este es un terrorista".

"No, terrorista no, contrarrevolucionario, pero nacionalista", le respondió.

Su origen familiar en Matanzas, donde su abuelo, Coro Medina, de Coliseo, era más conocido como el "Buey de Oro" por sus Colonias de cañas en las zonas de San Miguel de Los Baños y su familia, como muchas de antes de 1959 en la isla, se balanceaba entre diferentes tendencias políticas, eran batistianos, "auténticos" y ortodoxos, aunque otros, por parte de madre, apolíticos como casi todos los capitalistas en la Cuba de ayer.

- ¿Como te sorprendió la Revolución?

"No me sorprendió ya que estaba al corriente de lo que estaba sucediendo y, de la situación interna en las filas de las Fuerzas Armadas Batistianas, sabía que era cuestión de tiempo la caída del régimen de Fulgencio Batista. Estaba presente en casa de uno de mis tíos cuando Eleuterio Pedraza le con-

taba que le había dicho a Batista que se pusiera al frente de los regimientos de Pinar del Río, San Antonio de los Baños, Managua y de la División de Infantería de Columbia y al pasar por Matanzas que se incorporara el Regimiento y con todos ellos invadir Santa Clara que estaba al caer en manos de los alzados", dice con el acostumbrado manoteo cubano.

"Entonces él -continúa-, Eleuterio Pedraza con mi tío Pedro e Irenaldo García Báez, se harían cargo de arrestar al borracho viejo Pancho, o sea Francisco Tabernilla, jefe de las Fuerzas Armadas, su hijos Cilito que estaba al frente del Regimiento de Tanques y a sus hermanos Uinse y Tony que estaban al frente de la Aviación Militar. Una vez presos esos personajes convocarían a la prensa, le harían un juicio sumarísimo y los fusilarían en el Polígono de Columbia..."

Y sigue luego de una pausa para comprobar que entendí: "Batista se aterrorizó y partió para República Dominicana al amanecer del primero de enero..."

- Entonces, ¿qué eras antes de 1959?

"En la década de 1950 fui estudiante hasta 1952 en que me gradué -dice- en el colegio Candler de Bachiller, posteriormente estudié aviación en la escuela situada en Palatino que era de la Compañía Cubana de Aviación, y pasé para la Fuerza Aérea con autorización del entonces presidente Batista - por ser yo menor de edad - mi tío Pedro y mi padre eran amigos de Batista desde 1933, donde participaron en la toma del Hotel Nacional.

- ¿Y luego del triunfo revolucionario en 1959?

"A partir de 1959 -aclara- estando con mi padre en la Compañía Cubana de Aviación de la cual mi padre fue depurado por ser de la dictadura de Fulgencio Batista, comencé a perfilarme en contra de la Revolución y pedí mi baja..."

- ¿Te convertiste en un contrarrevolucionario activo...?

"Bueno, en Cuba hasta 1960, cuando vine clandestino a los Estados Unidos cuando se desembarcaron 8 toneladas de armas por las Pozas en Pinar del Rio" -aclara. "Aquí en Miami estuve indocumentado hasta abril de 1961, semana antes de la invasión a Playa Girón que entré por El Morrillo en la Costa Norte de Pinar del Río. A mi llegada a La Habana me entero que mi padre y primo hermano - que fue fusilado en Pinar del Rio el 19 de abril - estaban presos. Al quedarme desconectado comencé hacer contacto con otras organizaciones..."

-¿Entonces luchaste contra la Revolución hasta que fuiste detenido en Cuba?

"Así es -dice- estaba en la Resistencia Cívica, una Organización de Organizaciones como ejecutivo militar con el Capitán Ricardo Olmedo que era de la Organización Montecristo, uno de los asaltantes del Palacio Presidencial, y se me encomendó junto con Luis David Rodríguez de la Organización Movimiento Rescate Revolucionario, entrar en la Sierra del Escambray para que los jefes guerrilleros como Tomás San Gil, Osvaldo Ramírez, etc., firmaran el Acta de Unificación de La Resistencia. Esto fue en el año 1962..."

"Estuvimos 45 días para poder salir, la presión del Ejercito Rebelde era muy fuerte, no era fácil burlar los cercos. Al regreso a La Habana comenzamos a planear algunas acciones, entre ellas detener a Consejo de Ministros cuando estuvieran reunidos, un secuestro al Comandante en Jefe Fidel Castro en el acto del 13 de Marzo en la Universidad de La Habana. Conclusión, llegó el momento que la Seguridad del Estado decidió detenernos"

Suspira y agrega: "Fui sancionado en la Fortaleza de La Cabaña a 20 años de reclusión y trabajo forzado, esto último me lo aplicaron en las Canteras de Mármol en la Isla de Pinos..."

"En 1979 -dice- fui puesto en libertad por el diálogo realizado entre la Comunidad Cubana en el Exterior y el Gobierno de Cuba. Salí de Cuba vía México en el mes de noviembre del mismo año".

-¿Y cómo sucede esta evolución a nacionalista y revolucionario?

"No evolucioné a nacionalista -dice: siempre desde estudiante me consideré un nacionalista, martiano y anti imperialista. Fue por lo que no compartía, en ese entonces, el que la Revolución cubana se aliara con el Imperialismo Soviético. Claro, con los años me fui politizando y discutía con mis compañeros de prisión que si Fidel Castro no hubiera hecho esa alianza los imperialistas de Estados Unidos se lo hubieran tragado de un bocado..."

Y apunta a mis notas: "¡Ah! dejaré aclarado, que no me considero un revolucionario ya que para mí, son palabras mayores...."

- Has sido en los últimos 20 años una de las personas más activas en Miami en las causas de Cuba, como la Libertad de los Cinco. ¿Qué problemas te ha causado eso con tus antiguos aliados, como la gente de Alpha 66, el mismo Lincoln Díaz-Balart, tu amigo...?

"Nunca tuve la simpatía de Alpha 66 - enfatiza- los critiqué, en especial a sus

dirigentes por considerarlos Capitanes Arañas, como también he criticado por lo mismo a Basulto de la titulada organización Hermanos al Rescate.

La relación con Lincoln Díaz-Balart es algo que viene de familia ya que su abuelo y mi padre eran buenos amigos y su padre y yo también lo fuimos. Claro, actualmente la extrema derecha cubana me pide la cabeza, incluyendo a Lincoln que la encabeza en este titulado "exilio".

-Y ahora te has enfrentado a la "extrema izquierda" de Miami que llamas los "tracanallas..."

"La realidad es que no me he enfrentado a ellos" -agrega, "son ellos los que se han enfrentado a mí y, tampoco creo que estos "tracanallas" sean extrema izquierda, los considero falsos y oportunistas...."

-Pero, ¿a quiénes calificas de traidores...?

"Ahí tienen el caso de Andrés Gómez" -enfatiza: "¿habrá alguien que pueda discutirle su liderazgo?, nadie. Siempre ha sido atento y consecuente conmigo, le aprecio por su constante lucha frontal en defensa de la Revolución...."

Entonces, ¿cómo comienza tu enfrentamiento con esas personas?

"El enfrentamiento vino por su peso una vez que se fundó La Alianza Martiana" -dice- "que por cierto bastante trabajo costó, visité varias veces al se-

ñor Max Lesnik para que se incorporara y prestara su local de [la revista que
fue] "Réplica" hasta que pudiéramos
tener otro lugar para La Alianza..." Y
continúa: "nunca pudimos sacar a la
Alianza del local de Réplica por el opo-
nerse haciendo de zapa que intentábamos quedarnos con La Alianza Martiana elemento como yo que fui un contrarrevolucionario. ..."

Y enfatiza: "Sí, fui un contrarrevolucionario y nunca lo he negado, pero
nunca he sido traidor a la Revolución
cubana ya que nunca fui revolucionario...."

-Y entonces, ¿por qué te vas de esa organización?

"Me retiré de La Alianza Martiana -
como otros compañeros fundadores -
por considerar que era la mejor manera
de mantener distancia a Max Lesnik
que lo considero un farsante y un oportunista....

-¿Cómo evalúas la situación de la
unión de los grupos y las personas que
defienden la causa del pueblo cubano y
el levantamiento del embargo, la Libertad de los Cinco aquí en Miami, sobre todo ahora que en los últimos diez
años han venido decenas de miles de
jóvenes educados en la isla....?

"Si se analiza fríamente la situación se
puede decir que del uno al diez, se

181

puede dar un 10, ya comenté que dentro de todo ese conglomerado de personas que defienden la Revolución aquí en Miami existen falsos y oportunistas politiqueros como Max Lesnik" -agrega.

"Nosotros comenzamos organizando un grupo en defensa de Los Cinco pero no resultó" -enfatiza. "En mi caso, me incorporé a toda actividad que me fue posible en su defensa, tanto aquí en Miami como en Washington. Mi otro objetivo es el Bloqueo impuesto a Cuba por las distintas administraciones de Estados Unidos. Esa es mi lucha y esa será mientras viva".

"Los jóvenes que llegan de Cuba han causado un impacto en los elementos anticubanos que los tienen desorientados ya que vienen con criterios propios y, ellos se consideran emigrados", dice.

"Lo que me pareció y parece significativo es que el objetivo de la Alianza Martiana era agrupar todas las organizaciones de izquierda de la comunidad cubanoamericana en los Estados Unidos, e incluir a otras de diferentes etnias latinas, lo cual comenzamos con viajes a Tampa, Cayo Hueso, California, Chicago, Nueva Jersey, pero todo eso se acabó..."

-¿Se acabó y por qué?

"Tan pronto este señor Lesnik" -dice: "tomó el control de la Asociación, se terminaron esos contactos y se convirtió la alianza en una tertulia de su grupo más allegado, viven del dinero que le exigen a las agencias de viajes y los chárteres a Cuba. Lo que le llama la atención a muchos es que esa política de no influir en los jóvenes y unirse con otras comunidades latinoamericanas y puertorriqueñas ha sido la misma del Gobierno americano, cuando prohibió a los funcionarios cubanos de la Embajada salir de Washington y se cancelaron las visas a intelectuales cubanos de la isla".

Y enfatiza: "tal parece que se pusieron de acuerdo para cuando se dio el cierre total con los republicanos, ellos cortaron toda la influencia en la comunidad y en otros lugares. Mataron esa iniciativa y a quien único conviene eso es a los que se oponen a las causas de Cuba, contra el embargo y a favor de Los Cinco. Todo se ha convertido en manifestaciones de paseos en automóvil, programitas de radio de viejos de los 60 que nada tienen que ver con esta juventud que ha llegado en los últimos 20 años".

Has sido una persona que ha organizado y financiado organizaciones, grupos políticos y un empresario exitoso, con esa experiencia: ¿Qué dirías se necesita hoy para continuar la lucha por las causas del pueblo cubano?

"Lo de Empresario exitoso es discutible" -dice: "no olvides que los enemigos de la Revolución se han dedicado a destruirme económicamente y hasta cierto punto lo han logrado, pero sigo guapeándoles en plena vía pública, en sus guaridas como el Versalles y otros sitios, ahí me presento y ahí los enfrento, ya que la mejor manera de defenderse es atacando".

"También existen elementos solapados que se las dan de defensores de la Revolución cubana y comulgan en secreto con los enemigos de la Revolución, que en definitiva los considero mis enemigos..."

"Pronto se publicará mi libro en Cuba por una editorial cubana" -y se levanta: "en él, están todas las pruebas de estas afirmaciones y muchas cosas más de este exilio, en el cual, como decía El Che, de esta gente no se puede confiar ni un tantico así...".

SIN CATARSIS

G.G.G: ¿Es Pedro Rodríguez Medina un hombre realizado?

P.R.M: No lo creo, solo me siento tranquilo en saber que cuando muera he cumplido en ayudar a que la revolución cubana no sea destruida.

G.G.G: ¿Puede hablarse de una metamorfosis o una catarsis en la vida de Pedro? ¿Desde cuándo y por qué?

P.R.M: No creo tampoco en metamorfosis ni en catarsis, mi formación desde estudiante fue martiana y posteriormente nacionalista, si se quiere de izquierda moderada y con los años me he inclinado más a la extrema izquierda.

G.G.G: Tengo entendido que era muy joven cuando triunfó la Revolución Cubana. A esa edad, no es común que se tenga alguna ideología definida, por lo general se está en otras cosas propias del tránsito de la juventud a la mayoría de edad, la adultez. ¿Por qué Pedro siente estas motivaciones? ¿Cómo las descodifica ante sí mismo y qué sucede interna o externamente que lo llevan a asumirlas?

P.R.M: Cuando llegó la revolución en 1959 tenía la suficiente edad para haber estado alzado o en el clandestinaje, pero mi formación ideológica y la influencia de mi padre a que continuara estudiando aviación evitó, por segunda vez, que me hiciera revolucionario.

La primera fue cuando Calixto Sánchez, amigo de mi padre y muy querido por mí, se interesó por reclutarme y al saberlo mi padre casi rompen la amistad de tantos años. Es por lo que posteriormente influenció para que continuara mis estudios.

Fue en la prisión política cuando comienzo a chocar con la mayoría de los compañeros presos, por su mentalidad entreguista al enemigo histórico de Cuba, los americanos. Me fue despertando y posteriormente acá en el titulado "exilio histórico", comprendí que mi camino estaba equivocado por lo cual me reconcilio con el gobierno cubano.

G.G.G: Aunque su personalidad y fisonomía, también el carácter, se advienen al prototipo de un jefe o ideal militar, ¿tiene su historia de vida algo que ver con sus futuras decisiones de montar un campamento para formar jóvenes o dirigir una Agencia de Investigador Privado?

P.R.M: Quizás, yo recuerdo con mucha pasión que era un niño de 10 años y me entregaban los controles de un avión monomotor. A los 13 ya despegaba y aterrizaba como cualquier piloto experimentado.

Que recuerde, pasé una infancia feliz dentro de lo que cabe, como hijo, por parte de padre, de un papá que no fumaba ni bebía, siempre lo vi trabajar en la Compañía de Cubana de Aviación como mecánico, de 5 de la tarde a 1 de la mañana, y en la aviación militar, entraba a las 8 de la mañana. Así toda su vida hasta la llegada de la revolución, que lo depuraron por ser batistiano.

Por parte de mi madre eran pequeños burgueses, no se metían en política. Mi abuelo Coro Medina, era hacendado en la provincia de Matanzas y en una época era titulado el Buey de Oro. Tenía nueve tíos por parte de mi madre y tres por parte de padre, todos nacieron en Cárdenas, Ciudad Bandera. Estudiaron en La Progresiva, de Cárdenas.

G.G.G: ¿No hay otro hecho que pueda gravitar en su determinación de aprovechar, al margen de sus conocimientos e influencias públicas, ese liderazgo que tuvo y tiene en los ambientes sociales donde se ha movido su existencia y su destino?

P.R.M: Algunos hacen notar mi personalidad y mi tamaño, pero premeditadamente no creo que haya sido. Siempre me ha gustado y de hecho soy decidido y abierto, aunque no muy conversador por conversador. Mi deporte favorito era el baloncesto, y lo jugué a los 15 años en el intercolegial del Candler College. Posteriormente estuve en los juveniles, en el Deportivo Asturias.

Puede que estas pasiones intensas vengan conmigo, pero siempre he actuado como mejor he creído que debe ser y sintiendo lo que hago.

G.G.G: Para Pedro, ¿Cuándo comenzó su propia vida? ¿Ha estado siempre bien consigo mismo? ¿En qué medida la tesis de "el hombre vive como piensa, para pensar cómo vive" es viable? ¿Cuál es el error que le ocasiona más pesar o hipo de conciencia?

187

P.R.M: Opino que a lo hecho, pecho. He cometido errores, pero el mayor es no rectificar. Además, el buen jugador debe ser un buen perdedor. Me siento tranquilo, sin remordimientos, ya que, repito, soy buen perdedor. Aunque no he sido ni soy buen jugador.

G.G.G: Usted ha tenido una vida para muchos, quizás, dividida en retazos, marcada por un actuar dentro de la política, con una trascendencia pública y yo diría que insertada a uno de los más controversiales diferendos internacionales de la historia contemporánea, Cuba —Estados Unidos. Es cubano, pero se estableció en la contraparte de su origen, quizás pudo emigrar hacia otro. ¿Por qué se estableció en los Estados Unidos? ¿Está arrepentido de esta decisión?

P.R.M: En parte quizás tenga razón en que he tenido una vida para muchos dividida en retazos, marcada por un actuar dentro de la política, con una trascendencia pública.

Decidí venir para Estados Unidos por la sencilla razón que toda mi familia está establecida aquí, y mi madre pasó veinte años sola en Cuba esperando el resultado de mis andanzas contra la revolución y posteriormente visitándome en prisión.

Cuando me pusieron en libertad por el resultado del diálogo entre la Comunidad Cubana y el gobierno encabezado por Fidel Castro, lo menos que podía

hacer es venir con mi madre que hacia
años no veía a mi hermano, quien vino
a este país siendo un niño en el complot de la Operación Peter Pan.

Mariel:
Más que un salto sobre el mar.

VIVENCIAS DE SUS AÑOS EN ESTADOS
UNIDOS, EN LA CIUDAD DE MIAMI.

En primer plano el terrorista Eugenio Llame-
ras y Pedro con uniforme de camuflaje, en la
ciudad de Tampa, representando como Jefe
del Campamento de la Federación Mundial
de Ex presos políticos.

En huelga de hambre con compañeros ex presos políticos contra la extradición de Orlando
Bosch.

En plena campaña en la ciudad de Hialeah en el parqueo de la Biblioteca de la Ciudad.

Manifestación como ex preso político, frente a la Embajada de Brasil en Washington DC

Manifestando en plena calle 8 del South West de Miami, con su amiga la fallecida Senadora española Loyola de Palacio, en una protesta contra el Gobierno cubano.

Nunca escondió el rostro, ni a favor ni en contra de la Revolución Cubana.

Aislarlo económicamente y desacreditarlo en los medios fue la respuesta de la mafia.

195

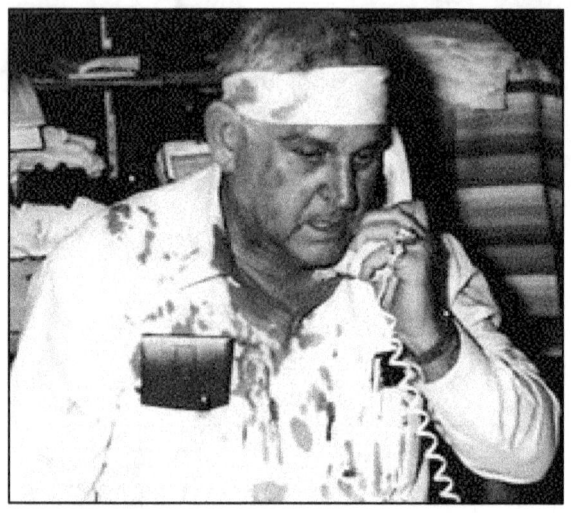

Agresión física fue el pago de la derecha cubana por su actitud nacionalista e intransigencia a ser un lacayo de los mafiosos miamenses. Aun siendo un opositor del gobierno cubano.

Esa foto fue tomada cuando estaba hablando con su madre que se entero cuando hacia la denuncia- momentos antes- , del atentado armado que sufriera en el programa de Marta Flores en la Emisora 'La Cubanisima'' de Miami.

CONTACTOS, AMIGOS Y OTROS DEMONIOS.

En un desayuno, haciendo uso de la palabra en el Restaurante *El Chico*, de la Ciudad de Hialeah en La Florida, en honor a su amigo el entonces Alcalde Raúl L. Martínez.

En un aparte con quien fuera Alcalde de la
ciudad de Miami Xavier Suarez. Siempre fue
una personalidad pública en el Condado
Miami -Dade.

A ambos lados de Pedro, a la izquierda el hoy
Representante Federal Mario Diaz-Balart, y
a la derecha su hermano, el ex Representante
Federal Lincoln.

Siendo Asistente Comunitario del Presidente del Consejo de la Ciudad de Hialeah Alex Penelas, pocos meses después Penelas fue Alcalde del Condado Miami-Dade.

De pie el terrorista Eugenio Llamera con Pedro.

En el Festival de Primavera de la Ciudad de Hialeah. De izquierda a derecha los entonces, Concejal de la Ciudad y Presidente de La Cámara de Comercio Latina Herman Echevarría, el Alcalde del Condado Miami-Dade Alex Penelas, el Jefe de la policía de Hialeah, Rolando Bolaños y Pedro.

Capítulo II

La cara de la justicia

Un mesías llamado Elián

Nunca antes en la historia un pequeño niño de apenas cinco años de edad llegó a ser tan famoso como él. Apareció sorpresivamente en la escena para ganar notoriedad mundial, rodeado en el misterio de una tragedia en el mar, en la que su madre perdió la vida para ser rescatado él, de las aguas turbulentas del estrecho de La Florida en lo que pareció ser un hecho milagroso- así muchos lo quisieron creer- rodeado de delfines protectores que lo guiaron y salvaron de una muerte inexorable como antes tantas veces había ocurrido con otros miles de cubanos que intentaron sin éxito, desafiar las inclemencias del tiempo en las aguas traicioneras de las 90 millas que separan a Cuba de los Estados Unidos.

De aquel memorable acontecimiento queda todavía vivo en el do la batalla legal y moral de un padre amoroso y ejemplar. Juan Miguel, un sencillo y humilde obrero cubano de Cárdenas –la ciudad Bandera- dispuesto a luchar hasta el fin por el rescate de su pequeño hijo, su tesoro filial, secuestrado por los mercaderes del odio que en una locura de egoísmo aberrante convirtieron a Miami en un verdadero Infierno, centro de la atención mundial.

Miami por entonces pareció convertirse en circo. Y como objeto principal del carnavalesco y a la vez trágico y cruel espectáculo, un niño cautivo, Elián González, trofeo de guerra de la batalla contra Cuba y su pueblo, que exhibían aquí desvergonzadamente, ante las cámaras de televisión y la prensa internacional, los inescrupulosos parientes lejanos de la infeliz criatura, víctima de un exilio intolerante, enfermo de odio y sediento de venganza contra el pueblo cubano de la isla, que reclamaba la devolución su padre del niño secuestrado en Miami.

Afortunadamente aquel drama humano tuvo un final feliz. El niño regresó a Cuba con su padre, como tenía que ser y allí con el cariño de los suyos y el amor de su pueblo, el dolor de la tragedia fue quedando atrás. Elián González, el niño de ayer de rostro de ángel y cautivadora sonrisa, es hoy un adolescente de cuerpo grácil y carita de hombre, que nos invita a pensar cuando lo vemos vistiendo su impecable uniforme de joven estudiante de una escuela cubana en el Congreso Nacional de la UJC.

¿Qué hubiera sido del niño Elián González si sus parientes lejanos con la Mafia cubana que estaba detrás hubieran logrado sus propósito malvado con sus influencias, dinero y poder?

Imaginemos por unos instantes a un niño Elián separado de su padre y su verdadera familia en Cuba, viviendo en Miami bajo la tutela de sus parientes lejanos, ávidos de notoriedad y fortuna, sin más amor para la criatura, que la codicia que se deriva de la explotación y el abuso de su fama.

Los millones de dólares estaban acá, del otro lado de las 90 Millas. Por eso y para eso, para explotar su inocencia, era que sus lejanos parientes secuestradores, querían al niño Elián en Miami.

Contrato de la compañía de comidas rápidas McDonald, cinco millones de dólares por derechos de usar su carita de ángel comiendo "hamburguers". Otros cinco millones por aparecer Elián bebiendo Coca-Cola. Tres millones más por anunciar zapatos tenis de la marca Nike. La Adidas se quedaba atrás. Otro millón por una visita a Disney World junto al Pato Donald y el Ratón Miguelito.

Dirían los anuncios publicitarios: "Elián compra sus juguetes en "Toys 'r Us". Y por ese comercial en televisión, otro par de millones más. ¿Qué helados toma mi niño? De la marca Borden que es el helado que prefiere Elián. Y así, un millón detrás *de otro millón, hasta llegar a una fabulosa fortuna. Ese era el sueño - digo yo- que tenían en la cabeza los parientes lejanos del niño Elián.¿ Qué si no eso?*

Pero la historia no resultó como la imaginaron los del lado de acá. Elián González tiene un padre que supo luchar por él hasta la victoria con el apoyo de Cuba, de su pueblo y la conciencia mundial. Prevaleció la cordura, la justicia y la razón, dejando a un lado la locura insensata de un Miami infernal.

Elián González es hoy en su patria, la de verdad, un joven cubano más. Vive una vida feliz junto sus hermanos y su verdadera familia, lejos de este Miami revuelto y brutal que una vez quiso convertirlo en muñeco de trapo para explotar su imagen de carita de ángel vendida al anunciante mejor postor.

Elián González no tiene dinero. Pero tiene vergüenza, que vale más que el dinero. De su padre Juan Miguel lo aprendió. Vergüenza contra dinero, que en Cuba siempre habrá quien no se venda y sepa decir que no.(Marx Lesnik. Elián: Y el niño se hizo hombre)

Todavía Miami no era el infierno que describe el periodista Max Lesnik. En los semáforos se amontonan los vehículos con ese brillo de la prisa que impide descubrir la cara de amargura o felicidad del conductor. Los anuncios y las novedades no han cambiado desde la tarde anterior.

En la cabina telefónica una mujer de rubio coquetea con su amante, mientras alguien pasa igualmente de prisa y les mira de reojo. El olor a café cubano, fuerte, colonia francesa y pizzas italianas viene de la cafetería de la esquina. No es exagerado hacer notar que parece el gemelo de La Habana. Pero no lo es.

Pedro va como siempre, con esa elegancia que le hace un Juan Tenorio para los ojillos atrevidos de las vampiresas que juegan al desnudo en Miami- Beach. Sereno, aprieta el acelerador ante el cambio de luz en las cuatro esquinas. Hoy no va piloteando su *avión* por San Miguel del Padrón. Trae muchas tareas y prioridades en su agenda para envolverse en recuerdos borrascosos.

Soñaba o imaginaba cualquier cosa, menos que una noticia le transformaría para siempre la vida y sus ingresos monetarios. Hasta ahora había trabajado duro y con inteligencia. No era rico, pero gozaba de una bonanza con la que se sentía satisfecho.

El mar sabe a salitre pero lleno de pólvora, balanceada por el viento mordido de fantasmas y gigantes. Es de noche. Nadie está quieto. No sé si se rompió el cuenta millas... ¿llegaremos? ...sí, dios mío. El niño está helado. Tal vez son mis lágrimas las que le provocan las muecas. ¿Habré hecho lo correcto? Todos estamos prisioneros de una ola enorme, perpetua, impetuosa y hambrienta. Es un lobo... un lobo...un lob...un lo. Coño, se me ahoga el niño...Correeeee... ayudénmeeeeeeee.

El dos de noviembre del año 1999 una mujer decidió el camino de su hijo. Iba en silencio, consciente de que no daba marcha atrás. La costa es el paraíso de sus ambiciones. Todo irá bien, está coordinado y las doce personas que van a su lado, sin contarla a ella y a su pequeño chico, se animan los unos a los otros con gestos y susurros. El destino viene marcado para ella y muchos más.

Nadie sabe de esto. Nadie. En Cárdenas no notarán la ausencia y total, después todo pasará. Lo importante ahora es llegar a Estados Unidos. Tranquilo mi amor, ahorita llegamos, tranquilo... Toma agua, ven, estás con mamá. La lancha sale huyendo...mejor, así llegamos más pronto. Cuba está mala. No hay quien soporte la opción CERO y el maldito período especial. Mi hijo no morirá en la miseria. Mami y Juan Miguel lo entenderán. Ay dios mío...dios mío... ¡qué es esto, qué es est!

Un bandazo con fuerzas de tigre sacude la embarcación. El angelito negro le espanta los pensamientos y le pone otros peores.

Coño, chico... cojonéeee, esto se va hundirrrrrr.

Yemayá no escucha los lamentos. Cada segundo el miedo se vuelve extraordinario y la histeria saborea la comisura de los labios. Un golpe seco. Gritos. Desespero. Las manos no se encuentran. Ya no hay fuerza en las falanges ni la voz. El mar acaba de vengarse de la soberbia y la ambición. No acepta pactos. Tiene hambre de locos y carne fresca. Traga.

Solo Dios o el Demonio son testigos de lo que ocurrió después. La cronología hecha por Pablo Felipe Pérez Goyry informa que el 25 de noviembre del año 1999, un niño cubano llamado Elián es rescatado, sobre un neumático, por un pescador, en las aguas del estrecho de La Florida. El salvador de aquella tierna criatura inocente, indefensa y viva por gracia del cielo, lo entrega a las autoridades de Miami. Horas más tarde, era bautizado como el Mesías en los medios internacionales.

Todavía no se puede calcular la guerra de ideas que el suceso desencadenaría entre los dos gobiernos, marcados por un diferendo de medio siglo y posiciones tácticamente diferentes ante valores morales, éticos e ideológicos.

Es el primer anillo del infierno que relata Max Lesnik. Miami empieza a quemarse en su propia sopa anticubana. Cuba también tiene su infierno. La noticia corre. Se interrumpen los noticieros habituales:

Última hora... Última hora...

Un niño cubano es rescatado de la muerte. El único sobreviviente de las 14 personas que venían en una embarcación ilegal, que salió desde las costas de la ciudad de Cárdenas con la intensión de llegar a la Florida. Buscaban asilo político, pero la lancha naufragó en el mar.

La maquinaria publicitaria no se detuvo jamás. Minuto tras minuto. El show mediático se montó con sabiduría en menos de 24 horas. Era el momento de aprovechar el suceso. Decían que el chiquillo tenía un tío abuelo en Miami. Hay que localizarlo urgente. Esta vez Fidel Castro volverá a sentir la fuerza de la derecha mafiosa.

La fatal circunstancia llegó a Cuba. Juan Miguel González, el padre del pequeño Elián, se arrebata entre el dolor y la sorpresa. Su hijo primogénito a 92 millas de sus brazos estaba sin amparo. La familia cubana residente en la ciudad de Cárdenas, en la provincia de Matanzas, no comprendía los hechos y no encontraba consuelo entre la desesperación de la duda y la incertidumbre.

Sigue el terror, que no acabó con la tigresa ola que se tragó la barca con sus 13 tripulantes. Solo un ángel de la guarda salió al rescate de uno de los náufragos. Las teles- emisoras en el sur de la meca del odio encuentran una espada de lujo para continuar el combate contra la Revolución Cubana. Era el momento de sacarle las vísceras a un inocente que como era cubano, no era tan inocente.

La película del desprecio ganó a la Florida. Los congresistas anticubanos Lincoln e Iliana Ros-Lehtinen aprovecharon la desgracia de la familia cubana y mostraron sus garras, sedientos de ganar protagonismo. Las opiniones empiezan a dividirse. Cordura y locura van como una transferencia de datos simultánea de Miami a La Habana. De la Florida a Matanzas. Y viceversa.

Mientras, el pequeño Elián se ve desorientado. Su carita triste y ojitos apagados mueven la sensibilidad de los medios internacionales, unos a favor, otros en contra. La Isla empieza a hervir entre la rabia y la impotencia, el patriotismo y el amor. Hay que traer al niño de regreso. Allí es un extranjero, huérfano por demás. Cuba es su Patria, su hogar.

El 26 de noviembre es entregado a su tío-abuelo Lázaro González. Se ejecuta el espectáculo. Los mafiosos anticastristas no pueden perder esta manzana de la discordia para sacarle plata y publicidad. En Miami, en los Estados Unidos, debe quedarse el pequeño. Allí lo tiene todo, acá en su tierra natal, nada. Este slogan se vende como pan caliente.

Inicia una nueva batalla con el gobierno de Estados Unidos y la recalcitrante y resentida derecha contrarrevolucionaria miamense. Los cubanos manifiestan a lo largo y ancho del país su indignación en tribunas abiertas que condenan el fenómeno. El proceso judicial ocupa los principales noticieros radiales, televisivos y de la prensa nacional y local, tanto en Cuba como en USA.

Pedro Rodríguez Medina está en Miami y se rebela a esta manipulación con un niño de cinco años. Quién sabe si su propia infancia se le remueve en su interior sin concientizarlo. No está de acuerdo con quienes abogan porque no sea entregado a su legítimo padre, quien lo reclama por todas las vías posibles. Para él, el hombre sin sombras que es, también comienza otra guerra de ideas.

Las manifestaciones y protestas públicas llenan igualmente las calles de Miami. Fue como en esos juegos de pimpón donde la pelota va de un campo a otro, ahora aquí, ahora allá, interminablemente.

Elián sale agotado por la presión sicológica que tiene sobre su tierna psiquis. Las imágenes que difunden son elocuentes. El tiempo se llama daño emocional a un niño, separado abruptamente de sus raíces y su medio. Sobreviviente de un acontecimiento altamente violento, donde ningún perito puede testificar hasta dónde, cómo y cuándo fue testigo pasivo o activo del ahogamiento y muerte de su madre, quien lo sometió sin piedad a esta experiencia que le llevó al abismo infinito del océano.

Cuba presiona. La mafia y la familia paterna residente en la Florida no sede a la oportunidad que parece le está dando el destino. Jamás serán los pobres ignorados si se quedan con el tutelaje de Elián González. Nunca antes el apellido ha sido tan importante en sus vidas. Lázaro y su hija pasan del silencio y el anonimato a la fama. Rompen los distanciados afectos que los unen con sus parientes en Cárdenas.

Elián es un problema político. La cronología que hace de los hechos Pablo Felipe Goyry no admite comentarios. Respira ese oportunismo sucio y lascivo con que se maneja el caso:

27/11: El padre de Elián, Juan Miguel González, pide desde Cuba, al gobierno de EE.UU., se le entregue la custodia de su hijo y le permitan regresar a Cuba.

05/12: El Presidente de Cuba, Fidel Castro Ruz, envía un ultimátum de 72 horas a EE.UU. para que entreguen a Elián a su padre.

07/12: El gobierno de EE.UU. reconoce que Juan Miguel González tiene todos los derechos como padre de Elián.

10/12: El tío abuelo de Elián - Lázaro González - solicita el asilo, para Elián, a las autoridades de inmigración de EE.UU. al amparo de la Ley de Ajuste Cubano.

Año 2000:

05/01: El Servicio de Inmigración de los EE.UU. decide que el niño sea devuelto al padre, Juan Miguel González.

07/01: Lázaro González pide a un tribunal la custodia temporal de Elián.

10/01: Es reiterado por el presidente, Bill Clinton, su total e incondicional respaldo a la decisión del Servicio de Inmigración de repatriar al niño, para que se reúna con su padre en Cuba.

19/01: Lázaro González presenta una demanda federal contra la repatriación.

26/01: Las abuelas de Elián - paternas y maternas - viajan a EEUU, y se reúnen con Elián en Miami; pero sin lograr regrese el niño con ellas a Cuba.

22/02: El juez William Hoeverler, quien lleva el caso de Elián ante los tribunales de Miami, es relevado del caso por el juez Michael Moore; por estar inhabilitado por tener vínculos con la política anticastrista miamense.

21/03: El juez Moore desestima como no viable la petición de asilo, y dictamina que no tiene el tribunal jurisdicción sobre la petición de asilo presentada en ese tribunal por el tío abuelo Lázaro González.

30/03: Buscando el apoyo y los votos de la comunidad cubana y cubana-americana que reside en EE.UU., para su campaña presidencial, el vicepresidente Al Gore propone la residencia permanente a Elián y sus familiares directos.

03/04: El Servicio de Inmigración y Naturalización (INS) de EE.UU. decide quitar la custodia temporal del niño Elián a la familia de Miami, y dársela a su padre. El Departamento de Estado aprueba la solicitud de visado - de entrada a los Estados Unidos -, presentada por el padre de Elián, Juan Miguel González y cinco familiares inmediatos del niño, para los trámites de repatriación de Elián.

06/04: Juan Miguel González, padre de Elián, llega al aeropuerto de Dulles, Washington. Llega acompañado de su segunda esposa y de su hijo de seis meses.

11/04: Las autoridades estadounidenses de Inmigración anuncian, a los familiares que retienen a Elián en Miami – en contra de la ley -, que se les notificará oficialmente que deben entregar al niño a su padre esa misma semana.

12/04: Contra todo pronóstico lógico, la familia que retiene a Elián en Miami, tras anunciar que permitirían la reunión del niño con su padre, en Washington, cancelan el encuentro alegando que Elián no quería viajar para encontrarse con su padre.

13/04: Vence el ultimátum de las autoridades estadounidenses, para se entregue a Elián a su padre; pero los familiares que retienen a Elián en Miami se niegan hacerlo. Un canal de televisión hispano emite un vídeo en donde Elián dice "Papá, yo no quiero ir pá Cuba". Es, para nuestro humilde discernimiento, una prueba indudable de la manipulación y presión psicológica a que está sometido el niño, por parte de la familia y la comunidad anticastrista en Miami.

18/04: El Gobierno cubano muestra la casa especialmente preparada, para la inserción familiar y escolar de Elián en Cuba.

19/04: Un Tribunal de Apelaciones, de la ciudad de Atlanta, ratifica la orden que impide que el niño salga de EE.UU. hasta que haya sentencia firme, sobre una apelación pendiente del tío- abuelo Lázaro González, sobre la custodia del niño.

22/04: Luego de múltiples gestiones y negociaciones, por las buenas - con la familia que retiene a Elián en Miami - sin resultado conforme con la Ley, y la negativa de entregarlo a su padre; en una operación relámpago - cuatro minutos - es rescatado de casa de los familiares que lo retenían en Miami, por oficiales federales, Elián González; en horas de la madrugada. Luego del rescate, envían a Elián, en un avión especial, a la base aérea de Andrews; para entregarlo a su padre.

23/04: Los familiares de Elián en Miami viajan a Washington, y exigen ver al niño y denuncian el método utilizado - por el gobierno de EE.UU. - para devolver a Elián a su padre.

Rodríguez Medina acaba de jugar su última carta. Como Martí, ha vivido en el monstruo y le conoce sus entrañas. Está decidido a seguir al lado de su Patria y los cubanos. De hecho, lo es y lo será para siempre. No puede estar tranquilo en su oficina. Le dan náuseas las imágenes que salen por la televisión. Se va a la calle. Cuba y el niño Elián cuentan con él.

"La determinación fue espontánea – reafirma ahora-. **Mis principios nacionalista y martiano están muy dentro de mí y, quizás tuvieron que ver, pero fue muy espontáneo de mi parte al ver la injusticia que hacían sus parientes, se querían aprovechar y se aprovecharon económicamente haciéndole el juego, en el secuestro, a la mafia de Miami.**

"**Confronté casi a diario a los asalariados de dicha mafia miamense en sus reuniones y en los lugares públicos diciendo la verdad del caso. Claro, en ese entonces podía llegar a cualquier lugar donde ellos estaban, ya que no me podían cerrar el paso por haber sido un ex prisionero contrarrevolucionario y por mi historial cívico en la comunidad cubana de la ciudad de Hialeah y Miami, solo que me consideraban como anarquista pues no podían decirme –**

como dicen ahora – que soy un quinta columnista, agente castrista, etc.

"Así fue como comencé a chocar con este tipo de anticubano que radica en Estados Unidos", afirma convencido y con un gesto muy propio en él mueve las manos y se acaricia la blanca barba que le resalta la nobleza y el brillo de sus ojos.

Una semana más y el caso continuaba complicándose. Juan Miguel recibía todo el apoyo de Fidel, quien de manera ejemplar, como siempre, asumió el problema de esta familia cubana. Las llamadas Tribunas Abiertas por el regreso de Elián eran diarias en todos los municipios del país.

Millones y millones de cubanos fueron a las plazas para exigir el regreso del niño. Era una plena reafirmación de la unidad revolucionaria y la solidaridad latente y presente en la identidad de la nación.

Ese mismo frenesí ganó latitudes y simpatizantes con la causa de Juan Miguel para traer de vuelta a su vástago. A Pedro le invaden todos esos sentimientos que palpitan en su añorado pueblo. Vuelve a emocionarse hoy después de varios años de aquellos momentos que convulsionaron la opinión internacional y convirtieron a Miami en una ciudad apocalíptica e injusta.

"En cuanto vi por la televisión que comenzaron a politiquear con el niño Elián sus familiares –cuenta y reitera – **apoyados por los congresistas Lincoln**

Díaz Balart e Ileana Ros Lehtinen, y los titulados dirigentes de este "asilo político" me molesté. Empecé a chocar con ellos defendiendo el derecho del niño a regresar a la Isla con su padre, abuelos maternos y paternos".

Desde entonces se convirtió en un enemigo confeso para todos y sus demostraciones de humanidad y defensa a ultranza de las causas justas, hasta los días que corren, le cobraron el precio: Destruirlo con todo, a tal punto de violencia que recibió golpizas y traiciones que le llevaron al cierre de sus negocios privados, en medio de una salud afectada seriamente por la secuela de sus largos años de prisión y las consecuencias de sus patologías clínicas.

Pero aún con las cicatrices de varias operaciones quirúrgicas, infartos del miocardio de los que salió porque no debía morir aún, siguió en pie. Ahora ya no tenía que actuar con discreción ni respetar a quienes no respetaban. Su estirpe es su estirpe.

Era una rabia infundada contra él. Un ataque mezquino y rencoroso, jamás racional ni convincente. Distante años luz de ser consecuencia de un amor fiel y propio a la tierra común que debe unir de algún modo a esa capa social que forman los cubanos en el llamado y promiscuo exilio en la Florida.

O tal vez esa impotencia malvada que sienten los farsantes al verse cogidos con la masa en la mano. El señor Rodríguez Medina fue un preso político importante por el mundo de influencias en las que se movieron sus acciones y su vida. Trae raíces familiares que avalan el proceder del dictador Fulgencio Batista. Manejó muchas informaciones fidedignas en momentos claves de la lucha anticubana.

Gentes con intereses como los que tienen quienes fabricaron su fortuna e imagen pública con atacar a Cuba y a sus principales líderes, los mismos que promueven en el Congreso de los Estados Unidos las leyes que mutilan y usurpan los derechos de soberanía del pueblo cubano, su pueblo, no pueden compartir un cambio en Pedro y mucho menos acuñar su tesis del **Cambio**.

Una vez más empezaba su existencia a darle el cara ó cruz que parece estar grabado con tinta china en su carta astral. No fue el único que apoyó el duro proceso del niño Elián, sin embargo fue quien más caro pagó las consecuencias.

Al rememorar estos meses de intensa zozobra y a la vez cargados en su interior por la satisfacción infinita de sentirse al lado de las causas más justas, convencido y dispuesto, dice:

"Ya no estaba haciendo la tirada del tabloide Combate News, cuando sucede esto con el niño Elián. Mi situación con el segmento anticomunista de los ra-

biosos de la derecha no era buena. Mis ex compañeros de prisión política, en su mayoría, no querían saber de mí por mis actividades de criticas a los elementos que hacían actividades de terrorismos en las costas cubanas, a centros turísticos, Hoteles, etc.

"También los políticos de turno me viraron la espalda por temor a esos elementos extremistas. En fin, quedé separado socialmente y ahí comenzaron a tratar de destruirme económicamente, encabezando esa malvada actitud un primo por parte de padre, llamado Hermán Echevarría, ex concejal de la Ciudad de Hialeah y Presidente de la Cámara de Comercio e Industria de Hialeah".

El texto que a continuación citamos corrobora el ensañamiento inmoral e injusto que los medios digitales y locales levantan, al estilo de las campañas de propaganda y publicidad de alta resonancia de audiencia, contra su persona. Todo cuanto publica como editor de Combate News o lo que dice en los medios que le invitan no encuentran tolerancia. Empero, este texto de Pablo Felipe se filtra sin aires de guerra. (Se respeta fielmente el texto original)

EL CASO DEL NIÑO ELIÁN GONZÁLEZ: CRONOLOGÍA DE UN SECUESTRO EN MIAMI

El caso de Elián González:
Cronología de un secuestro
Por Pablo Felipe Pérez Goyry

Después de estar cautivo, por espacio de 152 días, ha sido liberado el niño Elián González; y entregado a la custodia de su verdadero representante legal, su padre.

No es quizá de buen agrado contemplar el procedimiento utilizado en que los gringos, para hacer prevalecer las leyes; que se suponen deben de acatar los "emigrantes cubanos". Percibo que lo acaecido en Miami es la antesala de la pérdida de prerrogativas, por parte de la extrema derecha - de la comunidad cubana en la Florida -, a pesar de ser la fuerza más "pujante" e "influyente"; en lo político, económica e inclusive cultural de ese estado.

Nos contenta el corazón, de que Elián esté con su verdadera familia, aunque discrepemos con la acción del allanamiento; aunque nada nuevo en la unión, y que muchos países conocemos también: por la manera de irrumpir - por décadas - en los asuntos internos de nuestros países. La historia lo demuestra.

No tengo la menor duda, de que ya era hora de parar el espectáculo; montado por el desempleado tío abuelo de Elián, Lázaro González - de dudoso comportamiento civil en Cuba - y de su nada saludable e infortunada prima - auto llamada segunda madre -, utilizando al niño como posibilidad de buscar, quizás, un espacio negado para ellos, dentro de la comunidad del "exilio".

Es bueno preguntarse que malignos propósitos están tras la neurótica y ningún sentido común de la actitud y aptitud de esta familia - disque microempresa -; compuesta por Lázaro González, su hija y la disidencia cubana.

Estos 152 días de secuestro, del niño Elián González, es una prueba de la necesidad que tiene el gobierno de EE.UU. de modificar las normas - como el de Ajuste para la "Emigración Cubana"- que incitan a la búsqueda de "asilo" en ese país; que por demás, solo favorece y alienta el prostituido y lucrativo negocio - de balseros - por parte de algunos "bien intencionados y patriotas" cubanos en Miami.

¡La función terminó! Al menos por el momento. Hay que esperar el resultado definitivo. La razón, nunca hemos confiado en los gobiernos estadounidenses y de su llamada "democracia".

Los hechos son la mejor prueba que de alguna manera ha puesto en alerta a las autoridades, en relación con las aves rapaces que han adoptado, y que las garras más de una vez le han sacado; poniéndolos en apuros ante la comunidad internacional.

Se ha hecho justicia. Enhorabuena Señor Juan Miguel González, padre de Elián, y

*a su gran familia, el pueblo cubano;
adentro y fuera de la isla, que han preferido poner por encima de los intereses el
decoro y la justicia, clamada por un padre.*

*Un vistazo a la cronología de los eventos,
testimonio verás, le aconsejan al gobierno
estadounidense que ha llegado una vez
más la oportunidad, para ellos respeten
la soberanía de la República de Cuba y de
su pueblo; además, de escuchar el clamor
internacional sobre su política anticubana por más de cuarenta años.*

ECOS DE UN CAMBIO

Las rutinas son las rutinas. No se ha
quedado sin amigos, pero muchos que le
apoyaban en sus gestiones financieras le
dan la espalda poco a poco o no respon-
den sus llamadas. Percibe que una competencia brutal le viene encima y que no
será fácil vencerla.

Hay muchas papas podridas en el saco y
los años, aunque está fuerte y vital, sienten la frialdad que guardan sus huesos
del invernadero polar que tuvo que resistir en el frigorífico, sin despreciar esos
encierros tapiados, sin ropa, mal alimen-
tados, de los casi 20 años de prisión en
los que muy pocas veces vio el sol o cami-
nó bajo un aire fresco y saludable.

Casi se ha quedado sin familia. No lo
matan los hipos de soledad y los dolores
del alma porque está hecho a prueba de

altos riesgos. No descansa. Los tiempos han cambiado y el contexto internacional es cada vez más brutal y despiadado. Las relaciones entre Cuba y Estados Unidos se recrudecen y amargan con el salitre envenenado que dejó en todos el caso del niño Elián.

Siente los ecos de este cambio social contra su persona. Sin razón aparente la Agencia de Viajes comienza a perder clientes. Las páginas digitales que tiene bajo su dominio se bloquean o no aceptan las acostumbradas contraseñas. Hay amenazas telefónicas, con intimidad y chantaje. Los ataques son duros y ofensivos.

No se desvela. Nunca tuvo miedo ni lo tendrá. Por las noches, cuando se pone a ver sus películas favoritas y el pensamiento se le escapa de las sienes, no se pregunta lo que ya tiene respuesta hace mucho tiempo en su corazón. Cuba seguirá entre sus prioridades, desde su perspectiva e ideología, como el sincero objetivo de toda defensa y solidaridad.

La fundación de una organización pro derechos en Cuba comienza a darle vueltas en la cabeza. Es de alguna manera una iniciativa que haría la contraparte a la extrema derecha de la mafia en Miami. No ignora las volcánicas sacudidas a las que tendrá que enfrentarse. Llama a sus amigos, unos primero, otros después.

La idea y los sueños comienzan a ser tangibles. Se citan, conversan y hacen contactos con otros amigos. La mayoría lo concibe como posible y positivo. Héctor García Soto, un cubano de cepa como él, amante de la Revolución y vinculado a su tierra natal por raíces históricas y propias, asume también la convocatoria. Es bisnieto del Mayor General de la Independencia de Cuba Vicente García González.

Al respecto, Héctor recuerda:

"La Alianza Martiana la organizó un grupo de cubanos residentes en la ciudad de Miami, entre los principales estaba Pedro Rodríguez Medina y su tocayo Pedro González Munné y mi amigo Max Lesnik del Partido del Pueblo Cubano (Ortodoxos), que actualmente es el Delegado General de la Alianza Martiana. Yo me sumé posteriormente al proyecto.

"Se inauguró el 28 de Enero del año 2001 en un céntrico Hotel de la ciudad de Coral Gables. Empezaron a sumarse cubanos que estaban en contra del bloqueo de Estados Unidos a Cuba. Recibió mucho apoyo la Alianza Martiana y muchos se hicieron miembros durante el primer año. Hubo muchos donativos por parte de compañeros que integramos la Alianza, para tener un local donde poder funcionar y la propaganda impresa para dar a conocer nuestro proyecto.

"Quiero resaltar que una de las más valiosas donaciones, tanto en dinero como en equipos para la radio - que posteriormente se llamó Radio Miami - fue la del compañero Pedro Rodríguez Medina, que inscribió la organización en el Estado de Florida de acuerdo con las leyes vigentes, como organización sin fines lucrativos. "Además de otras donaciones para el mejoramiento de la agrupación en todos los proyectos que enfrentamos cuando salíamos de Miami a algunas ciudades del Estado de Florida, con el propósito de dejar constituidas delegaciones en otras ciudades.

"Se viajó a Cayo Hueso, donde fuimos recibidos por la entusiasta compañera Emelia y otros valiosos compañeros que nos apoyaron, y salimos con el compromiso de regresar cosa que nunca se cumplió por parte nuestra. El segundo viaje fue a la ciudad de Tampa con el mismo propósito y también se quedó mal con los compañeros que nos recibieron.

"La idea era el engrandecimiento de la Alianza Martiana organizando lugares como Cayo Hueso, Tampa, Fort Lauderdale, West Palm Beach y Orlando. También teníamos establecido contacto con Washington DC, Chicago, NewYork, Los Ángeles. Nuestro fin era un **Frente Amplio en nuestra campaña para el logro de nuestros tres principales objetivos",** enfatiza Héctor, quien igualmente estuvo animado y perseverante con la idea y todavía se pregunta "¿por qué no se organizaron las Delegaciones proyectadas? Eso hay que preguntárselo al actual Delegado", concluye con esa determinación de palabras que lo distingue como excelente interlocutor.

El Bloqueo Económico, Comercial y Financiero impuesto por Estados Unidos a Cuba es una realidad sangrante que limita – impide- cualquier acto de buena voluntad de las personas o instituciones radicadas dentro o fuera del territorio norteamericano hacia la Isla, en temas que signifiquen la más mínima cooperación o ayuda en los sectores de la economía y los servicios.

Por esta medida unilateral y violatoria, los cubanos sufren objetivas afectaciones que generan, en sectores tan sensibles como la salud humana y la educación, incrementos de gastos o la inaccesibilidad a tecnologías, insumos y recursos imprescindibles para el desarrollo ulterior de la sociedad y sus miembros. Sin contar que la economía acumula pérdidas que ascienden por encima de los 975 mil millones de dólares, teniendo en cuenta la depreciación de este rublo frente al valor del oro en el mercado internacional.

Pedro y Héctor, como quienes luchan por consolidar la recién fundada Alianza Martiana, sufren en sí mismos el precio de esta ley exclusiva e injerencista, por lo que deciden crearla bajo las premisas de abogar por la lucha frontal contra el bloqueo, la defensa de la causa de los CINCO cubanos presos injustamente en cárceles de los Estados Unidos, y el enfrentamiento a los elementos contrarrevolucionarios que propugnan y apoyan la hostilidad del gobierno americano contra Cuba.

Sin embargo, este noble proyecto no contó con la presencia de Rodríguez Medina por mucho tiempo. Su verticalidad ante determinados asuntos y las incongruencias que surgieron en el grupo condicionan que lo abandone un poco después.

Al preguntarle sobre el porqué deja y renuncia a la Alianza, a la que entregó horas de trabajo, tiempo y dinero además de valiosos donativos -como testifica Héctor García Soto- contesta con un mutis que exterioriza cierta inconformidad y pesar:

"Fundar la Alianza Martiana costó bastante trabajo por cierto. Ya tenía enfrentamientos con elementos de esta mafia y estas diferencias vinieron por su peso cuando definitivamente fundamos la Alianza.

"Visité varias veces a Max Lesnik para que se incorporara y prestara su local de la Revista Réplica, hasta que pudiéramos tramitar o conseguir otro lugar. Nunca pudimos sacarla de ahí porque Max se opuso, haciendo de zapa, y alegando que intentábamos quedarnos con la organización y yo era un elemento que fui contrarrevolucionario.

"Sobre estas acusaciones siempre he dicho públicamente, y en las tantas veces en que me han entrevistado, que sí, que fui un contrarrevolucionario, pero nunca he sido un traidor a la Revolución Cubana, ya que nunca fui revolucionario. Me retiré de la Alianza Martiana, como otros compañeros fundadores, por considerar que era la mejor manera de mantener a distancia a Max Lesnik, a quien considero un falso y oportunista.

"Es bueno saber, como ha testificado Héctor García, que el objetivo de la Alianza era agrupar a todas las organizaciones de izquierda de la comunidad cubanoamericana en los Estados Unidos e incluir a otras de diversas etnias latinas. Por eso fuimos a esos recorridos y viajes por Tampa, Cayo Hueso, California y muchas más ciudades que cita Héctor.

"Cuando Lesnik toma el control de la Asociación se terminaron estos contactos y se quedó mal con muchas personas. Todo se convirtió después en una tertulia de sus grupos más allegados, viven del dinero que les exigen a las agencias de viajes y los chárteres a Cuba.

"A muchos nos llama la atención de que esta misma política que practican en la Alianza de no influir en los jóvenes, que llegan aquí con conceptos diferentes de los que traía el viejo exilio, para que no cambien sus ideas y sigan mirando a su país sin rencores y defendiendo la verdad que traen a estas tierras, es la misma que pone en práctica el gobierno de los Estados Unidos. Lo mismo sucede cuando se resistió a la unión con otras comunidades latinoamericanas y puertorriqueñas.

"Esta manera de pensar y actuar es igual a la aplicada en el momento en que prohíben a los funcionarios cubanos de la Embajada salir de Washington, y cancelan las visas a intelectuales cubanos de la Isla. Mataron esa iniciativa, la idea principal, y todo se convirtió en paseos en automóvil, programas de radio con viejos de los 60, que nada tienen que ver con esta juventud que ha llegado en los últimos 20 años. Fue una ruptura total con la influencia y el apoyo que se podía tener y lograr en otras comunidades y lugares.", recuerda y vuelve a pasarse la mano por su blanca y cuidada barba, que le infunde un toque especial de distingo a toda esa personalidad y carácter que no pasan desapercibidos para nadie cuando llega, con paso firme y marcial, Pedro Rodríguez Medina.

Estos disgustos y diferencias no quedan solo en el corazón de Rodríguez Medina. Héctor García lo manifiesta, abierta y directamente, al propio Max Lesnick en una carta que le hiciera en el mes de diciembre del año 2007.

De este rictus amargo que dejó sembrado para siempre en el ánimo de Héctor la actitud del Delegado de la Alianza Martiana, queda constancia en el documento que es copia fiel del original, la cual fue ampliamente distribuida entonces por el propio Héctor García.

Dice el texto completo, reproducido exactamente:

"Miami, Florida, Diciembre 17, 2007.
Max: Han pasado mas de dos semanas del viaje a Washington con motivo de la recepción de despedida al jefe de la Sección de Cuba, Dagoberto Barrera y todavía estoy recordando la conducta y el proceder tuyo principalmente mas que él de los otros tres miembros de la Alianza Martiana.
Cuando te notificaron la invitación para la Alianza de ese acto en la Embajada no tuvistes ni tuvieron los otros la mas mínima cortesía de decírmelo sabiendo de

mis relaciones con el Consulado de hace muchos años.

Si no me llegan a llamar del Consulado para invitarme no me hubiera enterado. Cuando tu decidistes el acuerdo de quienes iban a asistir entre Aroldo Morales, Ramon Coll y Duney Perez Alamo, estoy seguro ya que ni siquiera insinuaron la posibilidad de que yo pudiera asistir junto a ustedes como miembro fundador también de l Alianza Martiana.

Estando en el local de la Alianza, cuando les dije que me habían invitado del Consulado, les pregunté como iban a trasladar al aeropuerto de Ft. Lauderdale, la respuesta fue que no había espacio, y yo me pregunto, en un carro por pequeño que sea si van dos delante y dos detrás aunque sea apretado puede ir uno mas cuando existe el interés y el deseo de ayudar a un compañero.

Si el automóvil fuera mio en este caso auxiliaría a ese amigo que no es ningún extraño y lo llevaría sentado hasta en el piso si fuera necesario.

Para suerte mia pude resolver con Pedro Rodriguez Medina que ya había salido del hospital y me dijo que estaría ya en condiciones de poder viajar y que podía contar con él. Un gesto de solidaridad, de confianza y de apoyo que no la tuve con ustedes.

Aquí no termina esta tragicomedia: estando en el hotel Harrington en Washington en presencia de "Harold" Ramon Coll y Duney les dije que Pedro Rodriguez Medina tenia que quedarse un dia mas por motivo de gestiones; me quedaba solo y todavía peco de ingenuo al decirles como podía resolver con ellos el traslado al aeropuerto de Washington y después de Ft. Lauderdale a Miami, fue la callada por respuesta. Emelia de Cayo Hueso que estaba escuchando enseguida le hablo a Caito el de la Asociación José Martí para que me hiciera el favor de llevarme, y asi lo hico, fuimos CINCO en el taxi al aeropuerto y después del aeropuerto de Ft. Lauderdale Caito me llevó para Miami, sin obligación y en un verdadero gesto de ayuda y amistad sin tener esa compenetración conmigo.

Tengo un sentimiento de repulsa para ti y para los otros tres, por la falta imperdonable de ética y solidaridad, especialmente con un compañero tuyo desde la Juventud Ortodoxa de hace mas de cincuenta años.

Por algo la Alianza Martiana es un estado "menor" no mayor, sin ejército; muchos valiosos compañeros han dejado de asistir y no se ha sabido mas de ellos y otros que han muerto no ha existido ni siquiera la mas mínima consideración de notificarle a todos los miembros de este triste suceso o cuando estaban en un estado grave o de muerte inminente para poder visitarlos, ya yo vivi esto en mi propia experiencia.

José Martí decía que Patria es Humanidad, no encuentro la humanidad en este momento en la Alianza Martiana que tu diriges, no hay ética ni solidaridad en esta forma general de actuar para que los miembros que queden se sientan satisfechos con su militancia y puedan desarrollar una verdadera labor de proselitismo.

Así y todo le deseo lo mejor, porque si no lo sintiera asi dejaría de ser revolucionario.

Héctor García Soto".

Miami, Florida, Diciembre 17, 2007.

Max: Han pasado mas de dos semanas del viaje a Washington con motivo de la recepción de despedida al Jefe de la Sección de Cuba, Dagoberto Barrera y y todavía estoy recordando la conducta y el proceder tuyo principalmente mas que el de los otros tres miembros de la Alianza Martiana.
Cuando te notificaron la invitación para la Alianza de ese acto en la Embajada no tuvistes ni tuvieron los otros la mas mínima cortesía de decírmelo sabiendo de mis relaciones con el Consulado de hace muchos años.
Si no me llegan a llamar del Consulado para invitarme no me hubiera enterado.
Cuando tu decidistes el acuerdo de quienes iban a asistir entre Aroldo Morales, Ramon Coll y Duney Perez Alamo, estoy seguro ya que ni siquiera insinuaron la posibilidad de que yo pudiera asistir junto a ustedes como miembro fundador también de la Alianza Martiana.
Estando en el local de la Alianza, cuando les dije que me habian invitado del Consulado, les pregunté como se iban a trasladar al aeropuerto de Ft. Lauderdale, la respuesta fué que no había espacio, y yo me pregunto, en un carro por pequeño que sea si van dos delante y dos detras aunque sea apretado puede ir uno mas cuando existe el interés y el deseo de ayudar a un compañero.
Si el automovil fuera mío en este caso auxiliaría a ese amigo que no es ningún extraño y lo llevaría sentado hasta el piso si fuera necesario.
Para suerte mia pude resolver con Pedro Rodriguez Medina que ya habia salido del hospital y me dijo que estaría ya en condiciones de poder viajar y que podía contar con él. Un gesto de solidaridad, de confianza y de apoyo que no la tuve con ustedes.
Aquí no termina esta tragicomedia; estando en el hotel Harrington en Washington en presencia de "Harold" Ramon Coll y Duney les dije que Pedro Rodriguez Medina tenía que quedarse un día mas por motivo de gestiones; me quedaba solo y todavía poco de ingenuo al decirles como podía resolver con ellos el traslado al aeropuerto de Washington y despues de Ft. Lauderdale a Miami, fue la callada por respuesta. Emelia de Cayo hueso que estaba escuchando menguada lo hablo a Caito el de la Asociación Jose Martí para que me hiciera el favor de llevarme, y asi lo hizo, fuimos CINCO en el taxi al aeropuerto y despues del aeropuerto de Ft. Lauderdale Caito me llevó para Miami, sin obligación y en un verdadero gesto de ayuda y amistad sin tener esa compenetración conmigo.
Tengo un sentimiento de repulsa para ti y para los otros tres, por la falta impecdonable de etica y solidaridad, especialmente con un compañero tuyo desde la Juventud Ortodoxa de hace mas de cincuenta años.
Por algo la Alianza Martiana es un estado "menor" no mayor, sin ejército; muchos valiosos compañeros ya han dejado de asistir y no se ha sabido mas de ellos y otros que han muerto no ha existido ni siquiera la mas mínima consideración de notificarle a todos los miembros de ese triste suceso o cuando estaban en un estado grave o de muerte inminente para poder visitarlos, ya yo viví esto en mi propia experiencia.
Jose Martí decía que Patria es Humanidad, no encuentro la humanidad en este momento en la Alianza Martiana que tu diriges, no hay etica ni solidaridad en esta forma general de actuar para que los miembros que quedan se sientan satisfechos con su militancia y puedan desarrollar una verdadera labor de proselitismo.
Así y todo les deseo lo mejor, porque si no lo sintiera asi dejaría de ser revolucionario.

Hector Garcia Soto.

Estos momentos de desavenencias todavía hoy duelen en Pedro. No es un héroe. Un hombre con tanto calibre humanitario y social, amistoso y sincero, desprendido, nunca busca ganar protagonismo ni ocupar sitiales reservados a otros. Las glorias y las perlas las conserva para sí mismo, en la humildad de sus pensamientos y en las manos que tiende a cuantos puede ayudar.

Rebelde sí, sobre todo contra lo que genere fanfarronías, duerma la mentira y denote rasgos de oportunismo y falsas apariencias. De esta suerte ha ganado más contrarios que amigos, pero con el tiempo disfruta la razón que le da el hilo de la vida. Y en silencios le lastima, entonces, que pocos son los que rectifican y vuelven a estrechar sus manos.

Tal vez a esas encrucijadas inevitables, propias de los hombres y mujeres que asumen una vida pública, social y reconocida, debe hechos que le marcaron y abrieron caminos de subestimación a sus ideas, hasta envolverlo en falsas acusaciones y procesos judiciales que perjudicaron su tranquilidad de espíritu y bienes materiales.

En Cuba tampoco dejó de sufrir lo que muchas veces percibo como un agujero negro que tiene que cerrar de vidas anteriores. La mal intencionada propaganda que hacen sus enemigos de la mafia anticubana contra su persona y las dudas que siembran y manipulan por sus antecedentes y su autobiografía políticos, – que nunca ha escondido a nadie ni pretende ignorar –, le acarrearon engorrosos momentos, aún con personas altamente confiables del Gobierno Cubano y su círculo de amistades en la Isla.

Gildo Díaz Pérez, luchador desde niño contra la dictadura de Fulgencio Batista y amigo personal de Pedro, al preguntársele el por qué a sabiendas de su trayectoria contrarrevolucionaria fue capaz de cultivar su amistad y confianza durante estos largos años, enfatiza convencido:

"Es un hombre de indiscutible valor personal, valor político, honesto y humanitario.

Ha tratado de comerciar con Cuba y Compañías de USA, fundamentalmente para ayudar a romper el criminal bloqueo impuesto y sostenido por los distintos gobiernos de Estados Unidos de Norte América.

"Ha tenido el valor de enfrentarse a los contrarrevolucionarios de distintos grupos radicados en Miami de manera abierta y pública. Ha sufrido en ese territorio atentados y mítines de repudio por su posición de defensa a la soberanía de Cuba.

"Es conocido su lucha y ayuda de todo tipo, a la libertad de nuestros 5 luchadores antiterroristas. Ha dado distintas donaciones para el país y son mucho más las cosas que se pueden decir de nuestro compatriota, si quieres saber algo más, sin pena me lo pregunta, no tengo secreto al respecto," y ese gesto de sencillez deja claro que no hay dudas ni halagos demás en sus palabras.

Pero aún con todos estos criterios a favor, ambos amigos no se libran de instantes de perturbación. Justamente en uno de los momentos en que compartía con Gildo en el Hotel Presidente, suceden acontecimientos que sacan a la luz toda esa telaraña latosa y pérfida en que grupos y personas encierran a Rodríguez Medina.

La ecuanimidad de ambos se pone a prueba. Con los años y una confianza consolidada a base de honestidad y apoyo mutuo, el mal momento lo narra Gildo como una fuerte anécdota, engendrada allá en ese exilio que ha tratado de destruirlo en blanco y negro y es consecuencia pura del poder influyente y las difamaciones que levantaron en los círculos políticos del sur de Florida y que, por supuesto, llegaron de algún modo a su querida Isla.

Gildo rememora el incidente y de nuevo lo que pudo ser un acogedor recuerdo del altruismo y el sentimiento patrio de dos hombres, unidos por el respeto y la verticalidad de sus ideas y amor hacia la tierra que los vio nacer, es una veta amarga en la memoria:

"Tengo un amigo que trabaja con un italiano inversionista, el cuál hace negocios con Cuba. Una bella tarde estábamos esperando por él en la piscina del Hotel Presidente, de pronto se apa-

*rece de forma alterada y dice refirién-
dose a Pedro, Gildo este hombre es un
terrorista va conmigo preso para Villa
Marista.*

*Todos en la mesa nos queda-
mos asombrados por la actitud
del Güille (por supuesto ese no es su
nombre), pero imaginas ese impacto.
Se nos echó a perder la tarde".*

Atrás quedaron como por arte de magia
el encanto del local y el romanticismo
contagioso que traía la tarde habanera,
bañada por uno de esos soles que visten
de rojo dorado el crepúsculo y hacen del
paisaje cubano una constante inspiración
para poetas y pintores.

Se pusieron de pie como repelidos por
un muelle. Pedro y Gildo se miran con
asombro y desconcierto. Aquel hombre,
amigo por demás, acusaba a Pedro de terrorista y se lo iba a llevar preso. Costó
aclarar el asunto, pero todo estaba relacionado con una foto que publicaron en el
periódico Granma donde se le nombraba
como tal.

Respecto a su paso por la Alianza Martiana le explica a Díaz Pérez:

**"Soy uno de los fundadores de La
Alianza Martiana en la Ciudad de
Miami en Estados Unidos. Los estatutos decían que todo aquel que estuviera
en contra del Bloqueo a Cuba, de cualquier nacionalidad o ideología, podía
ser miembro de la misma.**

"Una vez fundada comenzamos a hacer contactos y viajamos a Cayo Hueso y Tampa, dimos reuniones en Universidades y cuando teníamos las condiciones preparadas para hacer efectivo un ejecutivo en esas dos ciudades, de pronto todo se paró y comenzó a desarrollarse como si fuera una tertulia el proyecto organizado por - los menos - nosotros que pensábamos en grande, en algo que abarcara los EE.UU. y en distintos países de nuestra América.

"Claro, eso chocó con los que querían el poder absoluto, que piensan que se les podía salir de sus manos. Decidí irme apartando y lo logré no perteneciendo al ejecutivo y entregando la corporación a Max Lesnik ya que fui el Agente incorporador.

"Entregué la cuenta bancaria y todo. Continúe asistiendo a algunas reuniones y poco a poco, a medida que me aislaban y no me respaldaban haciendo silencio absoluto con relación a mis enfrentamientos con los mafiosos miamenses. Incluso, en dos ocasiones que fui a juicio por falsas acusaciones de elementos que son enemigos de la revolución cubana, y nada pasó. No tuve apoyo.

"Mis relaciones con los que sueñan con un nuevo diálogo con el gobierno cubano, los titulados "dialogueros", no es ni mala ni buena, ya que sienten reserva conmigo al yo plantear mi oposición y no apoyar a disidentes residentes en la Isla en invitaciones que me han hecho, donde los apoyan y allí, en sus reuniones, les he dicho mi posición en no apoyarlos por considerarlos entreguistas y en algunos casos mercenarios.

"Con la izquierda y los que no lo son, que lucharon en contra de la dictadura batistiana, en su mayoría, sienten reservas y los menos me atacan y tratan de socavarme y no darme créditos ante mi actitud; e incluso han llegado a decir entre ellos que soy un infiltrado, pero nunca dicen de quién soy el infiltrado, si de los mafiosos miamenses o del Gobierno Cubano.

"Solo uno de ellos, que le decimos 'Loncho', que su nombre es Lorenzo S. Ruiz -ya fallecido-, al principio decía que yo era infiltrado por el congresista Lincoln Díaz-Balart. Todo por la amistad que tuve con los Díaz-Balart, con su abuelo, padre e hijos.

"Coincido posteriormente con él cuatro veces en la consulta del Médico general que nos atendía en ese entonces a los dos en el Preferred Medical Center en Pequeña Habana y pudimos conversar ampliamente.

"El, Loncho, me confesó en uno de esos encuentros de que 'él estaba completamente equivocado' y que 'se había dejado influenciar', sin aclarar el punto.

"Continuamos con excelentes relaciones, hasta su fallecimiento hace unos meses.

"Me he distanciado de todos. He comprendido que no existe solidaridad hacia mi persona y sí muchas reservas. Claro, quizás he sido - en parte - culpable por comentar que nunca fui revolucionario y que tampoco he traicionado a los líderes de la Revolución. Eso les duele a muchos que conspiraron y vinieron al exilio como un contrarrevolucionario más y, con el tiempo, comprendieron que cometieron un error. En definitiva, el gobierno de Cuba los han aceptado por su actual posición y por aquel slogan de la Revolución que dice: no me digas lo que hiciste, dime lo que estas haciendo".

A Gildo no le asombran estas actitudes. En su larga y activa vida como revolucionario ha visto declinar ideas y despreciar el decoro. Sobre estas relatorías de Pedro me argumenta:

"Debes conocer que Pedro es fundador de la Alianza Martiana, organización que agrupa a distintos grupos que luchan por dar a conocer la verdad de Cuba, es decir que debe tener la capacidad de movilizar algunas modestas cantidades de personas.

"*En esa organización amiga y solidaria existen hombres inteligentes, patriotas y duchos en polémicas, no obstante, en varias ocasiones nuestro amigo ha estado sólo en los programas de las TV de las Cloacas, para dar a conocer la verdad de la Cuba Revolucionaria frente a los periodistas mercenarios y ha estado solo, pero eso no es nada, lo último fue en el juicio que acusaban a Pedro del secuestro de un tipejo en plena calle de Miami para traerlo a Cuba, da risa, pero había otra conspiración de la mafia cubana en Miami con esa acusación.*

"*Han habido ataques verbales contra él en esos programas por parte del público, manejos incorrectos por parte de la conductora, debido a la verdad de la Revolución defendida por Pedro. Han acudido a los mítines de repudio a la salida del programa para intimidarlo, pero Pedro Rodríguez Medina, con sus pantalones bien puestos y su corazón dañado, pero orgulloso, tanto ellos dos, corazón y pantalones, se enfrentan tanto a las turbas pagadas; como también a los mercenarios periodistas.*
Siempre lo han dejado solo. ¿Por qué?".

La nobleza de Gildo se le refleja en ese tono de voz cordial con que responde a mis llamadas. Sus palabras, esculpidas a golpe de un clic virtual, saltan sobre el teclado de su computadora y vuelan. Alcanzan la denuncia, pero no llegan allá al convite de los buitres. Ellos son sordos al amor, a la solidaridad, al respeto y la decencia.

Díaz Pérez lo sabe. Allí en su casa del municipio habanero de La Liza,- el mismo que codician y quieren ver sacudido por el tufo del esmoquin Made in USA los asalariados de "adentro y de afuera"-, el aire fresco que trae los olores de sus matas de mango y naranja desde el patio avivan imágenes.

Su amigo vuelve a sentársele al lado. Le recuerda con esa personalidad impactante. Bien vestido. De ademanes educados y gestos concisos. Hablar bajo, casi suave, pero marcado por una seguridad tremenda. Hace mucho no le ve ahora, sin embargo sigue con aquel porqué que le martilla el rostro y le clava el costado.

…"No… ciertamente hombres como él no merecen esto. Solo ha hecho lo que su destino le ha marcado… ojalá un día este mundo acepte la evolución propia de la vida…

El olor del café, que le trae su hija en su tasa de siempre, aleja la nostalgia que venía cayendo como un torrente de agua y nieve congelada. También está solo después de todo. Hay cosas en su alma que se secaron para siempre.

-¿te pasa algo, papi?

-tranquila…solo tenía cosas perdidas en la cabeza.

Piensa en los que estando acá, a su lado, compraron disfraces maltrechos y se fueron. Olvidaron todo, como si no fuera propio el pan de libros que subió a la montaña. Ni aquel tiroteo que los salvó en tablita.

Esos sí son peores. ¡Y cómo se llenan la boca en esas mismas TV cloaca, cómo se llenan la boca! Siempre que pongo los videos me pasa lo mismo. Pedro es mucho Pedro...

La pregunta lo saca del silencio. Las pupilas las veo mover como si quisieran sacarme de allí todas los *fotorecuerdosparasiempre* que tienen dentro. Con un gesto vuelve a decir:

"Sí, es un hombre dadivoso y desprendido. Eso lo comprobé hasta con un extraño. Todavía me parece escucharlo decir, muy decidido, para ahí... para ahí. Frené de golpe. Por momentos pensé que le pasaba algo al carro.

"Nada, era para desmontarse del carro y ayudar a un trabajador que limpiaba la calle. Cuando lo vi sacarse del bolsillo un billete de 100 pesos y dárselo, así no más...si asustado estaba yo, más el hombre. No sabía que hacer, imagínate..."

No siempre la bondadosa alma de Pedro ha recibido recompensa. En las memorias de Gildo hay un recuerdo que pone a flor de piel las ingratitudes humanas, otra de las incontables veces que esa piraña con cara de humanos, le muerde las manos.

*"En varias ocasiones te he menciona-
do esa cualidad que resalta en la personalidad de nuestro amigo. Un personaje X recibía apoyo y ayuda constante
de Pedro, ello sucedía en Miami y aquí
en Cuba.*

*"En uno de los viajes que ambos coin-
ciden en La Habana, el tal Juanito le
presenta a una amiga o compromiso
que tiene una bella niña, él dijo que
era su hija, desde entonces Pedro se
preocupó por la niña e inclusive la
ayudó económicamente. Cuando se descubrió la mentira, que no era su hija,
nuestro compatriota se defraudó, ya
que no había necesidad de engañarlo
de esa forma".*

Hace una pausa larga. Y retoma el tema:

*"Aparentemente no tiene importancia,
pero es que han habido tantas mentiras y engaños por personas hacia Pedro, traicionando su amistad y su trato
leal, cuando su relación ha sido tan
cristalina como el agua, que él, hombre
sensible y decente, se ha sentido traicionado. Pero bueno, lo importante es
que él sabe que han sido actitudes personales, que no respondía a los organismos a los cuales pertenecían o per-
tenecen esos personajes."*

La noche empieza a dibujar sus primeras volutas de sombras sobre La Lisa.

Las luces que convierten a la ciudad de la Giraldilla en un paraíso de fosforescencia insinúan sus tentáculos afrodisíacos. La gente pasa y llevan todo tipo de vestimenta. La dulzona mulata cubana zarandea las caderas.

Rodríguez Medina disfruta hasta lo más hondo este paisaje. Puede que sean las ansias gravitando como un látigo, en medio de la oscuridad de la celda o aquella juventud prisionera de sí misma. Pero lo goza, sin hacer parrandas ni anotar su nombre en un lienzo colgante de algún sitio público.

...”No se a quién carajo se le ocurrió decir que esto se parece a Miami... Nada se parece a esto. Esto es Cuba, mi habana...”

Y una muchacha con un fino sombrero de pajilla y el ombligo a fuera le da un pisotón. Lo mira y no dice ni jota. Tal vez ni se percató que le hizo un puto guiño con la punta de la lengua. Viajar a la Isla es siempre para él andar en un letargo. Viene y va con una sedienta fiebre de volver.

CANALES ABIERTOS

Le llega un correo de su amigo Gildo. Son sus panaceas. Ahora mismo acaba de leer lo que le pasó con el "tal Juanito" que le recuerda Gildo. Y los remolinos de la mente arrancan.

"El sujeto que dice Gildo –acota – le llamamos el Guaguao, no porque sea un perro, sino porque siempre está de mal humor y su aspecto es de un can de la raza Bóxer o Bull Dog. Su nombre es Fernando Real. Es un embustero y un oportunista. Es una pena que gastara tanto tiempo en él y su titulada hija, cosa que por lo de la niña no me pesa, ya que su mamá es una buena mujer".

Asume su verdad, aun cuando sabe que no es justa la acusación que le levantan. Rectifica o trata de estar a la altura de su tiempo. Es como un reloj dialéctico que no acepta minutos de mentira. Puede que solo acepte el desafío.

Otro ataque. Nada nuevo en los últimos amaneceres de las últimas décadas.

Comprender no es una palabra afín para la mayoría. La paja en el ojo ajeno se nota más. La *misma* hay que verla en un espejo.

Está indignado.

Le llega una citación para un juicio. En su desconcierto y rabia le avisa a Héctor García y lo difunde en sus dominios digitales. Aquí está la prueba:

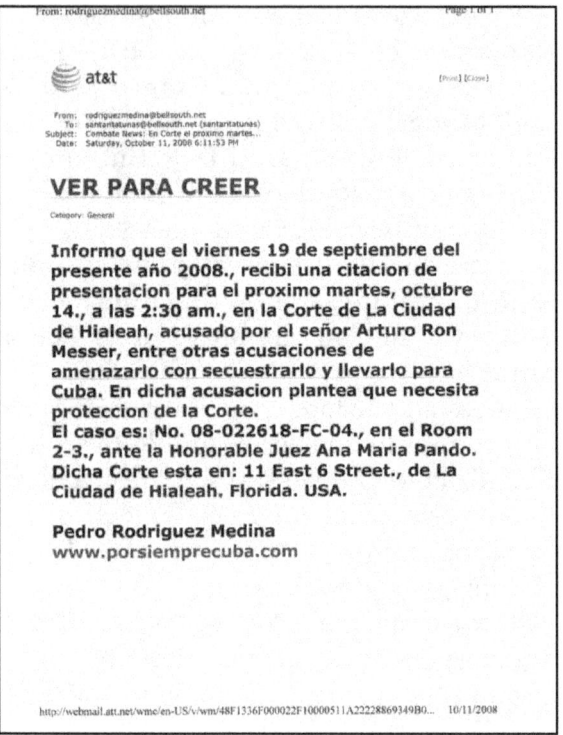

VER PARA CREER

Category: General

Informo que el viernes 19 de septiembre del presente año 2008., recibi una citacion de presentacion para el proximo martes, octubre 14., a las 2:30 am., en la Corte de La Ciudad de Hialeah, acusado por el señor Arturo Ron Messer, entre otras acusaciones de amenazarlo con secuestrarlo y llevarlo para Cuba. En dicha acusacion plantea que necesita proteccion de la Corte. El caso es: No. 08-022618-FC-04., en el Room 2-3., ante la Honorable Juez Ana Maria Pando. Dicha Corte esta en: 11 East 6 Street., de La Ciudad de Hialeah. Florida. USA.

Pedro Rodriguez Medina
www.porsiemprecuba.com

Este hecho no viene solo. Como para revolver el colmenar de abejas venenosas que cada segundo buscan más apoyo interno dentro de la Isla para continuar con los punzones de casi medio siglo de ensañamiento, agresiones y descredito a quienes simpatizan con el proceso revolucionario, en Gabito Grupo tiene otra batalla más:

Para el agente de la dictadura "Nazi-Castrista" el esbirro Pedro R. Medina.

"Este sujeto vive en plena libertad en Miami, haciendo declaraciones pro-

castristas, ofendiendo la moral de muchos asilados cubanos y sin embargo, la mal llamada "mafia cubana", no lo toca ni con un pétalo de una rosa, <u>a pesar de que muchos asilados cubanos en Miami, increpan y quieren obligar a la disidencia interna dentro de Cuba, para que se encaren a la dura represión de la dictadura castrista con hechos contundentes, a pesar de ellos mismos tener en sus mismas narices a estos testaferros de la seguridad castrista,</u> salvo poquísimos ejemplos, como es el caso de nuestro compatriota Miguel Saavedra, presidente de Vigilia Mambisa…"

Para el agente de la dictadura cubana Pedro Rodríguez Medina.

Por Guillermo Milán Reyes.

Editor y redactor de esta Página Web "Cuba Democracia y Vida".

Pedro Rodríguez Medina, dueño de la página pro-dictadura- castrista cubana, http://www. porsiemprecuba.com , es un agente consumado de la seguridad cubana, vive en Miami y junto a otros consumados trompetas de los hermanos Castro, se dedica a difamar, de forma irrespetuosa inclusive, exactamente igual como hace la dictadura cubana a todos los cubanos de dentro y fuera de Cuba que no estén de acuerdo con la mal llamada revolución castrista. Este sujeto vive en

plena libertad en Miami, haciendo de-
claraciones pro-castristas, ofendiendo
la moral de muchos asilados cubanos y
sin embargo, la mal llamada "mafia
cubana", no lo toca ni con un pétalo de
una rosa, a pesar de que muchos asila-
dos cubanos en Miami, increpan y
quieren obligar a la disidencia interna
dentro de Cuba, para que se encaren a
la dura represión de la dictadura cas-
trista con hechos contundentes, a pesar
de ellos mismos tener en sus mismas
narices a estos testaferros de la segu-
ridad castrista, salvo poquísimos ejem-
plos, como es el caso de nuestro compa-
triota Miguel Saavedra, presidente de
Vigilia Mambisa.
EL OBJETIVO DE ESTE COMENTA-
RIO MÍO, es desmentir categóricamente
a este confuso anciano comunista Pedro
Rodríguez Medina.
Por pura casualidad entré a la página
http://midianindependiente.org y leí un
artículo que este habitante tiene colocada
en dicha página y que más abajo podrán
leer.
Este papagayo-trompeta, pagado por la
dictadura cubana, dice cínicamente que
soy un gusano rojo y entreguista a los Es-
tados Unidos de Norteamérica...
Primero, quiero aclararle a este indecen-
te anciano, que yo no puedo ser un gu-
sano rojo porque sencillamente yo, Gui-
llermo Milán Reyes, Editor y redactor de
la página patriótica y anticastrista,

http://cubademocraciayvida.org, nunca he sido rojo como sí lo ha sido y es Pedro Rodríguez Medina.

La palabra gusano fue dicha por primera vez por Fidel Castro, para de una forma baja y miserable, calificar a todo cubano que no piense igual que los Castro y su comunismo decadente en todos estos casi 50 años que ha mantenido el poder absoluto descaradamente en Cuba. Por lo tanto, si por disentir con la mal llamada revolución, los hermanos Castro me llaman "Gusano", a mucha honra soy un "Gusano", pero de ninguna manera un rojo como sí lo es Pedro Rodríguez Medina, que además es un agente de la Seguridad del Estado Cubana, que campea con toda libertad por Miami, derramando todo su odio, sabe Dios porqué, contra todo el exilio cubano y en el mundo y mismo contra todos los cubanos que se han atrevido a hablar libremente adentro de nuestra querida Patria, nuestra querida Cuba.

Por otro lado, este testaferro de la dictadura cubana, Pedro Rodríguez Medina, que repito, vive en Miami, ha diseminado en algunas página web, que yo soy un entreguista a los USA,... Yo quisiera saber, con que base este habitante ha hecho esas declaraciones, porque primeramente no nos conocemos, ni él sabe cuáles son mis ideas sobre este tema que de ninguna manera son entreguistas, no a los USA, ni a nadie, a ningún país que pretenda violar la verdadera independencia que nos dio nuestro apóstol José Martí y los Gloriosos Mambises en la lucha contra el yugo español, y no el farsante Fidel Castro como ha pretendido hacer creer a la opinión internacional.

También, este atorrante anciano y trompeta de la dictadura castrista, Pedro Rodríguez Medina, ha diseminado que yo estoy al servicio de Carlos Alberto Montaner...

Nada mas falso y lleno de maldad de este cobarde individuo, pues, ni tan siquiera conozco personalmente, ni he mantenido correspondencia con el señor Carlos Alberto Montaner, pero además, no recibo, ni quiero recibir un céntimo de ninguna organización no gubernamental, ni de ningún gobierno, NI DE NADIE, porque mi página la pago con mi dinero, precisamente para tener mi moral muy alta CONTRA ESTOS TESTAFERROS DE LA DICTADURA CASTRISTA Y MANTENER MI INDEPENDENCIA y punto.

Estimados lectores, ustedes mismos saquen sus conclusiones, pero les dejo esto último de tarea: ¿Qué derecho tiene Pedro Rodríguez Medina, por tal de defender a una dictadura que lleva casi medio siglo empobreciendo y reprimiendo al pueblo cubano, de faltarle el respeto a cualquier ciudadano de este mundo? ¿Por qué Pedro Rodríguez Medina, siendo cubano, no se va a vivir para Cuba y sin embargo vive y tiene sus negocios en Miami a pesar de afirmar que en Cuba hay democracia y que en USA no hay?...

Guillermo Milán Reyes.

Editor y redactor

de *http://cubademocraciayvida.org,* **aquí para que vea un intercambio de E-mail que tuve hace un tiempo con este habitante Pedro Rodríguez Medina**

EL AGENTE DE LA DICTADURA CUBANA PEDRO RODRÍGUEZ MEDINA.

<u>**AQUÍ EL ARTÍCULO QUE ESTE INDECENTE PUBLICÓ EN LA REFERIDA PÁGINA.**</u>

DEMOCRACIA EN CUBA

Por Pedro Rodríguez Medina 03/06/2007 as 13:38

Este gusano rojo llamado Guillermo Milán Reyes alega que en Cuba no hay Democracia, claro, no la democracia que los entreguistas - como es su caso - de Estados Unidos de América desea.

"Cuba, Democracia y Vida" es una voz que sale de Suecia, para dividir y confundir. Dividir a la comunidad cubana que reside en el Exterior. Confundir a todas las comunidades del mundo.

Su director, Guillermo Milán Reyes un gusano rojo que radica en Suecia. Este ave rapaz esta al servicio del padrino de Europa, Carlos Alberto Montaner. Un asalariado de la jefatura mafiosa mia-

mense y agente de la Central de Inteligencia (CIA). Este gusano rojo llamado Guillermo Milán Reyes alega que en Cuba no hay Democracia, claro, no la democracia que los entreguistas - como es su caso - de Estados Unidos de América desea.

DEMOCRACIA EN CUBA

La conformación y funcionamiento de los poderes públicos en la mayor de las Antillas desde el comienzo hasta su fin, tiene como base un importante proceso de consulta y selección profundamente democráticos, donde los únicos criterios para elegir y otorgar responsabilidades, son la fidelidad a los intereses del pueblo, calidad humana, capacidad y las posibilidades, son la fidelidad a los intereses del pueblo, calidad humana, capacidad y las posibilidades de enriquecer la obra colectiva.

La democracia en la conformación y funcionamiento de los poderes públicos en Cuba no se reduce al acto de la votación que periódicamente se realiza cada dos años y medio para elegir a los delegados a las Asambleas Municipales del Poder o de lustro en lustro en el caso de los delegados provinciales y los diputados al Parlamento.

En ninguna otra nación, el pueblo, en su calidad de elector, postula a las personas que integran las estructuras representativas del Estado.

Desde el inicio de los procesos eleccionarios en la Revolución-con los comicios generales de 1976-la condición de candidatos ha sido el resultado de la participación y las decisiones de la mayoría de los ciudadanos.

Una mirada a algunas de las estadísticas mas recientes confirma lo anterior.

En los sufragios municipales de 1992., ya en pleno período especial, fueron a las urnas el 97,2 por ciento de los electores registrados.

Cuando en 1993., se votó por primera vez de manera directa por los delegados provinciales y diputados, el porcentaje fue 99,62 y en las elecciones municipales de 1995., las personas que acudieron a las urnas fueron el 97,1% de los inscritos, y ese índice de participación siempre ha sido superior.

Pero no solo se trata de elevadas proporciones que respaldan a sus candidatos, ni tampoco al hecho real de que para salir electo en Cuba se requiere obtener más del 50 por ciento de votos, sino a los sucesos "filtros populares" a que se someten los que son propuestos y que pasan todos ellos por la aprobación democrática de los ciudadanos.

El protagonismo de las masas comienza cuando los vecinos asumen en las Asambleas de barrios el derecho a proponer a los que consideran reúnen los méritos y

259

capacidad idóneos para ser aspirantes a delegados en las circunscripciones, y se prolonga en la potestad que se le otorga a estos ciudadanos de proponer mediante sus organizaciones sociales y de masas a quienes consideran deben aspirar a ocupar los escaños en las asambleas provinciales del Poder Popular o a ser diputados en el máximo órgano legislativo nacional.

Y no solo eso, sino a investigar y profundizar en los candidatos todo lo que se estime necesario. Más de un millón seiscientos mil cubanos fueron consultados directamente en las elecciones generales de 1997-1998., para seleccionar las proposiciones para estas responsabilidades; ya después de conformadas para los órganos legislativos provinciales y Asambleas Nacional, pues las masas tienen la posibilidad de aprobar o desaprobar a los propuestos mediante el voto secreto y directo. Más de 8 millones de personas ejercieron ese derecho en los pasados comicios de este tipo.

¿COMO SURGEN LOS CANDIDATOS A DIPUTADOS?

Como se conoce, desde un inicio el sistema electoral cubano estableció que a los candidatos los nomina el pueblo, sin intervención del Partido, elemento que diferencia diametralmente la esencia de nuestra democracia en el sentido electoral-a lo que suele circunscribirla muchos de los críticos,- de lo que ocurre, como regla, en el resto del mundo, donde los partidos postulan sin intervención popular.

En realidad este es un proceso que va más allá de otorgarle al ciudadano el derecho a votar directamente por sus representantes en los gobiernos provinciales y en la Asamblea Nacional.

Hasta los comicios de 1992-1993., la población votaba de modo directo solo por sus delegados en la circunscripción y eran estos los encargados de elegir a los delegados provinciales y a los diputados por su municipio, en el marco de sus asambleas, constituidas en colegios electorales.

Ese mecanismo era incuestionablemente democrático, pero la decisión de establecer el sufragio directo para los delegados provinciales y los diputados (acuerdo del IV Congreso del Partido,) precisó, entonces, a ir más allá del acto de la votación y desarrollar el principio de la postulación en manos del pueblo.

La formula encontrada fue aumentar el papel de las organizaciones de masas y estudiantiles en la conformación de las cátedras, acudir a un profundo proceso de consulta popular y crear condiciones para que comisiones de candidaturas pudieran ejecutar con mayor efectividad sus atribuciones.

Los plenos nacionales escogieron a ciudadanos con prestigio y capacidad demos-

trados a nivel nacional que a su juicio po-
sean condiciones para desempeñarse como representantes del pueblo.

Luego las comisiones de candidatos reali-
zan un minucioso trabajo de análisis sobre cada uno de los escogidos por los plenos de las organizaciones e ir decantando
dentro de esos cientos de miles de compatriotas hasta conformar las listas de pre-
candidatos que presentarán a las asambleas municipales del Poder Popular (las
integradas por quienes sean electos) para
que estas postulen.

Dichas comisiones, presididas por la CTC
e integradas además por los CDR, la
FMC, la FEEM y FEU, durante los comicios generales de 1997-1998., consultaron
a más de dos millones y medio de personas y tuvieron en cuenta los criterios de
las organizaciones de masas, de todas las
instituciones posibles, de los delegados
recién elegidos en las circunscripciones...

"Eso - recordó Fidel en febrero de 1993 -
no había ocurrido nunca en ninguna parte del mundo."

Luego los ciudadanos propuestos son sometidos al parecer de las Asambleas Municipales del Poder Popular, las cuales
mediante el voto secreto y directo de sus
integrantes, los aprueban como candidatos a diputados o los rechazan.

Haber ampliado los mecanismos para la
conformación de las canteras de delegados provinciales y diputados, así como las
atribuciones de las comisiones electorales

y de candidaturas, significó un momento de ascenso en el ejercicio de las democracia en Cuba y en esa misma medida abrió un nuevo camino en la participación y la toma de decisión populares.

SIN DISTINCIÓN DE CREDOS, NI OPINIONES POLÍTICAS.

Lo más trascendente en ese perfeccionamiento no estribó en universalizar la elección de primer grado para todos los puestos en las estructuras representativas del Estado, conmuto de la reforma constitucional y la nueva ley Electoral, aprobadas por el parlamento durante 1992. Lo medular y distintivo radicó en como surgen los candidatos.

Casi 8 millones y medio de electores asistieron en las últimas elecciones para nominar a quienes consideraran con aptitud, actitud y posibilidad para representarlos en las instancias locales del poder estatal. Cualquier vecino, sin distinción de credos u opiniones políticas puede ser propuesto y nominado si la mayoría de los vecinos del barrio están de acuerdo con ello.

Hay que tener bien presente que de esa candidatura, confeccionada con el consenso masivo del electorado-¿en qué otra parte del mundo es así? - no solo será elegido después el delegado que nos representará en la instancia de poder de la patria chica que es el municipio, sino que

263

de hecho se instituye en cantera para desempeñar responsabilidades en los órganos locales de gobierno, o escaños en la Asamblea Provincial o en el Parlamento, donde hasta un 50 por ciento los ocupan delegados de base.

Por eso, no solo se nomina a quien se ocupará de los asuntos de la comunidad, atenderá, resolverá o ayudará a solucionar nuestros problemas, sino a quien por sus méritos, cualidades, vocación, abnegación y entrega podrá, además de eso, ocupar otros cargos a nivel municipal, provincial o nacional.

POR DERECHO PROPIO

La constitución de la Asamblea Municipal más que un acto formal, es un momento solemne en que los delegados elegidos por el pueblo por derecho propio escogen con su voto a los hombres y mujeres que encabezarán los órganos estatales y de gobierno a ese nivel.

Bajo la dirección del presidente de la Comisión Electoral Municipal comienzan las sesiones a la hora y en el lugar determinados por cada Asamblea saliente.

En su juramento los nuevos representantes suscriben su decisión de guardar lealtad a la Patria, observar y hacer observar la Constitución, las leyes y demás normas jurídicas, cumplir las obligaciones inherentes a su condición de delegados y comportarse como fieles servidores del pueblo y de la comunidad, a los cuales rendirán cuenta de su gestión.

A continuación, el presidente de la Comisión de Candidaturas Municipal presenta la propuesta para ocupar los cargos de presidente y vicepresidente, ofreciendo una amplia explicación de todos los fundamentos que tuvieron en. Esa candidatura estará integrada por dos compañeros, seleccionados entre los delegados de la propia Asamblea.

El articulo 132 de la Ley Electoral, confiere el derecho a los elegidos de rechazar o aprobar a los candidatos. La sustitución de ambos o de uno de ellos podrá realizarse solamente si concuerdan la mitad más uno de los delegados presentes.

Los órganos locales del Poder Popular que se constituyen para un mandato de dos años y medio son las instancias superiores del Estado en su territorio, de ahí que, según refrenda la Constitución de la República, estarán investidos de la más alta autoridad para el ejercicio de las funciones estatales en sus respectivas demarcaciones y dentro del marco de su competencia que ejercen en el gobierno.

http://porsiemprecuba.com/forum/modules.php?name=News&file=article&sid=11"
\t
Email:
pedrorodriguezmedina@hotmail.com

(FIN DEL ARTÍCULO DEL AGENTE DE LA DICTADURA CUBANA EN

MIAMI, PEDRO RODRIGUEZ MEDI-
NA.) (Se respetaron los textos origina-
les).

La simpatía de Pedro por sus raíces y la
convicción de que ser cubano es ser cubano, con manchas y soles como le enseñó
José Martí, una mañana tras otra le aca-
rrea un nuevo dolor de cabeza. La depresión le gana en ciertos días. Es casi inevitable. El poder de la mafia de Miami no
es un mito ni un slogan de la propaganda
y las denuncias que hace Cuba sobre los
infinitos ataques de que es objeto.

Muchos tratan de comprenderlo y hasta
parecen que le apoyan. Otros, los mismos
que en el socorrido Versalles van a tomar el cortadito, "para no olvidar las
palmas ni el malecón habanero", le ríen
ahora y apuñalan después.

La entrevista que a continuación reproducimos pone a relieve, una vez más, ese
ensañamiento constante. En el comentario previo que hace su realizador no hay
nada implícito. El mensaje es directo, no
subliminar: "Inmediatamente lectores y
amigos radicados en Estados Unidos nos
alertaron sobre el hecho de que les estábamos dando espacio a defensores del gobierno de Fidel Castro".

Y en la conversación queda explícito todo lo demás:

*¿Combatiente contra Castro, por Cas-
tro o por la soberanía nacional?*
*Entrevista con Pedro Rodríguez Medi-
na 2005 -8- 14*

Por Carlos Manuel Estefanía
Director de CubaNuestra
Recientemente Pedro Rodríguez Medina el creador y el Director –Editor de Combate News, solicitó amablemente la inclusión de su página; Por siempre Cuba en nuestros enlaces; así lo hemos hecho aumentando el colorido de un listado en el que los interesados por el tema de Cuba pueden encontrar las posiciones más diversas, muchas de las cuales, no se identifican con nuestros conceptos.

Inmediatamente lectores y amigos radicados en Estados Unidos, nos alertaron sobre el hecho de que les estábamos dando espacio a defensores del gobierno de Fidel Castro. Si eso fuere así, no se trataría de un problema, no se combate la censura con censura, consideramos. Que se pueda conocer, siguiendo nuestros enlaces, lo que dice un defensor de ese gobierno, como se conoce lo que dicen los críticos, lejos de degradar, enaltece a Cuba Nuestra. Por otra parte es válido que frente a cualquier acusación el acusado pueda defenderse.

Siguiendo nuestros hábitos filosóficos hemos decidido colocar en cuestión el compromiso o no de Rodríguez Medina con el gobierno de Cuba, un gobierno al que combatió con las armas en la mano, y hacerle este entrevista, en la que además de interesantes detalles de la historia cubana, encontrará el lector elementos de juicios para definir a quien sirve el entrevistado, si al régimen o a la soberanía de los cubanos. De más está decir que nuestros lectores están invitados a exponer en estas mismas páginas sus opiniones sobre lo que se aborda en la entrevista.

Carlos M. Estefanía: ¿Dónde y cuando nace?

Pedro Rodríguez Medina: Un 25 de julio de 1936, a las 11:45 P.M., o sea 15 minutos antes del 26, en la Clínica Militar 4 de Septiembre, en Marianao o a la entrada de Columbia que posteriormente fue llamada Ciudad Libertad.

Carlos M. Estefanía: Hablemos de su padre y su relación con Batista.

Pedro Rodríguez Medina: Debo aclarar que mi familia por parte de padre eran batistianos y Auténtico, - que después se hicieron Ortodoxos los Auténticos – mi padre Luis Rodríguez Ochoa y mi tío Pedro Rodríguez Ochoa eran amigos del General Fulgencio Batista y estuvieron a su lado en la revolución de 1933.

Carlos M. Estefanía: ¿Cuál es su propia imagen del papel jugado por Batista y quienes le combatieron en la historia de Cuba?

Pedro Rodríguez Medina: Fueron dos etapas de su vida, en la primera de 1933, fue un éxito. En la segunda de 1952, un rotundo fracaso, aunque en 1954, se le presentó la oportunidad de salir airoso, pero no supo aprovechar el planteamiento que le hicieron los verdaderos batistianos – que ya estaban divididos- que lo querían bien y que no habían participado del golpe militar de 1952. Debo explicarte esto.

En los preparativos de la elección de 1954, mi tío Pedro Rodríguez Ochoa en una reunión le dice a Batista que no debía presentar candidatura para presidente, y dejar que la elección sea entre la oposición, eso sería un gesto histórico. Tengo la completa seguridad que los historiadores del gobierno de Batista y de la revolución no saben de esa entrevista de mi tío Pedro, en la cual yo estaba presente ya que aunque no en el salón si en la antesala y pude estar al corriente de la reunión.

Además Fidel Castro se encontraba preso en Isla de Pinos por los hechos del asalto al Cuartel Moncada, y sería el gobierno entrante el que le pondría en libertad. Batista que tenía el escaño de Senador podría ir preparando las condiciones para la candidatura de presidente en 1958, ya que el gobierno entrante hubiera restituido la Constitución de 1940.

Pero no, no era el mismo Batista de 1933, que era un Batista comprometido con la oficialidad golpista, que encabezaba el

General Francisco Tabernilla. Si hubiera aceptado el consejo de mi tío Pedro, la historia de Cuba habría sido distinta.

Carlos M. Estefanía: ¿La imagen que difunde el gobierno de Cuba es la que el exilio es fundamentalmente Batistiano, es cierta esa imagen?

Pedro Rodríguez Medina: Hasta cierto punto tiene razón. Han pasado 46 años y los viejos Batistianos – en su mayoría – han pasado a mejor vida, pero ahí están sus descendientes con un poder verdadero, político, social y económico.

Carlos M. Estefanía: ¿Cómo se inicia en las actividades armadas contra el gobierno de Fidel Castro? ¿En qué misiones participa y con qué organizaciones?

Pedro Rodríguez Medina: Nunca fui revolucionario, aunque con el triunfo de la revolución me sentí neutralizado e impresionado y hasta cierto punto simpaticé con la revolución, pero rápidamente comprendí que no podía ser ya que nunca creerían en mí por mi trayectoria, y en el mismo año del triunfo comencé a involucrarme con mi primo hermano –por parte de padre- Joaquín del Cueto Rodríguez, fusilado el 19 de abril de 1961, en Pinar del Río.

En 1960 estuve en el Escambray para ponerme de acuerdo con los alzados, para hacerles llegar armas por aire. En ese mismo año salí clandestino para Miami y regresé clandestino, semanas antes del desembarco de Playa Girón.

Carlos M. Estefanía: ¿Cómo y cuando cae preso?

Pedro Rodríguez Medina: Fui fundador de la Resistencia Cívica y era uno de los ejecutivos militares. Era una organización de Organizaciones. En 1962, fui nuevamente al Escambray a que los jefes guerrilleros firmaran el acta de unificación de la resistencia.

Regresé con la misión cumplida y a los pocos días en los preparativos de una acción que se realizaría el 13 de marzo en la Universidad de La Habana – que no llegó a realizarse – comenzó la Seguridad del Estado a detenernos.

Carlos M. Estefanía: ¿Podría narrar alguna anécdota interesante de ese largo período?

Pedro Rodríguez Medina: Fueron varias, una que nunca olvido fue una persecución que la Seguridad me hizo por todo San Miguel del Padrón, yo manejaba un auto y ellos otro, y poco a poco les fui ganado terreno doblando por los repartos y calles a una velocidad máxima hasta que me pude ir. A los pocos meses cuando me tenían interrogando en Villa Marista me dijeron, Pedrito se te acabó manejar como si estuvieras pilotando un avión.

Carlos M. Estefanía: ¿Qué opina del Libro de Huber Matos "Como llego la

Noche", y su descripción que hace de las cárceles cubanas?

Pedro Rodríguez Medina: La verdad es que oído hablar de su libro, pero no lo he leído. En prisión nos tratamos solo en momentos en que estábamos de acuerdo en algunas protestas, como por ejemplo en la huelga de hambre que hicimos en La Fortaleza de la Cabaña en noviembre de 1969.

Después acá en el titulado "exilio" nos vimos en Nueva York en una protesta – que por cierto – la Fundación Nacional Cubano Americana no le permitía subir a la tribuna a decir algunas palabras y yo rompí la cadena, me identifiqué al Capitán de la Policía y cogiendo por la mano a Hubert lo subí a la tribuna y me le paré por detrás como si fuera su escolta, y no quedó otro remedio que permitir que se dirigiera a los presentes, eso la Fundación nunca me lo perdonó.

Después de eso acá en Miami visitaba mi casa en ocasiones. Actualmente – ante mi nueva actitud de reconciliación con el gobierno cubano- tengo entendido que no quiere saber de mí.

Carlos M. Estefanía: *¿Cambió su ideología el período carcelario?*

Pedro Rodríguez Medina: En prisión aprendí a ser un nacionalista y un martiano. En el titulado "exilio" aprendí a conocer a los titulados "líderes" y si he cambiado se lo debo a los titulados verticales que son revanchistas y se pasan el tiempo planificando futuros gobiernos, además son falsos e hipócritas, hablan de democracia y de guerras y no practican con el ejemplo.

Carlos M. Estefanía: ¿Cómo obtiene la libertad?

Pedro Rodríguez Medina: Gracias al diálogo de la Comunidad Cubana en el Exterior con el Gobierno Cubano en 1978-1979.

Carlos M. Estefanía: ¿A qué actividades políticas se ha dedicado desde entonces hasta nuestros días?

Pedro Rodríguez Medina: He participado en la fundación de varias organizaciones contrarrevolucionarias y he sido miembro del Estado Mayor del Campamento de Entrenamientos de la Brigada 2506, y como fundador de la FMEP, Jefe del Campamento Paramilitar de la Federación Mundial de Ex presos Políticos.

Actualmente soy miembro de la Alianza Martiana, y director – editor de Combate News. ¡Las noticias más Combatidas por Combativas! De la Comunidad Cubana en el Exterior. Ah! Se me olvidaba que soy miembro del Comité Cubano por la Democracia (CCD).

Carlos M. Estefanía: ¿Usted suele debatir por radio en un medio marcado por la intransigencia, no cree que de algún modo esa intransigencia también permea, sino el contenido, sí la forma

de los que hoy abogan por cierta tran-
sigencia frente al régimen cubano?

Pedro Rodríguez Medina: Desde que hice mi replanteo y determiné combatir el
titulado Embargo que verdaderamente es
un Bloqueo y defender la Soberanía de
Cuba ante agresiones del gobierno estadounidense por medio de sus lacayos, no
he sido invitado a entrevistas radial de
los medios extremistas cubanos. Si soy
invitado con frecuencia al programa de
María Elvira Confronta en el canal 22 de
televisión.

Carlos M. Estefanía: **Contra su grupo**
llueven las acusaciones de trabajar pa-
ra el gobierno cubano. ¿Qué es lo que
les diferencia de quienes si lo hacen
dentro de los Estados Unidos?

Pedro Rodríguez Medina: Son acusaciones mutuas, los extremistas de la derecha nos acusan de trabajar para el gobierno cubano y nosotros los acusamos de
trabajar para el gobierno americano. En
definitiva existe dentro de la derecha
elementos moderados como dentro de las
distintas Organizaciones de Centro y de
Izquierda que no aceptan injerencias extranjerizantes.

¿Que existen extremistas de una parte
como de la otra?, cierto es. Yo no me considero extremista y, defiendo – repito- la
soberanía de Cuba y combato el criminal
Bloqueo impuesto por las distintas administraciones de Estado Unidos de Norteamérica.

Carlos M. Estefanía: **¿Qué opina sobre las generaciones que están dentro de Cuba, en oposición o a favor del régimen, sobre el papel que pueden estas jugar para lograr la democratización del país?**

Pedro Rodríguez Medina: Ambos tienen sus razones y ambos tienen su verdad, pero me siento más identificado a las generaciones que están a favor del régimen. Opino que debemos evitar una guerra civil y evitar que los oportunistas se hagan del poder con la anuencia de los americanos.

Carlos M. Estefanía: **¿Podría explicar su Tesis del "Cambio Lento y Seguro"?**

Pedro Rodríguez Medina: Defiendo esa Tesis del Cambio Lento y Seguro. Así estarán aseguradas las nuevas generaciones de Cuba. Es cuestión de tiempo, no importa que no pueda ver el final por ser de la tercera edad, pero moriré con la tranquilidad de que esos elementos oportunistas – como dije anteriormente – se hagan del poder con la anuencia de los americanos.

Carlos M. Estefanía: **¿Cómo defines el nacionalismo?**

Pedro Rodríguez Medina: Es la razón de un pueblo a permanecer juntos como Nación, cuidando por su independencia y soberanía.

Carlos M. Estefanía: **¿No cree que el nacionalismo como fuente de guerras y regímenes totalitarios, debería ser sustituido por una concepción más universal de la vida política, llamémosle "cosmopolitismo democrático?**

Pedro Rodríguez Medina: Quizás, pero estoy más próximo a una democracia participativa.

Carlos M. Estefanía: **¿Cómo explicar el hecho de que un hombre combatió a balazos el comunismo hoy busque vías pacíficas para eliminarlo?**

Pedro Rodríguez Medina: No amigo mío, nada de eliminación, pero sí evolución.

Carlos M. Estefanía: **En la página de Por Siempre Cuba, no se observan críticas al régimen cubano ¿No existen acaso diferencias entre la manera de comprender la soberanía nacional, por parte de ustedes y por parte del Régimen de Fidel Castro?**

Pedro Rodríguez Medina: Actualmente no, desde que desapareció la Unión Soviética. Solo tenemos un adversario que es Estados Unidos que- de momento- se deja influenciar por una "familia" mafiosa cubanos americanos que su Jefatura radica en el Estado de Florida.

Carlos M. Estefanía: **¿No cree que de alguna manera el régimen actual hipotecó nuestra soberanía en función de intereses extranjeros?**

Pedro Rodríguez Medina: Cuando fui preso así pensaba, pero con los años comprendí que si hubiera estado en el lugar de ellos hubiese hecho lo mismo. Era la única manera de subsistir a los embates de la contrarrevolución.

Carlos M. Estefanía: Ustedes llaman desde su portal a combatir lo que denominan "bloqueo de Estados Unidos contra Cuba", pero nada dicen del bloqueo que ejerce el gobierno de la isla contra su pueblo ¿No creen que este también es condenable?

Pedro Rodríguez Medina: No es que lo denominamos bloqueo es que es un verdadero bloqueo, político, social y económico. Por lo cual el gobierno cubano se ve obligado a tomar medidas extremas. Y es ahí donde los entreguistas y analfabetos políticos se aprovechan para distorsionar la realidad que sufre el pueblo cubano.

Carlos M. Estefanía: ¿Cree que Fidel Castro no bloquea al pueblo?

Pedro Rodríguez Medina: Creo que han tomado las medidas extremas por sentirse bloqueado y es por lo que el pueblo de Cuba sufre las consecuencias.

Carlos M. Estefanía: ¿Dentro del amplio espectro del movimiento democrático en la isla con cuales sectores se identifican ustedes? ¿Existe alguna colaboración práctica por parte de ustedes con esas tendencias de la oposición interna?

Pedro Rodríguez Medina: No existe colaboración práctica, simpatía sí, por Morúa y por Menoyo – que fue mi compañero de prisión – pero nada más.

Carlos M. Estefanía: ¿Según su perspectiva en que dirección marcha las relaciones entre Estados Unidos y Cuba?

Pedro Rodríguez Medina: De momento, mal. Quizás se pueda arreglar la situación o empeorar, todo depende de los grandes intereses.

Carlos M. Estefanía: Y para terminar, ¿de qué modo cree que podría colaborar Estados Unidos y otros países con la democratización de la isla, sin que se empeñara por ello la soberanía de los cubanos?

Pedro Rodríguez Medina: No creo que puedan colaborar ni creo que el gobierno cubano permita injerencias. Esto es cuestión de tiempo. Cambio lento y seguro.

Carlos M. Estefanía: Gracias, gracias Pedro.

Su tesis se impone en todas las declaraciones. Quizás nadie comprenda las verdaderas esencias y puede que él, en las profundas meditaciones que le transportan más allá de los silencios habituales, no percibe el alcance de todas las sanas lecturas que encierra en conceptos y modos del mejoramiento humano.

Y es que *Cambio*, justamente, trae consigo la transformación intrínseca. Cambio es Revolución. Muchos años después, muchos, de que convirtiera la teoría en ley dentro de su propia piel, Fidel Castro la particulariza. Quién sabe si un ángel mueve esas ocultas manos que suelen unir nudos del destino o mostrar el arquetipo casualidad – causalidad. Lo cierto es que en la dialéctica del líder revolucionario se observa la individualización de sus ideas:

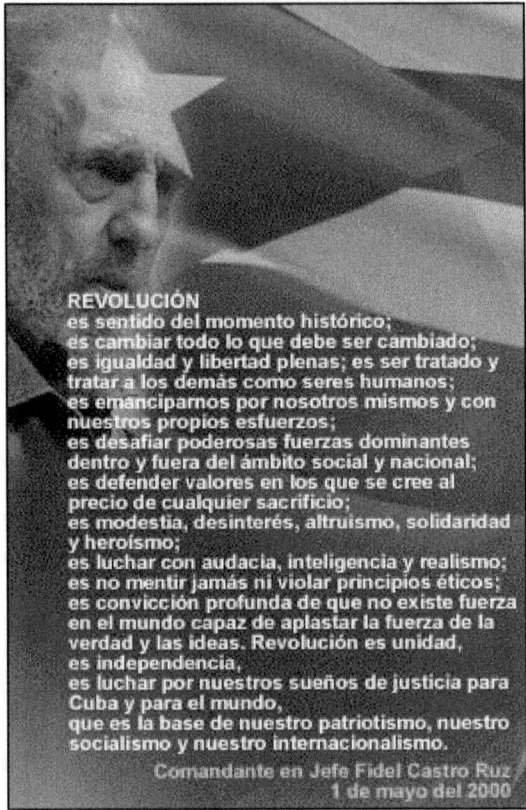

REVOLUCIÓN
es sentido del momento histórico;
es cambiar todo lo que debe ser cambiado;
es igualdad y libertad plenas; es ser tratado y
tratar a los demás como seres humanos;
es emanciparnos por nosotros mismos y con
nuestros propios esfuerzos;
es desafiar poderosas fuerzas dominantes
dentro y fuera del ámbito social y nacional;
es defender valores en los que se cree al
precio de cualquier sacrificio;
es modestia, desinterés, altruismo, solidaridad
y heroísmo;
es luchar con audacia, inteligencia y realismo;
es no mentir jamás ni violar principios éticos;
es convicción profunda de que no existe fuerza
en el mundo capaz de aplastar la fuerza de la
verdad y las ideas. Revolución es unidad,
es independencia,
es luchar por nuestros sueños de justicia para
Cuba y para el mundo,
que es la base de nuestro patriotismo, nuestro
socialismo y nuestro internacionalismo.

Comandante en Jefe Fidel Castro Ruz
1 de mayo del 2000

Rodríguez Medina, aunque muchos lo juzgan como un político audaz o un auto-suficiente empedernido y caprichoso, es simplemente un mortal que ha vivido el sentido de <u>su momento histórico.</u> No se negó así mismo y ha tenido el coraje de enfrentar y asumir el precio y los riesgos de cada una de las consecuencias de sus actos. No muchos lo hacen ni lo logran.

En todas las entrevistas acepta el reto del contrapunteo o el "tres y dos" contra la pared, independientemente de que la realicen quienes le profesan simpatías o le piden la cabeza. Y en ellas, igualmente, cuenta la misma historia, sencillamente porque la verdad es única.

Otoño

El almanaque retoza con las esperanzas y los sueños. Las televisoras y los diarios acuñan las temperaturas y los pronósticos. En cualquier lugar del planeta alguien espera que el otoño pase para ver nuevamente mariposas y que el verde se incruste en las montañas.

Miami, con la nostalgia de todas sus distancias concentradas en algún lugar de las costillas, despierta con ese tráfico enorme que hace insoportable la danza de las neuronas y mueve, más allá de las terminaciones nerviosas, el acordeón de la impaciencia.

Apenas muchos conocen de sus tentaciones urbanísticas o el olor a mujeres perfumadas con un exquisito rímel sobre los ojos. No hay tiempo para mirar a los costados. Nadie se percata tampoco de los que deambulan y desayunan con sus lágrimas secas, estériles a fuerza de recorrer el mismo camino del lagrimal al corazón y viceversa.

Corazón Coraza... como si el poeta lo escribiera para todos. Y lo hizo, quizás sin premeditarlo. Pero lo hizo y nadie lo pinta en las paredes ni lo multiplica por los altavoces. Las noticias importantes son otras. Cuba anda por todos los lugares. Son pocos quienes lo confiesan sin soltar el veneno mortal que llevan apretado debajo de las uñas. Las puertas secretas están llenas de alaridos.

Porque te tengo y no
porque te pienso
porque la noche está de ojos abiertos
porque la noche pasa y digo amor
porque has venido a recoger tu imagen
y eres mejor que todas tus imágenes
porque eres linda desde el pie hasta el alma
porque eres buena desde el alma a mí
porque te escondes dulce en el orgullo
pequeña y dulce
corazón coraza.
Porque eres mía
porque no eres mía
porque te miro y muero
y peor que muero
si no te miro amor
si no te miro.
Porque tú siempre existes dondequiera
pero existes mejor donde te quiero
porque tu boca es sangre
y tienes frío
tengo que amarte amor
tengo que amarte
aunque esta herida duela como dos
aunque te busque y no te encuentre

y aunque
la noche pase y yo te tenga
y no.

(Mario Benedetti)

Rodríguez Medina se viste como siempre. De esmoquin, con sus camisas bien limpias y alisadas. Con olor a caballero. Con ese sexapil que atormenta y desordena. Trae el distingo de su personalidad y estatura que no lo dejan convertirse en un ser invisible, como tantas y tantas veces hubiese preferido.

Va a la Corte. Todos miran al hombre que entra con aires de gente importante, distinguida. Nadie le ve el alma. Miran las formas de la carne y traen su pasado pegado a las lenguas. ¿Será en verdad un agente de Castro? ¿Dónde está el Señor Arturo Ron Messer? La denuncia es otro filo hiriente de ese demonio del odio que puede destruirlo para siempre. Los mafiosos esperan tomarse su café Cubita.

La espera enrarece el ambiente. Ojosventiladores llenan la Sala. El reloj es ahora lento. Otras demasiado aprisa. Es imposible percibir el Secreto Divino. Las tres dimensiones… ¿dónde estarán? Corazón- alma – mente no se desvisten en el iris. Las pupilas esconden el pecado. Satanás puede estar avispado entre las to-

283

gas. El silencio es el todopoderoso. Los presentes sudan.

Pedro está tranquilo. Lo han dejado solo una vez más. Todavía confía en que sus compañeros de la Alianza Martina vengan a unirse a su verdad. Max Lesnik no llegó nunca. La Corte de Hialeah es un puente sin tablas. El tiempo condena por sí mismo.

... ¿Y este cabrón dónde podrá estar metido?

La pregunta le agita el aliento. Mira al estrado. Algunos letrados murmuran entre sí. El falso acusador no hace acto de presencia. Un segundo puede ser infinito en la memoria de un hombre...

...De nada sirvió ayudarlo tanto, moral como económicamente. Los amigos son pocos...no podrá probarme nada ni aquí ni en ninguna corte...

La jueza Ana María Pando tiene delante de sí el caso No. 08-022618-FC-04. Arturo Ron Messer no acaba de presentarse a consumar su denuncia. La vista del juicio no puede esperar más. El Room 2-3 cerrará sus puertas en la Corte sin pronunciar sentencia. Esta vez la justicia cayó por su propio peso. La Calle 11 East 6 Street, de la ciudad de Hialeah, en Florida, nunca tendrá la huella cabizbaja de un hombre sentenciado por falsos testamentos o manipulación del proceso judicial.

Pedro Rodríguez Medina le ganó la partida a la trampa. El señor Ron Messer tomó su sopa amarga y la Corte deja al caso sin efecto. No fui allí a testificar la calumnia que había levantado.

"Era una acusación falsa – recuerda – y a esa persona la ayudé moral y económicamente en los años que él era profesor de Tecnología de Computadoras en el College, que yo dirigía como director.

"Después a los años, cuando no existía el College –continúa- nos encontramos. Atravesaba una situación personal deprimente, divorciado de sus dos matrimonios, con cuatro hijos, dos del primero y dos del segundo, sin lugar donde vivir. Lo recogí. Lo llevé a vivir a casa de mi tía Lucrecia, por parte de madre. Allí vivió y continúo viviendo después del fallecimiento de mi tía Luque.

"Al año ya no pude podía continuar pagando los gastos de corriente, mantenimiento, renta y se lo dije. Se ofendió y me dijo que era un egoísta, que yo tenía dinero. Le dije, pues, que él ganaba su retiro más estaba deshabilitado y que yo sabía que podía continuar con los gastos, ya que durante dos años no había aportado un centavo y yo tampoco se lo había pedido.

"En fin, rompimos y no aporté un centavo más. Siguió allí por varios meses más y se alió con "Vigilia Mambisa".

Ahí comenzó su guerra contra mí, sir-
viéndole de instrumento a esos sala-
riados de la mafia de Miami. Después
de hacerme piquetes en la Agencia de
Viajes que tenía en 444 Palm Avenue,
en la ciudad de Hialeah, y de acusarme
en la Corte de la Ciudad de quererlo
secuestrar para llevarlo para Cuba, hi-
zo una biografía de mí, a su manera,
que ha puesto a navegar por Internet",
concluye con la satisfacción de que tales
patrañas del mal agradecido amigo quedaron anuladas en el juicio por no presentarse a confirmar su acusación.

OTROS GOLPES

Hace frío. Hoy no se siente bien y trata
de espantar el malestar con un trago de
café, mientras lee la prensa del día.
Quiere volver a Cuba. Necesita de esas
brisas naturales que bañan el Malecón de
su Habana querida.

La vitalicia roña del viejo y siniestro
odio entre su país – su único país – y la
nación en que tuvo que ir a vivir por el
resto de sus días, no solo le desvela a Rodríguez Medina. Muchos, ocultos tras los
parabanes de la nostalgia y el miedo a la
persecución que ganan gratis quienes dicen voz en cuello que defienden a su Patria de origen, sufren de cualquier modo
estas diferencias.

Cuba se pinta como un monstruo, y solo
cuentan las tuercas oxidadas que tiene el

proceso revolucionario. La llamada gran prensa no denuncia que la mafia anticubana, con escaños en el Congreso Americano, recrudece las leyes y paga a organizaciones subversivas o grupúsculos disidentes en la Isla para seguir sus viejos estilos.

Una campaña tras otra vuela ahora, fundamentalmente, en el ciberespacio que abrió las compuertas del silencio para siempre. Se sentía solo. Y no por salir del paso rememora las palabras de Fidel Castro en su larga y extraordinaria entrevista con Ignacio Ramonet, recogida en el libro "Fidel Castro, biografía a dos voces":

"Razón tenía Fidel – afirma sin titubear- al relatar que cuando estaba reclutando a su gente no frecuentaba a los dirigentes oficiales del Partido Ortodoxo. En la página 121 dice 'bueno, a algunos sí. Estaba Max Lesnik, Ribadulla, hasta un tal Orlando Castro que después se fue para Venezuela y se convirtió en millonario allí. Al principio muchos estaban allí girovagando, como se decía, y en la charlatanería política'."

En los viajes a la Isla no deja de palpar esa verdad que ocultan o empobrecen al exacerbar hechos o locaciones. No niega que el cubano está sufriendo las consecuencias de un duro período especial, lleno de limitaciones y caldo de cultivo para que broten los gérmenes humanos, no solo los políticos.

El ego de muchos se asoma a los balcones. Enmascara la herrumbre que traen en la dermis y los capilares del miocardio. Gentes que tienen lo poco que tienen aún sin merecerlo, porque perviven bajo las bondades de un gobierno que les educa y sana a una prole venida a la tierra sin control alguno.

Seres que viven a la merced del negocio o el oportunismo barato, de la fiebre del jineterismo y un comercio ilegal y sacado, a hurtadillas, de las mismas bolsas del Estado. Nadie cuenta cuánto gastan a los presupuestos y cuánto aportan. Si en verdad la dirigencia de la Revolución aplicara la Ley del Talión, Ojo por ojo, diente por diente, muy pocos pudieran tener acceso ni a sus propias viviendas, aun cuando les ganaran las barbacoas y estuvieran apuntaladas por buenos y largos palos de madera, haciendo matrimonios perpetuos con las piedras salientes de las aceras y el sereno.

Hay muchas cosas que llevar a las agendas púbicas en Cuba. Así, negritas con pespuntes negros. Pero hay también muchísimas que apuntar en azul con ribetes dorados. De estos lados *grisesoscurosvictoriosofatales* da cuenta en un artículo Pedro González Munné, un periodista también controversial y discutible — para muchos dentro y fuera del país- que busca hacer valer, con pecho y alma, el postulado martiano de hacer una nación "Con todos y para el bien de Todos".

He aquí este artículo suyo, que refleja como anillo el conflicto que envuelve y enrarece los exteriores de un Miami seductor y apocalíptico. Depende, eso depende, del cristal con que se mire, las tarjetas de crédito, el cash de los bolsillos y las carteras, la nacionalidad y hasta los genes que marcan la identidad o el olvido:

El Viento sopla hacia la derecha
Por Pedro González Munné

Anoche en Miami caí de casualidad en uno de los reductos etílicos de la extrema derecha, donde entre tragos aguados y golpes de pecho de las heroicidades de exiliados para la escala de honor de quienes prefirieron correr a enfrentar la Revolución popular en 1959, el silencio llenó el húmedo salón cuando la imagen del Presidente Obama llenó la pantalla del pequeño televisor en una noticia sobre economía de CNN en español.

"Ese negro nos va a joder", fue la primera voz resonando y a partir de ahí el debate se centró en cómo la herencia republicana de Bush había hundido al país o si era precisamente el "desastre demócrata en Washington" [sic] el cual no permi-

tía el despegue de la economía. Y se me ocurrió preguntar:"¿y qué de nuestros políticos electos?": el consenso fue de mucho por mantener el embargo y las presiones contra Cuba y poco por traer dinero y trabajo para el sur de la Florida, con un desempleo del 13 por ciento (el nacional llega al 9.8% hoy).

La misma opinión la hubiera encontrado con seguridad en las tertulias de la ultra-izquierda, atrincherados en sus cónclaves de arroz con pollo y Coca-Cola, como éstos, pero vejetes reciclados de la contra-rrevolución cubana de los 60, apenas a dos kilómetros de distancia de este bar y sin ninguna idea real de cómo piensa, no ya la juventud cubana de la isla, sino los honestos y trabajadores emigrados de la ciudad de obreros de Hialeah.

No se van a levantar las prohibiciones de viajes a Cuba

Con lo que nos gastamos en Washington de políticos de origen cubano, ya sea los dos por Nueva Jersey (Bob Menéndez en el Senado y Albio Sires, ambos demócratas) y cuatro ahora por la Florida (el Senador Marcos Rubio, los dos Díaz-Balart, Mario y Lincoln a quien sustituye David Rivera, así como la archiconocida Ileana Ros-Lehtinen, todos republicanos), no hay esperanza visible en el mejoramiento de las relaciones entre los dos países.

Los comentarios de los propios políticos demócratas con larga experiencia en debates como éste, a pesar de estar claro

para todos de ser una medida calificada
por uno de ellos, el representante federal
Bill Delahunt (Demócrata por Massachu-
setts), como "absurda" y "basada en una
mentalidad de la Guerra Fría", son pesi-
mistas, con respecto a obtener en un futuro cercano la propuesta de una ley para
levantar las prohibiciones de los viajes de
los norteamericanos.

Esta, como tantas otras, sería derrotada
como la aprobada en Junio del año pasado en el Comité del Congreso para la
Agricultura y otras dos, propuestas en el
Senado federal, siendo una de las causas
la inacción de la Casa Blanca y personalmente del presidente Obama en apo-
yarlas, lo cual es contradictorio con lo que
otras naciones hacen, pues las 27 de la
Unión Europea exploran activamente las
posibilidades de beneficio mutuo con la
isla.

Esto sin contar los aliados tradicionales
de Cuba, entre ellos China, Brasil, Rusia
y España, además de la relación especial
con su primer socio económico, Venezuela, cuyo Presidente Hugo Chávez anunció
el mes pasado en La Habana la extensión
de las beneficiosas relaciones de intercambio entre ambos países por otros diez
años, en un amplio espectro de sectores
de colaboración.

291

La apertura de los viajes y flexibilización en negocios sería beneficiosa para los EEUU

El hecho del levantamiento de las prohibiciones de viajes a los norteamericanos, luego de la eliminación de las restricciones a los cubanoamericanos a principios del año pasado para viajar y enviar dinero a sus seres queridos, significaría un incremento de los contactos entre ambos países, ahora limitados a esporádicos conciertos culturales, visitas académicas o deportivas.

Otro aspecto interesante incluido en estos proyectos de ley era la posibilidad de suavizar las restricciones para que los agricultores norteamericanos incrementaran las ventas de productos alimenticios a la isla, la cual alcanza los cientos de millones de dólares en compras cubanas cada año. Como dijera la Senadora Amy Klobuchar (Demócrata por Minnesota): "Los agricultores norteamericanos se beneficiarían grandemente del acceso a nuevos mercados en Cuba, sobre todo en un momento en que nuestra economía más lo necesita".

Y agregó: "Esta ley pudiera contribuir a crear puestos de trabajo al promover las exportaciones agrícolas de los EEUU y eliminaría la prohibición de viajes a Cuba, permitiendo a los granjeros norteamericanos y los dueños de negocios la oportunidad de desarrollar una base de clientes en Cuba...", la cual se ha desarro-

llado en los últimos diez años por parte de todos los estados productores agrícolas de la Unión.

Ese concepto pudiera ser atractivo para la base republicana en las Cámaras, orientadas al desarrollo de negocios y políticas generando beneficios para sus estados, lo cual entraría en plena contradicción con los objetivos de quienes propugnan el mantenimiento de las líneas establecidas cuando los republicanos controlaran las Cámaras federales durante el periodo de 1995 al 2007 y endurecieron las sanciones contra Cuba.

En esta contradicción pudiera existir alguna esperanza para los promotores del levantamiento de las restricciones de viajes y la flexibilización de los negocios agrícolas, sobre todo tomando en cuenta que una reciente hornada de republicanos favorecen la mentalidad de defender las libertades individuales -y por tanto de la libre empresa- por encima de las regulaciones y control estatal.

¿Y por dónde soplan los vientos desde La Habana?

El hecho de que Cuba realice cambios económicos importantes, planteados claramente en los documentos que se discuten para el próximo Congreso del Partido Comunista, parecidos a las estructuras que iniciaran Vietnam y China, con mayor cercanía al pequeño y valiente país

293

*del sudeste asiático, pudiera ser una se-
ñal importante para la Casa Blanca y los
teóricos del Departamento de Estado para una mejoría de las relaciones con Cuba.*

*El despido de un millón de trabajadores
en las infladas plantillas de ineficientes
empresas estatales, la estrategia de promover el sector privado permitir la administración de empresas a personas individuales, alejándose el estado omnipoten-
te a la posición de controlarlas por reglamentos e impuestos, conjuntamente
con el anuncio de la inversión de mas de
$130 millones de dólares en recursos pa-
ra el desarrollo de esas empresas y la
agricultura privada y ofrecer financiamiento para ellas, son signos bien claros
de un cambio capital en el compromiso
social del Gobierno Comunista.*

*Otros puntos importantes en la novedosa
estrategia para desmontar una economía
centralizada inoperante, es la creación de
"zonas especiales de desarrollo" para la
producción de alimentos y actividades
importantes en los servicios a la población y el turismo, sin olvidar la posibilidad de compraventa de propiedades, lo
cual hasta ahora era un objetivo vedado
para el cubano de a pie para vender o
comprar viviendas.*

*Cuba, afectada duramente por los hura-
canes del 2008 y en medio de la crisis fi-
nanciera internacional, interrumpió sus
pagos internacionales y congeló desde*

entonces las cuentas bancarias de muchas empresas extranjeras radicadas en el país, situación aliviada -pero no resuelta- a pesar de reducir las importaciones en un 30% y establecer un control financiero más estricto de las compañías estatales, hoy el 85% de la economía nacional, tema a superar en la búsqueda de inversiones extranjeras.

Una cosa es en papel y otra la realidad

Tanto quienes elaboraron los lineamientos económicos a discusión hoy a todos los niveles de la sociedad cubana, el cubano de a pie o aún los millones de emigrados repartidos por todo el mundo, tienen bien claro que estos cambios, los objetivos de echar a funcionar la agricultura y la economía nacional en general, no son fáciles de conseguir en un corto o mediano plazo.

Eliminar la libreta de abastecimientos y desmontar un sistema paternalista velando por las personas desde antes de su nacimiento hasta sus funerales, mientras exige a la juventud y la fuerza laboral del país embarcarse en un cambio radical en su forma de ganarse el pan, sin entrenamiento, ni experiencia previa, es una tarea, mas allá de titánica: revolucionaria, en el mayor sentido de la palabra.

Ante la disminución de ingresos con la caída de los precios del níquel, mientras se cifra la esperanza en la perforación petrolera en aguas profundas y el incremento de la llegada de turistas de mayor gasto, no son ejemplos favorables para el despegue de la compleja situación de la economía de nuestra pobre y pequeña isla, la cual tiene el objetivo primordial de echar a andar su agricultura, pues la producción de alimentos ha disminuido en un 7.5% solamente en el primer semestre de este año.

Abundando en la explotación petrolera en el mar, el consorcio español Repsol YPF plantea comenzar el año próximo en el Golfo de México, luego de que en el 2004 no encontrara petróleo en las cantidades esperadas. La plataforma de perforación construida en China, será utilizada por otras compañías como la estatal de Malasia, Petronas y la de la India ONGC para explorar en zonas alquiladas por ellas en aguas cubanas.

Los rusos también perforarán en dos zonas cercanas a la costa con la compañía estatal Zarubezhneft. Los estimados de las posibilidades en la parte cubana de explotación en el área oscilan sobre los 20 mil millones de barriles de petróleo. Hoy en día Cuba depende para sus necesidades del crudo venezolano que recibe a precios preferenciales por parte de su importante socio comercial, el cual conjuntamente con la compañía de China National Petroleum Corporation trabajan en la ampliación de $6 mil millones de dólares de la refinería de Cienfuegos.

*El embargo norteamericano y la enraiza-
da burocracia: dos grandes obstáculos*
Se avizoran dos grandes dificultades para
el despegue económico cubano: el embargo norteamericano y la existencia de una
burocracia alimentada por décadas de
control absoluto en la economía y los des-
tinos del país para los cuales nosotros, la
emigración, somos un enemigo real a sus
beneficios y su futuro, la cual pudieran,
como en el pasado, ahogar a los "nuevos
empresarios" con reglamentos, impuestos
y falta de crédito para sus empresas.
Esta burocracia estatal pudiera inclinarse positivamente a inversiones y negocios
con países como España y Brasil, sin olvidar a China, mientras Estados Unidos
les justifica sus posiciones extremistas,
con el mantenimiento de su política re-
presiva y de subvención al escaso y poco
influyente sector social de los llamados
"luchadores por los derechos humanos" y
"periodistas independientes".
Cuando la legalización del sector privado
y las oportunidades económicas abren las
puertas a la influencia del "vecino del
norte", la irracional política norteamericana de agresiones y financiamiento de
actividades contra la sociedad le limitan
su participación, las cuales aprovechan
otros países y la emigración cubanoamericana, la cual aporta en remesas y pe-

297

queñas inversiones familiares mas de $1.4 billones de dólares anualmente.

Finalmente

¿Podrán las reformas incrementar la productividad de la fuerza de trabajo en las empresas estatales y cooperativas, mientras se pone en marcha la agricultura y los servicios con empresas privadas?

¿Cuál será el impacto social de los despidos masivos y la reacción popular a la disminución de los beneficios a los cuales han estado acostumbrados durante 50 años de proceso revolucionario?

¿Cómo será posible realizar inversiones capitales en la reconstrucción de la infraestructura del país, mientras se mantienen las conquistas gratuitas de la Revolución en la salud y la educación?

¿No es un peligro para la supervivencia del socialismo el establecimiento de esta apertura de libre mercado, tan temida y controlada en décadas pasadas de mayor bonanza económica?

Estas preguntas tendrán respuestas en los próximos meses, más allá de las trifulcas en la prensa sobre el "contratista" norteamericano del Departamento de Estado, Alan Gross, la libertad de los presos con la mediación de la iglesia católica y las reacciones propias de los Gobiernos norteamericano y Europeos a las reformas que apruebe la dirección del país antes y después del Congreso del Partido comunista en abril del año próximo.

Nuestra esperanza es que se consiga un avance en el despegar de la economía cubana y se entienda la necesidad, hoy y siempre, de una Nación con todos y por el bien de todos, donde todos los cubanos, los de la isla y la emigración, podamos tener una participación en el destino del país, sin odios, rencores y el lastre de un pasado de separación y dolor para la familia cubana.

Vuelve el calor a trazar coordenadas invisibles con las lomas de oriente o el barrio El Fanguito, de La Habana. En la "otra Habana" también la gente anda de prisa. Recorre los comercios o busca un ligero bocado que llevarse a la boca, o mordisquear entre los minutos que pueda en el trabajo. Los celulares simulan aretes dorados, bañados por el sol.

El tráfico es un desafío. Una febril carrera contra la máquina del tiempo. Los últimos que llegan a la meca cubana del imperio están extasiados. Proyectan ir a Walt Disney y llenarse de ínfulas con gomas de mascar. Es difícil estar en la Florida y renunciar a los aires oxigenantes del placer y la locura. En Cuba, no importa dónde, no hay nada comparable.

Pedro va a su recorrido de siempre. La rutina es la rutina. Está hecha a la medida de los hombres y la vida. Los monólogos son rosarios ungidos en aceite que

299

le asaltan en el trayecto de su casa a la Agencia. Sabe y siente el sabor a estiércol que disfraza la saliva. Pero del alma nadie le puede borrar las cicatrices.

Un frenazo despierta sus sentidos. No quiere pensar que le traicionan, menos en quienes confía. Que sea lo que el diablo quiere. Tiene derecho a defenderse y lo hará.

...»tal vez su odio sea más fuerte que los favores...o tendrán razón en decirme que soy un comunista. En definitiva nunca he sido un anticomunista, bueno, sin darme cuenta quizás...

Cabecea. Anoche la tos y el dolor en las costillas lo dejaron dormir poco. Necesita un descanso y mañana tiene una cita de rutina con el médico. La aneurisma es una cirugía de riesgo. De todas maneras, si lo hace o no morirá igual. Ya tomará las previsiones.

Esas imágenes...la mente es del carajo. Cuando le invade la depresión es como si estuviera frente a un caleidoscopio. Tal vez todo hubiese sido diferente junto a su hermano. Pero nada era así. Se lo quemó un monstruo llamado Peter Pan.

"Sí, tengo un escrito guardado de esta parte de la historia de Cuba y la agresión imperialista que afectó a mi familia, sobre todo a mi madre, que si bien se ve claro, nunca pudo estar juntos a sus hijos ni criarlos. Yo, preso y José Carlos, acá."

Por la televisión cubana, en este nuevo siglo XXI, pasan una telenovela. Las lágrimas están vírgenes. Peter Pan está colgado en la pared de las aurículas. Los ventrículos duermen disecados entre las cartas que jamás llegaron y las mentiras que no fueron confesadas.

Heridas sin cuajar. Nombres sin rostros. Apellidos mutantes. Falsedad. Desprecio. Ya no existen las memorias físicas, muy pocas genéticas. El cariño se perdió entre sábanas salpicadas de colonias violetas y besos dibujados a la impronta del oportunismo y las cuentas bancarias. O se crucificó con los clavos de Jesús El Nazareno, en la vieja iglesia de un pueblito del oeste o la urbe neoyorquina.

Peter Pan y el tráfico de niños
Gabriel Molina

A los enemigos de Cuba les resulta particularmente difícil justificar por qué razón a los ciudadanos norteamericanos les está prohibido viajar libremente a Cuba.

Hace unos diez años, casi al finalizar su segundo mandato, el presidente William Clinton trató de devolver ese derecho a sus compatriotas. Entonces declaró que forma parte del interés de Estados Unidos el hecho de que sus ciudadanos viajen a Cuba, pues resulta el mejor modo de influir en la Isla.

301

Pero los derechos e intereses de los ciudadanos norteamericanos no son respetados. Grupos mafiosos de La Florida exigieron al sucesor de Clinton, el odiado presidente George W. Bush, que revocase esa política pues, increíblemente, quienes resultaban influenciados eran los visitantes en lugar de los visitados.

Todo lo contrario a lo que ocurre respecto a los países subdesarrollados, el interés de esos grupos radicados sobre todo en Miami es provocar que los cubanos abandonen la Isla y se refugien en Estados Unidos. Los vecinos no pueden comprender que mientras a ellos les levantan muros, les oponen toda clase de trabas, los cazan, los maltratan, los expulsan y hasta los matan; a los cubanos, si llegan fugitivos a territorio norteamericano, se les confiere refugio y toda clase de privilegios. En nombre de la democracia y la libertad.

Esa arbitraria disposición ha sido causante de un incesante tráfico humano que se ha convertido en un lucrativo y mortal negocio.

Todo comenzó hace ahora 50 años, cuando en 1960 la CIA forjó una falsa ley profusamente reproducida y distribuida por sus agentes. Mediante ella, se hacía creer que el Gobierno cubano despojaba a los padres de la Patria Potestad sobre sus hijos y se abrogaba de ella el Estado.

Una rara masa de confundidos niños preparándose a viajar solos hacia Estados Unidos, comenzó a colmar el Aeropuerto José Martí de La Habana. Porque unas 14 mil familias no pensaron ni actuaron con sensatez y se dejaron engañar por el criminal plan organizado por la Agencia Central de Inteligencia (CIA), con el criptográfico nombre de Operación Peter Pan.

Los investigadores José Wajasán y Ramón Torreira la califican como "la siniestra manipulación por parte de Washington de los grandes temores de los padres cubanos".

En el libro Operación Peter Pan, los autores citan documentos de la Biblioteca Kennedy, desclasificados del National Security Files, en los cuales, por una carta del general Maxwell Taylor, se informa sobre el programa de acciones encubiertas para derrocar al Gobierno cubano.

La emisora Radio Swan, creada por la CIA, habló el 26 de octubre de 1960 por primera vez de una supuesta ley para quitar los hijos desde 5 años de edad hasta los 18, a fin de "convertirlos en monstruos del materialismo".

El complot de la Patria Potestad se había comenzado a manejar, boca a boca, desde meses antes. La CIA dio la tarea en principio al grupo conspirador diri-

gido por el ex primer ministro del Gobierno del presidente Carlos Prío, conocido como Pony Varona, derivación
de su nombre, Tony, en honor a su ca-
rencia de finura personal.

Después se involucró a otros grupos,
pues Varona abandonó el país y dejó la
encomienda en manos de sus principales socios, Leopoldina y Ramón Grau
Alsina, sobrinos del ex presidente, Ramón Grau San Martín, quienes al ser
detenidos confesaron su culpabilidad.
Ellos imprimieron la falsa ley, diciendo
que la habían robado de la oficina del
presidente Dorticós, y la hicieron circular clandestinamente. El apócrifo documento expresaba en el artículo 3: "A
partir de la vigencia de la presente ley,
la Patria Potestad de las personas me-
nores de 20 años será ejercida por el
Estado a través de las personas u organizaciones en el cual se delegue esta
facultad."

Entre miles de familias cubanas prácticamente cundió el pánico. Estructu-
rado el plan a nivel nacional y continental, el Gobierno de Estados Unidos
declaró que podía llevarse a todos los
cubanos que lo desearen, sin visas ni
papeles. En esa violación de sus propias leyes de inmigración, Washington
gastó grandes sumas con las compañías
aéreas para recibirlos en Miami

El Padre Bryan O. Walsh, a quien las
autoridades colocaron al frente del

programa, pudo declarar años después que recibió a unos 15 mil niños. Era una gran paradoja: abandonaban sus hijos a una incierta suerte, con la ingenua intención de protegerlos.

La mayoría de esos niños sufrió un gran trauma que desembocó en desarraigo. Hubo desde quienes aprendieron solos a situarse en la vida, hasta casos dramáticos como el de Robert Rodríguez, que a los 55 años presentó demanda ante un juez de Miami, denunciando que durante los cinco años que estuvo bajo la "protección del programa de la arquidiócesis de esa ciudad, fue víctima, junto a otros niños, de continuos abusos sexuales y emocionales". Aseguraba que "lo maltrataron y abusaron sexualmente de él en los distintos campamentos donde lo tuvieron, al igual que a otros infantes llevados allí".

Durante los últimos 50 años distintas variantes de la Operación Peter Pan han salido de Miami y Washington. La última ensayada desde el año 2003, no extrañaba a nadie. Era muy propia de los desmanes de la Administración Bush que en todo el planeta ha creado desprecio por su inescrupuloso modo de gobernar. Pero al mantener a Cuba incluida en la lista de países que trafican con niños -según se anunció el 14 de *junio último-, el Gobierno que se suponía con un mínimo de decencia del presidente Barack Obama, destroza las pocas esperanzas de cambio que algunos podrán tener todavía.*

Eterno demonio del imperio. Un golpe más bajo aún, de los millones que están en las razones de los cubanos para defender su soberanía. Pedro Rodríguez Medina, como cientos, ya no pueden esconder las evidencias. Martí vuelve a rondar las mesitas de noche. Vivió en el monstruo y le conoció las entrañas. Nada de lo dicho sale por el Canal 41 ni las emisiones de Radio Martí.

Todo lo que se ve y dice huele a Castro. Las sucias calles de La Habana, la tupición del baño de la negra Paula, en el apartado Pogolotti. La leche que llegó tarde al recóndito pueblito de Guaracabuya, en el centro de Villa Clara.

La culpa de todo el comunismo...el maldito comunismo. La dictadura de Castro y la violación de los derechos humanos. El ternero pudo mamarse la teta. Se desfondó el cubo de leche. Allá arriba es donde está el problema. Los de abajo nada tienen que ver con las moscas y los tanques. Paula no hizo <u>pu</u> ni tiene destupidor. Eso no lo venden en los mercados industriales. Lo intervino la Reforma Agraria.

Las bombas de Hiroshima y Nagasaki son más buenas que la dictadura de la

Isla. Eso lo saben bien en el sur de la Florida. El resto de los americanos ni cuenta se dan que existe una nación caribeña que se llama Cuba. No importa eso. Dividir...Dividir...Alejar... Eso es el exilio. El bumerán de las luces y la libertad, con pavo asado en las fiestas navideñas. Lo importante es atacar con todo. Hasta con un libro que su autora, la norteamericana Alta Schreier, tuvo la idea de titularlo "Vamos a Cuba".

Del asunto, largo y tendido, algunas partes aquí:

El libro que ha desatado las furias de los representantes "pedagógicos" de la jauría contrarrevolucionaria miamense fue publicado en el 2001, escrito por la norteamericana Alta Schreier. El libro forma parte de una colección de textos infantiles publicados por Heinemann Library que hablan de otros países, como Puerto Rico, el Reino Unido, México y otros. Existen versiones de estos libros en inglés y español, y aparece recomendado por Publisher Weekly, y por School Library Journal, para "...niños de los grados segundo, tercero y cuarto por ser útil como fuente de información y por su colorido". Se resalta también, de acuerdo a estas fuentes autorizadas, que "la información se ofrece de manera sencilla y sin agre-

garle comentarios", y finalmente se le exalta como "fuente invaluable para las tareas escolares y para aquellos lectores interesados en conocer cómo se vive en otros países".

El libro se sacó de los estantes de la Escuela Elemental de Marjory Stoneman Douglas en Miami, para una revisión, después de que un padre, Juan Amador, se quejó de la descripción del libro sobre la vida bajo un gobierno comunista, dijeron el miércoles funcionarios. Él escribió en su queja sobre el libro: "Como un ex prisionero político en Cuba, encuentro que el material es falso. Es una Cuba que no existe", según un informe transmitido en WTVJ en Miami.

El libro fue calificado de "insultante para los cubanos del exilio y los que viven en la isla" por el miembro de la Junta Escolar Frank Bolaños, quien pidió a las autoridades su inmediata remoción. "Este libro tiene una base dañina e hiriente... además es un insulto para los cubanos de la isla que viven una realidad triste y opresiva", dijo Bolaños, miembro también de organizaciones contrarrevolucionarias como la Junta Patriótica Cubana y los Municipios de Cuba en el Exilio.

"El contenido y las fotos del libro son un reflejo del régimen comunista actual. El personal está buscando aprobar medidas del Consejo Escolar para

sacar el libro de todas las bibliotecas",
dijo el superintendente Rudolph Crew
en una declaración el martes. El volumen estaba disponible en inglés o español en aproximadamente otras 30
bibliotecas escolares.

En la página 5, el libro de la autora Alta Schreier dice textualmente: "La gente de Cuba come, estudia y trabaja como tú. Pero en Cuba hay cosas únicas".
En otro pasaje, se dice: "Todos los estudiantes hacen algún trabajo durante
el día escolar. Unos trabajan en huer-
tos, los mayores trabajan en fábricas",
en una aparente referencia al cuestionado concepto revolucionario de vincu-
lar el estudio con el trabajo infantil
obligatorio. "La mayor celebración de
Cuba es el Carnaval. Se celebra el 26
de julio", agrega en la página 26. Esa
misma fecha, la del asalto al Cuartel
Moncada, es la mayor celebración política del régimen cubano.

Howard Simon, director ejecutivo de la
Unión de Libertades Civiles Americanas, de la Florida, cuestionó la retirada
de un libro del estante de una biblioteca escolar basado en la queja de un padre. "Si el padre que ha hecho la queja
no quiere que su niño mire este libro,
ese es su derecho, pero yo no pienso
que eso les dé el derecho para ocultar
información a cada niño que asista a

cada escuela elemental en el Condado de Miami-Dade", dijo Simon. Ese es el poder que el superintendente le ha dado a este padre".

El vocero del sistema escolar, Joseph García, explicó que un comité revisará el material y se escuchará a las personas que critican el contenido y a las que lo favorecen. El grupo se reunirá el 19 de abril en la Marjorie Stoneman Douglas, y luego tomará una decisión, la cual puede ser apelada. Joseph García, portavoz de las Escuelas Públicas del Condado de Miami-Dade a Bibliotecas Americanas. García refutó un informe de Prensa Asociada que declara que el distrito escolar planea retirar el libro después de pasar por las formalidades, explicando que la confusión proviene de un memorándum del superintendente Rudy Crew escrito apresuradamente el 5 de abril a los miembros del Consejo que declara: "el personal está siguiendo las reglas aprobadas por el Consejo Escolar de quitar el libro de todas las bibliotecas". García dijo por su parte a BA: "Bajo nuestras reglas del consejo el superintendente no tiene el poder para retirar un libro".

19 de abril
Después de un enconado debate, la Junta Escolar determinó que el controversial libro "Vamos a Cuba" no será retirado inmediatamente de las escue-

las públicas de Miami-Dade, puesto que se deberá seguir un largo proceso administrativo de revisión antes de que se decida su futuro. El proceso a seguir comienza en la escuela donde se presentó la queja en su contra, puede seguir en un comité que nombre el distrito, y en última instancia terminar en la propia Junta Escolar. La propuesta de Frank Bolaños fue rechazada por una votación de 6-3. Los votos en contra de la propuesta argumentaron que debía seguirse la regla establecida por la Junta, antes de sacarse el libro de las bibliotecas escolares. Los abogados del distrito dijeron que el proyecto posiblemente violaba una decisión clave de la Corte Suprema y una ley estatal, y la American Civil Liberties Union (ACLU) indicó que estaba preparada para presentar una demanda si el proyecto era aprobado. "No estoy dispuesta a gastar un cuarto de millón de dólares en fondos que debían usarse en las escuelas para litigar un asunto que está bien establecido en las leyes de este país", dijo la miembro de la junta Evelyn Greer. Su decisión puede ser apelada ante un comité de 17 miembros nombrados por el superintendente Rudy Crew y ese fallo puede ser apelado ante la Junta Escolar.

Activistas y miembros de la comunidad presentaron fuertes argumentos para retirarlo de las bibliotecas escolares, al tiempo que el sistema escolar dio a conocer los nombres de los integrantes del comité que se encargará de revisar el polémico material. La mayoría de los integrantes del comité de revisión de 16 personas son empleados del sistema escolar de Miami-Dade, además de un estudiante, un representante del sindicato y un representante de la Asociación de Padres y Representantes. El comité se reunirá el próximo 22 de mayo en las instalaciones de la emisora WLRN, a las 10 a.m.

22 de mayo

En el tercer round de la pelea volvió a ganar el libro, y con él la sensatez y la verdad. Por más de siete horas y durante dos sesiones de trabajo, el panel escolar de 17 personas -que incluyó educadores, administradores y miembros de la comunidad-decidió recomendarle al superintendente de educación de la localidad, Rudy Crew, mantener el libro en los estantes, para que cualquier niño pueda leerlo. Consideraron que tenía omisiones, pero que era suficientemente preciso, exacto, verdadero y detallado para satisfacer las necesidades de su audiencia infantil, desde el kindergarten hasta el tercer grado.

21 de junio

MIAMI -- *La Unión Americana de Libertades Civiles (ACLU por sus siglas en inglés) de la Florida, presentó hoy una demanda contra la junta escolar de las escuelas públicas del condado de Miami-Dade. La demanda cuestiona la junta por remover y prohibir una serie de libros de las bibliotecas escolares, incluyendo el libro "Vamos a Cuba" que recientemente ha sido el centro de controversia.*

"La decisión por la junta escolar a desafiar la ley de los Estados Unidos que prohíbe la censura además de la recomendación del superintendente y los dos comités de mantener el libro en las bibliotecas, es una cachetada en la cara de la tradición de libertad de expresión en los Estados Unidos," dijo Brandon Hensler, Director de Comunicaciones de la ACLU of Florida. "Lo que es más alarmante todavía es que quitaron toda la serie de libros sin revisarlos, por la queja de un padre. Es la responsabilidad del sistema educativo de proveer una diversidad de libros e información; y la responsabilidad de los maestros y los padres de poner esa información en contexto para que nuestros niños aprendan toda la verdad de cualquiera situación."

El libro en cuestión, "Vamos a Cuba", es parte de una serie de libros escola-

313

res que incluye titulares sobre Puerto
Rico, Australia, Francia, Grecia y otros
países. El último juicio importante
acerca de censura de libros en escuelas
públicas fue en 1982 en Nueva York,
Borrad of Education v. Pico. La ACLU
también fue encargada de ese pleito,
que por lo tanto no ha sido desafiado y
que ha prevenido censura de libros por
escuelas públicas. La ACLU está hecha
con confianza de que libertad de expresión y el rechazo de censura será, otra
vez, sostenido por la corte.

El libro salió en primer plano en abril
cuando el padre de un estudiante se
quejó de la presentación de la vida en
Cuba representado por el libro. La
ACLU envió una carta a la abogada de
la junta escolar el 17 de abril voceando
una preocupación por las implicaciones
de la Primera Enmienda si decidieran
remover el libro de las bibliotecas.

"Comprendo que las imágenes y palabras en el libro hieren a muchos que
perdieron su patria, pero la ley--según
la corte suprema de EEUU--dice claramente que la solución es añadir más
información con distintos puntos de
vista, no la censura, "dijo Howard Simon, Director Ejecutivo de la ACLU of
Florida. No hay razón de tener un procedimiento de "recomendaciones por
comités si al final la junta escolar de-
cidirá ignorar los consejos de los maestros y bibliotecarios."

Según la póliza del distrito escolar, el libro fue evaluado por un comité consultivo compuesto de maestros, administradores, miembros de la comunidad y un psicólogo de niños. El comité concluyó (por un voto de 7 - 1) que el libro es adecuado para escolares de cinco a siete años, y recomendó dejarlo en las bibliotecas. Antes de estar considerado frente el comité de apelado, la ACLU envió otra carta advirtiendo a la junta escolar de las cuestiones de censura y de la Primera Enmienda. Ese comité también sugirió (por un voto de 15 - 1) dejar el libro en los estantes bibliotecarios. Además, el Superintendente Rudy Crew también recomendó mantener el libro dispuesto parar los escolares.

Sin embargo, la junta escolar rechazó no solo las recomendaciones de los dos comités y el superintendente, pero también los principales de la Primera Enmienda que se dictan sobre quitando libros por objeción de contenido, que fueron establecidos en el juicio Board of Education v. Pico, cuando votaron a quitar no tan solo el libro en cuestión, pero la serie completa de las bibliotecas escolares en Miami. Los otros titulares en la colección de 24 libros nunca fueron discutidos por la junta ni los comités, pero sufrirán el mismo destino.

315

La demanda, /www.aclufl.org/pdfs/ va-mosacubacomplaint.pdf, fue presenta-da hoy en la corte federal del distrito sureño de la Florida. JoNel Newman, Profesora Asistente en la Universidad de Miami, escuela de abogacía; Randall Marshall, Director Legal de la ACLU, y Rosalind Matos, Abogada de la ACLU son los abogados para el pleito. Los demandantes son familias de estudian-tes en Miami que son miembros de la ACLU y la Asociación de Gobierno Es-colar del condado de Miami-Dade.

Desde acá, el caimán verde, no puede ignorar tal infamia. Empieza a moverse la justicia entre el Caribe que une a unos y separa a otros. La verdad es que nin-gún ciudadano americano puede saber, ni por un libro de lecturas infantiles, que en la Isla pequeña, revolucionaria, de Fidel Castro, los niños estudian y sonríen y por demás, como dice altruistamente su au-tora, *"La gente de Cuba come, estudia y trabaja como tú. Pero en Cuba hay co-sas únicas".*

El asunto sigue en boga:
1 de julio
Una treintena de las más importantes bibliotecas cubanas comenzaron hoy una "campaña nacional" contra el in-tento de censura del libro "Vamos a Cuba", cuya difusión en los centros es-colares de EE.UU. ha generado polémi-

ca.

A juicio de Eliádes Acosta Matos, director de la Biblioteca Nacional José Martí, Cuba, al libro "se le intenta prohibir porque la imagen de los niños cubanos y la de Cuba que se quiere dar y que se da día por día en el condado Miami Dade y en otras partes de Miami y EE.UU. "es la de un país triste, en ruinas, hambriento, prostituido, de mendigos, reprimidos y perseguidos por un gobierno tiránico".

Sin embargo, afirmó que "cuando se camina por las calles de Cuba como hizo esta autora, se va a las escuelas y habla con los niños y ve la realidad, se da cuenta de que ese país sólo existe en las mentes calenturientas de los que están enfermos de odio contra su tierra natal".

"Esto es un escándalo. Desde la salida del libro "Alicia en el país de la maravillas", que fue en su momento muy polémico y que provocó pasiones, jamás había existido un libro infantil que fuese objeto de censura desde la época nazi", recalcó.

"Estamos entonces en la revisión de un intento que ocurría en la Alemania nazi. Por esa razón es más escandaloso este caso, por eso es más ofensivo que un libro de este tipo moleste", afirmó.

Matos dijo que esta campaña cubana,

317

denominada "Si, vamos a Cuba" la llevarán "a todos los organismos internacionales, que muchas veces tienen una posición hipócrita hacia la realidad cubana".

"Vamos a movilizar a la opinión pública mundial. No vamos a descansar hasta que los niños norteamericanos tengan derecho a ver y conocer a sus amigos cubanos", dijo Matos en el acto celebrado en la propia biblioteca capitalina.

En la breve actividad se presentó además el sitio web de la campaña (binanet.bnjm.cu), "que ya ha empezado a recoger firmas de personas que se oponen también a la censura y que han mostrado su adhesión".

En el acto participaron numerosos niños y adultos con camisetas blancas con una reproducción de la carátula del libro, con la frase de "No a la censura en las bibliotecas escolares de Miami".

6 de julio

Un nuevo libro se ha sumado a la controversia entre el sistema escolar público de Miami-Dade, por una parte, y padres y activistas, por otra, sobre el libro "Vamos a Cuba", y la conveniencia de tener en bibliotecas escolares textos como éstos que presentan una realidad "paradisíaca" que omite aspectos importantes de la vida en la isla.

Cuban Kids, del fotógrafo mexicoamericano George Ancona, residente en Santa Fe, Nuevo México, viene a encender más la ya caldeada polémica. El autor visitó Cuba en 1957, cuando la revolución estaba en su etapa de rebeldía contra la dictadura de Fulgencio Batista, y volvió 40 años más tarde para realizar el libro, que se encuentra por lo menos en las primarias West Homestead, Wesley Mathews, Joe Hall, Hubert Sibley, Christina Eve, Bob Graham y Dr. Henry Mack/West Little River, confirmó el propio distrito escolar.

Si bien nadie ha pedido formalmente que se retire el libro de esas bibliotecas, expertos señalaron que *Cuban Kids* "no es apto" para estar en las escuelas por su contenido propagandístico y las "mentiras" que presenta.

El panorama se complica cuando El Nuevo Herald verificó que los bibliotecarios tienen absoluta discreción al escoger o rechazar un libro. Para adquirirlo, basan su decisión en comentarios de catálogos de las editoras y críticas de revistas especializadas, y no siguen al pie de la letra las reglas establecidas por el sistema escolar para escoger materiales con "contenido libre de prejuicios". Es decir, jamás tienen el libro en sus manos antes de comprarlo.

En el caso de *Cuban Kids*, una nota editorial del boletín *School Library Journal* indica que el libro es "un ensayo fotográfico positivo", pues muestra a "niños riendo y jugando" y el texto "sugiere una vida con pocos problemas".

8 de julio

La American Civil Liberties Union (ACLU) anunció una demanda contra el sistema escolar de Florida por estimar que la retirada del libro es un acto de censura, un serio quebranto de la primera enmienda constitucional, viola una decisión clave de la Corte Suprema y una ley estatal.

Los bibliotecarios y bibliotecarias de Cuba, han iniciado una campaña contra este acto de censura contra un simple libro que muestra la cómo vive la infancia en Cuba, en un texto dedicado a niños de segundo, tercero y cuarto grados, y para defender el derecho del pueblo estadounidense a una información objetiva y veraz sobre Cuba.

13 de julio

El libro "Vamos a Cuba", sube el tono de la polémica entre grupos de exiliados cubanos y el superintendente escolar Rudolph Crew. Ahora la demanda no es sólo que se retire el libro de las escuelas, sino que Crew renuncie. Así lo manifestaron literalmente varios de los reunidos este miércoles en el res-

taurante Versalles, donde ofrecieron
una conferencia de prensa distintas
organizaciones como la Junta Patriótica Cubana, el Consejo de Prisioneros
Políticos Cubanos, los Municipios de
Cuba en el Exilio, la Liga Hispana contra la Discriminación (SALAD) y el
Comité de Padres Preocupados por la
Educación de sus Hijos.

"Se imaginan ustedes el daño mental
que se le está haciendo a esos muchachos a los cuales se les está diciendo en
ese libro que lo que les enseñan sus
padres, sus madres, y sus abuelos en
sus casas es simplemente mentira",
expresó el abogado Osvaldo Soto, presidente de la Liga contra la Discriminación (SALAD), organización que se
dispone a presentar un recurso ante los
tribunales si el juez del distrito Alan
Gold falla a favor de la Unión Americana de Libertades Civiles que ha pre-
sentado el caso, argumentando que retirar el libro es una violación a la Primera Enmienda.

El día 21, el magistrado tomará una
determinación al respecto, pero el abogado Osvaldo Soto, presidente de SA-
LAD, dijo estar "convencido de que el
(Tribunal) Supremo va a determinar
que este caso no es una violación de la
Primera Enmienda".

321

Julio Cabarga, presidente de la Junta Patriótica Cubana, subrayó que la conferencia de prensa tenía como propósito "dejarle saber a nuestra comunidad que estamos en total desacuerdo con la acción de la Unión Americana de Libertades Civiles (ACNU) de pedirle a un juez que mantenga el libro" "Vamos a Cuba" en las escuelas publicas y en las bibliotecas publicas del Condado".

18 de julio
La queja contra un controversial libro infantil adquirió fuerza de nuevo ayer, cuando un activista anticastrista y su hija pidieron que retiren de las escuelas el libro Cuban Kids.
El ex preso político Emilio Izquierdo planteó la queja en el Bob Graham Education Center de Miami Lakes, una de seis escuelas en Miami que tienen el libro. Su hija adulta Dalila Rodríguez, planteó una queja similar en Christina Eve Elementary, en el SW de Miami-Dade.
Dos quejas anteriores sobre el libro han sido sumariamente descartadas.
Rodríguez había planteado una en una escuela en la que se había perdido la copia del libro, y la otra la planteó un activista que vive en Broward. En ambos casos, los abogados de distrito dijeron que no había base para iniciar el largo proceso de apelaciones relacionado con libros.

Ni Izquierdo ni Rodríguez tienen niños en las escuelas donde plantearon las quejas, pero las reglas del distrito permiten que cualquier ciudadano las presente.

Cuando la queja de David Rosenthal, un residente de Broward, fue desestimada este mes, JulieAnn Rico, abogada de la junta escolar, dijo a los miembros que la regla sólo se aplica a los que viven en el Condado Miami-Dade. Izquierdo y su hija viven en Miami-Dade. El proceso comienza con una reunión informal con el director de la escuela. Después procede a un comité de revisión escolar, cuya decisión puede apelarse ante un comité de todo el distrito. Esa decisión puede apelarse ante el superintendente Rudy Crew, y después, finalmente, ante la junta escolar de nueve miembros.

Esa junta retiró otro controversial libro el mes pasado. La decisión de la junta escolar de retirar "Vamos a Cuba" y otros 23 títulos de la misma serie dio lugar a una demanda de la Unión de Libertades Civiles (ACLU) y de la Student Government Association de Miami-Dade. Hay una audiencia preliminar programada en ese caso para el viernes. Izquierdo se indignó especialmente con una foto de niños escolares vestidos con el uniforme de la organi-

zación comunista cubana infantil Pio-
neros y saludando la bandera al recitar
la frase "seremos como el Che".
Según Izquierdo, la referencia al revo-
lucionario Che Guevara es dolorosa pa-
ra muchos exiliados.
Nunca voy a aceptar un libro en mi
Miami que diga "voy a ser como el
Che". "Eso va contra mi moral, mi dig-
nidad, los principios de EEUU", dijo.
No creo que los judíos aceptarían "voy
a ser como Hitler", o que se aceptaría
"voy a ser como el Ku Klux Klan" en
escuelas de "alumnos negros".

25 DE JULIO

Los "bembé" en Cuba se arman para el
mes de diciembre. Santa Bárbara y San
Lázaro reinan en cientos de hogares.
Comen y brindan. Bailan y santiguan.
Los toques de tambor se maridan con el
viento y los árboles de Navidad. No hay
razas. Toiticos son blancos, negros, mula-
tos, mestizos, albinos, jabados, trigueñi-
tos, deslavaos, congós y carabalí.
Aché pa, ti, mi santo, aché... Y el muerto
rueda y el cordón se calienta. *Ay, ca-*
rá...Francisca dice...
El **tiriquejala** sucede en verano. Nadie
puede decir que el "bilongo" que le echa-
ron bien "echao" a Fidel allá en el África
es el milagrero del asunto. Lo que aprobó
un juez federal sobre el retorno del libro
"Vamos a Cuba" es obra, exclusivamente

bendita, de esa justicia que intenta ser justicia pero que, cuando de defender a la isla de trata, le abren un agujero negro mucho más peligroso que el de la capa de ozono.

Hasta el titular manipula su supuesta credibilidad. Es el condado de Miami – Dade. No Singapur:

Libro permanecerá en escuelas de Miami

Juez: Libro sobre Cuba debe permanecer en bibliotecas de Miami

MIAMI, Un juez federal prohibió temporalmente el lunes que el distrito escolar del condado de Miami Dade retire de las bibliotecas un libro sobre Cuba para niños.

Con términos severos, el juez ordenó además que las autoridades vuelvan a poner en las bibliotecas escolares los ejemplares del libro que hayan sido retirados.

En un dictamen preliminar de 89 páginas, el juez federal de distrito Alan S. Gold se pronunció a favor de la Unión Estadounidense de Libertades Civiles de Florida, que buscaba conservar en los anaqueles de las bibliotecas escolares el libro "Vamos a Cuba".

La decisión de Gold permitirá que el libro sea ofrecido por las bibliotecas escolares, en tanto el caso va a juicio.

El mes pasado, la junta escolar de Miami-Dade votó por retirar el libro de las escuelas primarias, después de que un padre de familia consideró que la forma en que el libro retrata la vida en la nación comunista resultaba engañosa y ofensiva, pues pintaba un panorama muy optimista.

La junta amplió después su orden a los 24 libros en la serie sobre niños que viven en otros países.

La Asociación Gubernamental de Estudiantes de Miami-Dade y la unión por las libertades civiles consideraron que la decisión de la junta violó el derecho de los alumnos a tener acceso a la información, contemplado en la Primera Enmienda de la Constitución.

Frank Bolaños, un miembro de la junta escolar, dijo que el distrito acataría la orden del juez, pero confió en que su organismo apelará la decisión. En su dictamen, Gold destacó que el caso no se relacionaba con los programas escolares en las aulas, sino con libros en la biblioteca que son, "por su naturaleza", lecturas opcionales.

"Aquí, mediante la prohibición total de los libros de Cuba y del resto de la serie, la Junta Escolar prohíbe de hecho incluso el contemplar voluntariamente los temas contenidos en los libros, por parte de los estudiantes para su esparcimiento. Esto atenta contra el corazón

de la Primera Enmienda", escribió el juez.

"Vamos a Cuba", de Alta Schreier, está dirigido a niños de entre 4 y 8 años. En uno de sus fragmentos dice: "La gente en Cuba come, trabaja y estudia como tú".

23 de agosto

Con el argumento de que el libro "Vamos a Cuba" va a ser remplazado y no censurado, la Junta Escolar de Miami-Dade decidió ayer recurrir ante el Tribunal Federal de Apelaciones la orden temporal de un juez que los obliga a mantener el polémico volumen en las bibliotecas escolares.

"Una cosa muy diferente es censurar un libro, lo cual implica prohibir que se lea, se compre o se posea; y otra muy distinta es remplazarlo por otro", explicó Richard Ovelmen, abogado experto en la Primera Enmienda constitucional que representa a la Junta Escolar, en una demanda presentada en su contra por la Unión Americana de Libertades Civiles (ACLU).

Según Ovelmen, la Junta tiene la autoridad de escoger y determinar el material educativo que se imparte en las escuelas, y con "Vamos a Cuba" debe hacerse lo que se hace con cientos de libros que se remplazan a diario en las bibliotecas escolares, bien porque son obsoletos, contradicen la realidad o no se ajustan por su contenido a determinado grupo de estudiantes.

En el caso de "Vamos a Cuba", activistas, padres y varios miembros de la Junta han asegurado que tiene un contenido inexacto, ofensivo y distorsiona la realidad de lo que se vive en la isla. Además, el libro está dirigido a niños de primaria, que según expertos tienen dificultad en diferenciar contenidos verdaderos de los falsos.

"Por lo tanto es menester remplazarlo", insistió Ovelmen. "Eso no significa que los interesados en el libro no puedan comprarlo, buscarlo en bibliotecas públicas, leerlo o discutirlo, pero fuera del ámbito escolar", agregó.

El miembro Frank Bolaños, también candidato al Senado estatal, presentó la moción de apelación que fue secundada por Marta Pérez, y apoyada por Ana Rivas Logan, Agustín Barrera y Perla Tabares Hantman. Los otros miembros Martin Karp y Solomón Stinson votaron en contra. Evelyn Greer y Robert Ingram no estuvieron ayer en la reunión de emergencia.

La ACLU, que se opone a la salida de" Vamos a Cuba" y de otros 23 títulos que forman parte de la misma serie que trata sobre varios países, señaló en un comunicado estar decepcionada con la decisión de la Junta.

"Estamos muy decepcionados con el voto de la Junta por defender la censura en las escuelas... esta será una costosa batalla para el distrito escolar y nosotros continuaremos con la litigación, para hacer que la libertad de expresión prevalezca", dijo Virginia Rosen, presidenta del capítulo local de la ACLU.

El duende sigue en la pared. Tira la piedra, esconde la mano. Todo raciocinio se ha borrado en los burdeles. ¿Dónde está mamá Changó? ¿Iría a defender los Derechos Humanos? ¿Alguien sabe si existen los Expedientes X con el mamotreto de la Convención de los Derechos del Niño?

Cuando Miami-Dade abrió las piernas todo estaba en inglés.

Las personas piensan. El cocodrilo arde. Las voces se levantan. Acá, a 92 millas, se lee en español. Otra guerra cibernética, fría, se desata en el espacio. Los cubanos, especialmente los bibliotecarios, van al frente.

Claro que es una imbecilidad, propia de gente intolerante e/o ignorante. Pero también un atropello de grupos de poder al derecho de los otros.
Edel Morales

*Me parece grave la denuncia, e incorporo
mi nombre a quienes denuncian esta censura, un saludo afectuoso,*
Fernando Báez

---

*Hay una censura loable: la que exigen la
urbanidad y lo humanitario: la sanidad y
la justicia. Una censura que no responda
a esos exponentes y, acaso, a algún otro
asunto regulador que también armoniza-
se con lo plausible de lo humano, patrón
del que parto como criterio de enjuicia-
miento, resulta arbitraria e injusta. La
censura de un libro que expone verdades
obvias sobre Cuba y alienta a la libertad
de arbitrio y movimiento, es un perfecto
ejemplo de censura repudiable desde toda
postura raigalmente cívica, humanitaria.*
Juana García Abás

---

*Cuando hace algunos años, esta misma
mafia miamense que quiere prohibir el
libro Vamos a Cuba por que muestra la
sonrisa de nuestros pioneros, pretendió
robar la sonrisa de otro pionero, el niño
Elián González, nuestro poeta Cintio Vi-
tier dijo: "no saben lo que han hecho, nos
han unido para siempre".*
*Y nuevamente, como ocurre cada vez que
entornan sus cantinelas anti cubanas, el
pueblo de Cuba, esta vez con sus bibliotecarios al frente, se une para decir:*
*¡¡Basta de censura en la información que
se ofrece en los Estados Unidos sobre
Cuba!!*

Lic. Rosa C. Báez

La Biblioteca Popular de Bella Vista, Córdoba, Argentina, se adhiere a la campaña en defensa de la difusión -en los estados Unidos de Norteamérica- del libro, Vamos a Cuba, porque es necesario que los niños norteamericanos conozcan la verdad sobre las condiciones de la niñez en Cuba, y porque defendemos la libertad de información y de expresión.
Susana Fiorito y Andrés Rivera
Fundación Pedro Milesi y Biblioteca Popular de Bella Vista, Córdoba, Argentina

---

¡Me parece un signo de la democracia en otros lados del mundo! se debe permitir cualquier libro que no difunde información racista o de cualquier otra índole discriminatoria. Sacar un libro sobre cuba, solo porque opino diferente, será mas que intolerante. Al mismo tiempo invito a la biblioteca José Martí, de que pone en sus estantes los libros de los hermanos cubanos que se han ido del país. Por ejemplo el hermoso libro de Reinaldo Arenas: Antes que anochezca.
David Sánchez

Nota de la Biblioteca Nacional "José Martí"
A David, que apoya nuestra campaña, pero que por desconocimiento nos solicita

que incluyamos en nuestras colecciones una obra de Reinaldo Arenas, le hemos enviado como respuesta gráfica la imagen de uno de los registros de la base de datos que recoge los libros que han sido agregados a nuestros fondos de servicio al publico después de 1996, donde él puede constatar que de los 19 títulos de Reinaldo Arenas, uno es justamente "Antes que anochezca". Por desconocimiento o por influencias de las campañas que constantemente se forjan contra Cuba, falacias como estas se dan por ciertas entre personas de buenas intenciones como creemos es el caso de David Sánchez.

Pedro Rodríguez Medina está inquieto. Este asunto del libro le pare un demonio en el estómago. Toma agua. La madrugada calla de manera violenta. No quiere regalarle más silencios.

"Esto fue una polémica grande – señala – **que di la cara en debates de TV. La Junta Escolar del Condado Miami-Dade lo suspendió por la presión de la derecha".**

Anteriormente, en el mes de abril, cuando la polémica andaba con los malolientes aires de la derecha, Rodríguez Medina le regala un soplo de izquierda a los debates:

Sábado, 29 de abril de 2006 01:33:45 a.m.

"Así se expresan los intolerantes extremistas de la derecha estadounidense cubano – son estadounidense y después cubano – los asalariados de la mafia miamense los que ofenden y no tienen el valor de dar la cara, son los que dicen: Este panfleto de "Vamos a Cuba" sólo sirve para dividir la familia cubana.

"Es por lo cual hay que darles de lado y no ponerse a hacerles el juego, ya que han perdido y continuarán perdiendo fuerza moral, porque no han aprendido a vivir en democracia."

"Vamos a Cuba" – escribe Pedro en su portal http://porsiemprecuba.com – *"podrá ser eliminado por la Junta Escolar de Miami – Dade, por la fuerte presión de los intereses que viven del sufrimiento de la división familiar, los que le hacen el juego a la actual administración ultra conservadora de Estados Unidos de América. Pero ya no hay quien lo quite de la historia."*

En La Habana, en tanto, el sol desgrana sus volutas de fuego. Las olas repiquetean contra los arrecifes. Un barco besa al puerto. La gente camina con aires modernos y los carros también se amontonan frente a la luz roja de cualquier semáforo.

Pedro no imagina que a esta hora, cuando la vida se abre a un día más, su amigo Gildo le añora en el recuerdo. Los cubanos saben de esos cariños eternos. Fueron bendecidos por Cupido desde que la manigua era un amasijo de machetes.

El hombre está allí, en su misión tempranera de limpiar las calles. Solo él sabe si está copulando con su amante. La gente tira cualquier cosa a la basura. Deja los escupitajos en el andén. Los años pasan pero tienen el privilegio de pararse en cualquier escondijo de la mente. ¡Qué carajo, hoy el sol está que arde otra vez!

Infanta ha cambiado. Hasta parece más bonita. Pero es Infanta y es la misma esquina que le hizo dar un vuelco en su corazón hace años atrás.

"El hecho sucedió en Infanta -rememora Gildo- *llegando a la intersección de las Calzadas de Cerro y la de Monte. Esa es la llamada esquina de Tejas, cerca del estadio del Cerro, del parque de la Escuela Normal para Maestros. Ese territorio, en tiempos de la tiranía de Batista, era lugar de contacto de algunos revolucionarios.*

"Pedro y yo veníamos conversando dentro del carro, lo hacíamos de distintos temas, paró frente a un contenedor de basura para que botara una jaba con algunos desperdicios y llamó a un trabajador que barría la calle y le entregó una cantidad de dólares, el hom-

bre asombrado no se cansó de repetir las gracias.

"Me admiró ese gesto humanitario, más el hecho de no cometer el acto de indisciplina de botar la jaba por la ventanilla del carro. Como fue al parecer una sencillez, quizás Pedro no se acuerde, pero ya puedes imaginarte cómo aquello se quedó grabado en mi mente. Así es mi amigo, un hombre que trata de hacer el bien a todos cuanto puede. Él hace lo que siente, no tengo dudas.".

La vieja Andrea es una cartomántica que en un recóndito campo del oriente cubano se gana la vida con lo que los "consultantes" le dejan a "sus muertos". No cobra porque los espíritus no tienen tarifas de sus misericordias.

El tabaco se le resbala entre la saliva y las comisuras de los labios. Con un gesto magistral se lo empina y mete entre los dientes. La punta de la lengua es una lanza.

"Mi niña aquí to está escrito... mire, su viaje al extranjero va... y no demora mucho..."

"La niña" es una de las tantas muchachas que en estos años de carencias y un turismo tentador que reparte dádivas y hace novelas de Corín Tellado en las noches de la Rampa o las discotecas, anda a la casa de un enamorado de turno.

Lo importante es que la vieja le garantice el viaje al "Yuma". Pero el destino no es exactamente Miami. Ahí hay que hacer mucho papeleo y le están negando las visas al marampimpimto. Ella quiere una cosa más sencilla. Lo que hay es que irse de aquí.

Luchas divididas que la mayoría ignora. Verdades y lágrimas que se esconden en las tarjetas de crédito o las hipotecas. Falta información en la Isla para saber de las angustias que no salen en la Televisión. Internet es un espejismo que también manipula las esencias. Solo se ve lo que se ve. Y hay demasiados ciegos.

La prostitución es una cucaracha en el fondo de una caja. Lo que "la niña" conoce es que la negrita muerta de hambre de la cuartería se casó con un alemán. *"¡Y vino con todo, hasta blanca está! ¡Ya le compró una casa a la madre y se fueron del cuarto churroso ese!"*

Rodríguez Medina y millones más sí conocen los parabanes del exilio. Se vive, claro está, pero con el corazón partío. La vieja Andrea no ve esto en las cartas. La suerte está echada para todos.

ENTRE HIPOS DE SALITRE

G.G.G: Tenemos conocimiento de que Ud. tuvo en alguna medida una participación decisiva en la devolución del niño Elián a Cuba. ¿Podría relatarnos hasta que punto es cierta esta afirmación? ¿Lo hizo por el principio que defiende de ser <u>naciona-lista y martiano</u> o a petición expresa del gobierno cubano?

P.R.M: Comenzaré diciéndole que el gobierno cubano nunca le ha pedido a nadie que esté fuera de la isla que haga algo a favor o en contra de algo o alguien, de eso tengo plena seguridad. No olvide usted que entre los oficios que tengo soy investigador privado del estado de la Florida, aquí en EE.UU.

Mi participación decisiva —si le quiere llamar así, que no lo creo- en el caso de Elián González, -repito – que no fue decisiva, decisiva fue la determinación del gobierno cubano con los Estados Unidos para lograr que regresara con su padre.

Como decía, la determinación fue espontánea, mis principios nacionalista y martiano están muy dentro de mí y, quizás tuvieron que ver, pero fue muy espontáneo de mi parte al ver la injusticia que hacían sus parientes, se querían aprovechar y se aprovecharon económicamente haciéndole el juego, en el secuestro, a la mafia de Miami.

Confronté casi a diario a los asalariados de dicha mafia miamense en sus reuniones y en los lugares públicos diciendo la verdad del caso. Claro, en ese entonces podía llegar a cualquier lugar donde ellos estaban ya que no me podían cerrar el paso por haber sido un ex prisionero contrarrevolucionario y por mi historial cívico, en la comunidad cubana en la ciudad de Hialeah y Miami, solo que me consideraban como anarquista pues no podían decirme –como dicen ahora– que soy un quinta columnista, agente castrista, etc.

Así fue como comencé a chocar con este tipo de anticubano que radica en Estados Unidos.

G.G.G: El caso Elián González demostró una vez más que el diferendo Estados Unidos – Cuba se fundamenta más sobre el odio irracional de un grupo de exiliados cubanos radicados en Miami, bien llamados mafia anticubana, que un rechazo visceral y despreciable de los emigrantes cubanos que desde el triunfo de la Revolución en 1959 abandonaron la Isla. ¿Hasta dónde puede ser cierto que los cubanos radicados en Miami, especialmente, y en el resto de los Estados Unidos odian su país natal y desprecian el proyecto social que asumieron en mayoría el resto de sus congéneres?

P.R.M: Hay que comenzar por el principio de la llegada de la revolución al poder.

Los esbirros batistianos salieron en estampida para Miami en 1959, para no enfrentar la justicia revolucionaria en 1960 y 1961, le siguieron los terratenientes, la burguesía cubana, y traidores de la revolución, enseguida se unieron bajo la egida del gobierno de Estados Unidos. Comenzó la propaganda en contra de la revolución y los primeros ataques armados desde las playas de Miami y Cayo Hueso, hasta el desembarco de playa Girón, que fueron derrotados bochornosamente y al final cambiado por compotas.

Por lo regular el cubano de la tercera edad, que llegó a Estados Unidos en la primera década del triunfo revolucionario e incluso después, es el que guarda rencor y espera trasnochadamente un ajuste de cuenta y, aunque luce demencial, quieren matar hasta el mamando o que tiren la bomba atómica en la isla, esto no es cuento, son realidades que dicen públicamente. ¿Qué se puede esperar de un ser semejante?

La mayoría del cubano corriente, o sea, la mayoría silenciosa, no participa en contra de la revolución ni ven al pueblo como enemigos y muchos están de acuerdo con los logros, pero a la mayoría, no les interesa nada, solo resolverle a sus familiares y buscan la forma de vivir mejor.

Son refugiados económicos. Todos son ciudadanos estadounidenses que juraron la bandera americana; claro, existe un segmento minoritario de extremistas al servicio de los asalariados de la mafia de Miami. Esto es algo que debo aclararte, en el primer lustro de la revolución llegaron a Miami capitalistas cubanos, los primeros que salieron llegaron con el dinero robado al erario público y, los demás eran de la burguesía cubana que tenían su dinero en bancos extranjeros, especialmente en Estados Unidos y formaron su clan, mezclados con los esbirros batistianos que eran los que tenían la voz cantante por ser los primeros cipayos del imperialismo yanqui y, así, formaron lo que denomino la mafia de Miami.

Posteriormente cuando se sintieron fuerte, organizaron a sus asalariados que tenían en todos los sectores de la comunidad cubana, en especial a la media, radio, televisión, prensa escrita y los grandes comercios, e inclusive, protegían políticamente a los narcotraficantes de origen cubano, como por ejemplo, al hijo de Silvio Armando Pérez Roura que es un oportunista locutor radial, que vociferando en radio progreso decía: ¡Fidel sacude la mata! Y la sacudió tan fuerte que vino a caer acá en Miami.

G.G.G: Insisto en este asunto. ¿Usted cree que todos los cubanos que radican en USA, en Europa o en cualquier otro lugar odian el socialismo y lo consideran un rotundo fracaso? ¿Para Usted, el socialismo es un fracaso?

P.R.M: Para mí no es un fracaso, los que son un fracaso son los seres humanos que verdaderamente no asimilan el socialismo y mucho menos el comunismo, como es mi caso; es por lo que me considero un nacionalista. Y nunca he atacado al socialismo ni al comunismo, convivo como nacionalista al lado de los comunistas y socialistas.

G.G.G: En una etapa de su vida, cumplió prisión por labores contrarrevolucionarias. Era una etapa en la que considero que todavía no se podía predecir si este sistema social funcionaría o no en Cuba, independientemente del carácter popular de las medidas revolucionarias que estableció Fidel y los compañeros del movimiento 26 de Julio, para cumplir el programa recogido en su alegato de la Historia me Absolverá.

Por otro lado, la Unión Soviética era la referencia histórica y práctica de este sistema, despuntaba como una gran unión próspera y significaba la contra lanza de los Estados Unidos. Entonces, ¿contra qué realmente luchaban los llamados alzados del Escambray? ¿Qué corriente ideológica tenían estos hombres? ¿Quién o quiénes pudieron fomentársela o influir para que apostaran por ella?

P.R.M: Desde joven cuando entendí que existían dos imperialismos, el soviético y el yanqui, fue que me enfrenté a la revolución que comanda Fidel Castro. Claro, con el tiempo en prisión, pude darme cuenta de que verdaderamente el camino correcto fue el que tomó. O de lo contrario, no existiera la revolución ni su gobierno.

Los alzados del Escambray y en general donde quiera que algunos se levantaran en arma o participaron en sabotajes en las ciudades, fueron los que se dejaron marear o se pusieron al servicio de los yanquis.

Hay quienes alegan que Cuba se hizo satélite de la Unión Soviética, pero no fue así y, ellos bien lo saben. El gobierno cubano nunca se les plegó a los soviéticos y supo demostrarle que la soberanía cubana era intocable y que había que tratarse de igual a igual. Eso es indiscutible.

Recuerdo que estando en el Escambray, cuando fui a que los jefes guerrilleros firmaran el acta de unificación de la resistencia, uno de ellos comentó, Fidel Castro es un satélite soviético, entonces le dije, no lo creo, y se puso tan furioso que me dijo ¿y, tú quién eres y qué haces aquí?, no continué con el tema sino me hubiera buscado un serio problema.

G.G.G: ¿En qué medida Usted considera que en los sucesos con el niño Elián funcionó, en inicios, la influencia de esta comunidad anticubana, para que cubanos americanos, que sabemos hay en mayoría nobles y humanos, todavía con esos valores que distinguen la idiosincrasia del

pueblo de Cuba, se sumaran a la campaña contrarrevolucionaria y estuvieran a
favor del NO regreso del niño a su país y
bajo la salvaguarda de su legítimo tute-
lar, su padre el señor Juan Miguel González, como lo establece la ley tanto cubana como internacional?

¿Qué beneficios podía recibir el pueblo
norteamericano y los cubanos radicados
allí al seguir y apoyar los propósitos de
estos grupúsculos y, en este caso, la actitud de sus principales cabecillas como
Iliana Ros?

**P.R.M: En ese entonces la mafia de
Miami y sus asalariados tenían y en
parte tienen, no como antes pero tienen, los órganos de difusión en sus
manos. Claro, el caso de la comunidad
nuestra está – para mí – dividida en
cuatro partes.**

**Primero, el segmento mafioso con po-
der político, social y económico. Segundo, los que están y no están, que se
mueven emocionalmente en contra de
la revolución y que son manipulados
por seudos líderes, como el matrimonio
de la farándula miamense, los Estefan,
Gloria y Emilio, que reunió unos cuantos miles en la calle Ocho de Miami.**

**Tercero, la mayoría silenciosa que está
en vivir mejor y poder viajar a Cuba
cada vez que puedan. Cuarto, los que
defendemos la soberanía de nuestra**

Patria cubana, estamos contra el bloqueo impuesto por las distintas administraciones, en contra de la criminal ley de ajuste cubano y queremos que exista un entendimiento entre Estados Unidos de América y Cuba.

G.G.G: Cuba lanzó al mundo su legítimo derecho y su única verdad: el padre de Elián desconocía de la salida ilegal de la madre del niño. Al morir ésta en el naufragio y rescatarse al niño, asume el papel que le corresponde, el único digno, digo yo, responder por la custodia de su hijo.

Pide ayuda al gobierno cubano y éste actúa en consecuencia a sus principios: en Cuba un niño es prácticamente sagrado. ¿Por qué Usted cree que aún con esta verdad de Perogrullo, muchos ciudadanos comunes de Estados Unidos se sumaron a la campaña contra la Isla? ¿Es acaso este el patrón moral que enseña y predica como ideología social la cultura norteamericana, o se trata del juego sucio que se hace a Cuba y a los cubanos?

P.R.M: El pueblo americano es un pueblo noble, con sus errores y virtudes, como cualquier otro pueblo en el mundo. En el caso de Elián la inmensa mayoría del pueblo estadounidense estaba en contra de que lo dejaran acá con sus parientes, fueron solo los cubanos, la inmensa mayoría que residen en Estados Unidos, los que querían se quedara con sus pariente. Ah!, todo comenzó a cambiar cuando el gobierno de Cuba apoyó y permitió que el padre de Elián viniera en su busca. Ya te digo, el pueblo americano es una cosa y sus gobiernos capitalistas e imperialistas otra.

G.G.G: ¿Por qué considera Usted que definitivamente el sistema judicial de los Estados Unidos hizo causa justa y dio el derecho a Juan Miguel, y el niño pudo regresar a su país con su verdadera familia?

Hoy el pueblo cubano y la opinión internacional, las personas de buena voluntad, no solo los movimientos revolucionarios o de izquierda, libran una batalla extraordinaria también a favor de la liberación de los CINCO cubanos arbitrariamente presos en cárceles de Estados Unidos y falsamente acusados de terroristas.

Usted tiene una participación altruista y riesgosa en esta batalla, incluso como director y editor de la Red Social en Internet Combate News, que promueve la liberación de estos compatriotas nuestros. ¿Cree Usted que la justicia en Estados Unidos pondrá la ética en su lugar y liberará a Gerardo, Ramón, Antonio, René y Fernando?

P.R.M: Indudablemente, la presión de Cuba fue fundamental y la presencia de Juan Miguel. Todo fue un complemento irrebatible, Cuba - Juan Miguel,

345

los aliados del gobierno cubano en Estados Unidos y en distintos lugares del mundo.

La verdad o por lo menos mi verdad, es que hay que seguir luchando por la libertad de nuestros cinco compatriotas prisioneros en cárceles americanas. No creo en la justicia que se maneja acá en Miami y ellos fueron condenados por la presión política, económica y social de la mafia de Miami.

Tenemos que continuar incansablemente exigiéndole al gobierno americano la libertad de los CINCO. Hay que seguir golpeando a la administración americana y su poder judicial. Esa es mi labor en Combate News y mi propaganda a nivel mundial.

G.G.G: Salvando la distancia de estos hechos en todos los sentidos, ¿Ha sido la misma actitud y ha tenido la misma influencia la mafia contrarrevolucionaria de Miami? ¿El cambio de gobierno en Estados Unidos ha transformado o provocado una mirada diferente a los cubanos que están en el exilio, estén o no vinculados a la política?

P.R.M: La mafia contrarrevolucionaria tiene un lema muy conocido dentro de lo que es la disciplina militar en táctica y estrategia. Ellos aplican el principio de que la mejor manera de defenderse es atacando.

En su mayoría son del partido republicano, pero tanto los republicanos como los demócratas de origen cubano son de armas a tomar. Y hablar de los políticos americanos es hablar de algo incierto, ellos solo son capitalistas y su divisa es el dólar.

G.G.G: ¿Quién considera Usted que debe cambiar las reglas en las relaciones Estados Unidos – Cuba? ¿Quién asedia a quién? Podría argumentarnos su respuesta.

P.R.M: ¿Las reglas, qué reglas?, si ellas fueron impuestas desde siempre por los gobiernos americanos, las rompen y las componen a su modo cada vez que entra y sale una nueva administración, desde que se metieron en la guerra de independencia.

Y después en la república mediatizada aplicando la Enmienda Platt, y de ahí en adelante hicieron lo que les vino en ganas, y todos los gobernantes en Cuba tuvieron que bailar al son que le tocaron los yanquis. Todo terminó cuando llego el Comandante y mandó a parar.

El gobierno cubano no debe bajar la guardia ni con los yanquis ni con los mercenarios cubanos, de adentro y fuera de la isla que están al servicio del imperio y sus aliados europeos.

G.G.G: Su principio de autocalificarse como nacionalista y martiano ha sido cuestionado en público y privado por simpatizantes y no de la Revolución. Usted ha sido víctima de duros e irrespetuosos ataques morales y físicos por ser fiel a sus ideas.

Esta proyección, diríamos política, a qué responde: ¿Al Pedro Rodríguez Medina del año 1959 o al actual hombre que ha sentido el verdadero rostro del exilio, y quizás también resultante de esa frase certera de José Martí cuando dijo: He vivido en el monstruo y le conozco sus entrañas?

P.R.M: Nuestro Héroe Nacional José Martí fue un gran visionario, y es por lo que ofrendó su vida a la Patria antes que fuera derrotado el ejército colonialista español.

Hay que calificar nuestra historia independentista en dos etapas. La primera gesta emancipadora y la segunda. La segunda es la etapa actual, es una continuación de la primera.

Con relación a mi persona no me preocupa en lo más mínimo lo que digan mis detractores, solo continúo mi paso como si fuera un elefante, firme y aplastante, allá los que se quieran justificar conmigo, para mi son dignos de lastima, tanto contrarrevolucionarios como revolucionarios, en definitiva lo que cuenta son los hechos y, como dice un slogan revolucionario, no me digas lo que hiciste dime lo que estás haciendo.

G.G.G: ¿Considera Usted que la mafia contrarrevolucionaria de Miami es la responsable de que hoy muchos cubanos no quieran visitar la Isla e, incluso, se hayan alejado de sus familiares? ¿Cómo recibe y conoce el ciudadano norteamericano, sea hispano o estadounidense, la realidad cubana y de América Latina en general?

P.R.M: No creo que ellos - los mafiosos - tengan ese poder sobre los cubanos establecidos acá, el cubano no se deja influenciar con relación a su visitas y cuestiones familiares, lo que sucede es que no todos tienen oportunidad para viajar ya que son días sin trabajar, y aquí no todos tienen vacaciones ni sus jefes le permiten estar días ausentes.

Prefieren enviarles paquetes, medicinas y dinero. Aquí la cuestión del trabajo es bien delicada, conozco personas que han viajado por una semana y al regreso ya tenían a otra persona en su lugar. Y no es fácil encontrar trabajo.

G.G.G: En el diferendo Estados Unidos – Cuba ¿A cuál gobierno le atañe Usted más responsabilidad en lo tensa o no que puedan haberse manifestado las divergencias a lo largo de estos 50 años de Revolución?

¿Usted cree que Cuba represente un peligro para la estabilidad de Estados Unidos? ¿Puede darnos un estimado de su apreciación de cuántos norteamericanos

349

creen en esta aseveración? ¿Podría argumentarnos su punto de vista?

P.R.M: **Para Estados Unidos, Cuba es un mal ejemplo. Por lo cual es un peligro para el imperialismo yanqui. Un peligro ideológico. Ellos saben que en la isla no existe ningún tipo de armamento que los puedan destruir.**

Todos los gobiernos le han temido al gobierno de Cuba por la influencia de la derecha americana, que es poderosamente enemiga del gobierno y pueblo cubanos.

Memorándum in situ

El niño Elián González, bautizado como el Mecías, junto a su pequeño hermano.

Elián junto a su padre Juan Miguel González, quien nunca renunció a su derecho
y lo arrebató de las garras del águila con
el apoyo del Gobierno Cubano.

Una de las entrevistas más buscadas realizadas a Fidel Castro Ruz

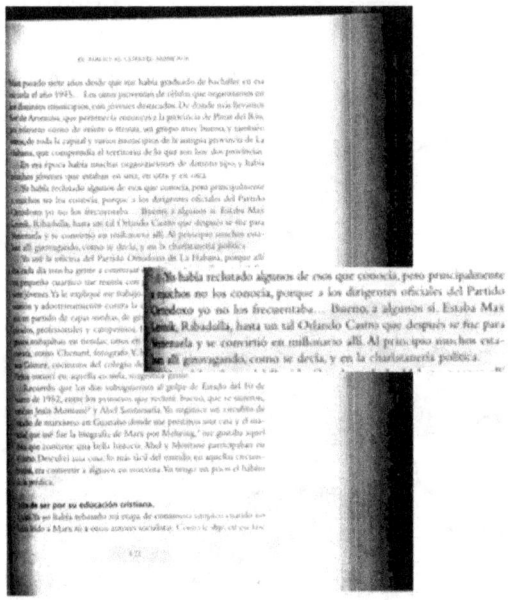

Parte del libro de Ignacio Ramonet con Fidel Castro (citado en el texto): Original dice en las palabras de Fidel: "Estaba Max Lesnik, Ribadulla, hasta un tal Orlando Castro que después se ve fue para Venezuela y se convirtió en millonario allí. Al principio muchos estaban allí girovagando, como se decía, y en la charlatanería política…" (Sic) [Nota del Editor].

Con Pedro Luis Sabines, presidente de la
Cámara de Comercio Latina (CAMACOL)
de Miami y Rolando F. Borges Paz, Presidente de Ex Club. Ambos fallecidos.

La Habana que ama y defiende. La misma en la que también ha formado parte de estas gigantes, pasivas y combativas marchas.

El famoso Versalles, cueva de los resentidos y los que añoran con uñas de gato que su país sea libre.

Logo de la Fundacion Por la Normalización de las Relaciones entre EEUU y Cuba, donde fue uno de los fundadores, con
Elena Freyre, el Dr. Julio V. Ruiz y el
abogado Antonio Zamora Munné.

Corazón Cubano de Combate News: ¡Las
noticias mas combatidas por combativas!
De la Comunidad Cubana en el Exterior.
MANZANEDA CONFIRMA LO QUE PEDRO
TESTIFICA CON SU PALABRA Y VIDA:

Terroristas de Miami son "activistas" y quien recibe fondos de un nazi, "disidente"

www.cubainformacion.tv/index.php?option=com_content&task=view&id=21296&Itemid=86
www. Youtube.com/watch?v=ONhgbFvwdkw

José Manzaneda, coordinador de Cubainformacion.- El término "terrorista" es un sustantivo muy repetido en los grandes medios internacionales, y es aplicado por lo general a quien emplea la violencia, al margen del estado, para conseguir un fin político. Pero para las grandes empresas informativas, el haber confesado públicamente crímenes como la voladura de un avión en pleno vuelo, con 73 víctimas, no es suficiente para aplicar a sus autores la categoría de "terroristas" (1). Es el caso de los ciudadanos de origen cubano Luis Posada Carriles y el recientemente fallecido Orlando Bosch, a los que los grandes medios –casi sin excepción- prefieren denominar "milicianos" (2), "opositores" (3), "exiliados" (4), "militantes o activistas anticastristas" (5) (6), o incluso "disidentes" (7).

359

En los medios de Miami, estos eufemismos pasan, directamente, a una abierta apología de su historial terrorista. Tras la muerte de Orlando Bosch, el diario El Nuevo Herald — actual socio comercial del diario español El País, con el que se vende conjuntamente en Miami- dedicaba un gran espacio a la exaltación del terrorista, bajo el título "Exiliados muestran pesar por la muerte de Bosch" (8). En el texto, el presidente de la Fundación Nacional Cubanoamericana lo calificaba como "luchador por la democracia"; el director del llamado Instituto de la Memoria Histórica Cubana contra el Totalitarismo, que conmemora "medio siglo de lucha armada contra Castro", afirmaba que con el fallecido le "uniría (para siempre) el amor a la patria"; Pedro Roig, de la Universidad de Miami, calificaba a Bosch como "un gran patriota"; y la presidenta del Comité de Relaciones Exteriores del Congreso de EEUU, Ileana Ros-Lehtinen, le escribía una emotiva carta de despedida en la que le calificaba de "combatiente".

El doble rasero a la hora de etiquetar o no como "terrorista" a quienes practican la violencia política al margen del estado, es aplicable a otras figuras de la contrarrevolución cubana. Entre los últimos presos que ha liberado el gobierno cubano y que han llegado a territorio español, al menos 7 cumplían condena por sabotajes, atentados o piratería (9). Es el caso de Efraín Rivas, que ametralló, en 1996, un hotel de la cadena Sol Meliá en Varadero. Agencias y medios, lejos de etiquetarle como "terrorista", lo denominan "preso que participó en una infiltración armada anticastrista" (10).

Otro caso curioso es el del también expreso Néstor Rodríguez Lobaina, quien a pocos días de llegar a territorio español, denunciaba al ejecutivo de Madrid y a la Cruz Roja por la lentitud en el pago de su ayuda económica mensual (11), así como por trasladarle en autobús hasta su destino final en la ciudad de Málaga (12). También acusaba a gobierno y medios españoles de "silenciarle". Pues bien, las actividades en Cuba de este ruidoso "disidente" eran financiadas desde Miami, entre otros, por Humberto Illa, coordinador de la llamada Convención Internacional Anticomunista (13) (14). Illa es un fanático paramilitar, miembro del grupo terrorista Alfa 66, se autodefine como nazi y a través de Facebook hace llamados constantes al asesinato de todo aquel que considera "comunista" (15). En su Facebook se puede leer cómo declara abiertamente que estuvo enviando dinero a Néstor Rodríguez Robaina

y a otros miembros de la llamada "opo-
sición" cubana (16).
Los mismos medios que, al instante,
etiquetan como "terrorista" a quienes
ejercen la violencia desde determina-
das posiciones ideológicas, prefieren los
eufemismos cómplices cuando deben
informar sobre criminales de origen
cubano con los que comparten su
enemistad con el gobierno de la Isla.
Sobre la conexión de supuestos "expre-
sos de conciencia" cubanos con terroris-
tas y nazis de Miami, prefieren no de-
cir ni media palabra.

(1)Newsgroups,derkeiler.com/Archive/S
oc/soc.culture.cuba/2006-
8/msg01945.html

(2)www.panoramadigital.com.do/fallece
-en-miami-exiliado-cubano-orlando-
bosch

(3)www.bbc.co.uk/mundi/noticias/2011/
04/110424_eeuu_orlando_bosch_muerte
_cuba_fidel_opositor_jrg.shtml

(4)www.chron.com/disp/story.mpl/sp/n
ws/7540392.html

(5)www.europapress.es/latam/politica/n
oticia-cuba-muere-miami-militante-
anticastrista-orlando-bosch-
20110427220202.html

*(6)www.noticias24,com/actualidad/noti
cias/254295/murio-orlando-boscj-uno-
de-los-activistas-anticastristas-mas-
prominentes-en-el-mundo*

*(7)www.informador.com.mx/internacio
nal/2011/288366/6/muere-orlando-
bosch-prominente-anticastrista.htm*

*(8)www.elnuevoherald.com/2011/04/27/
930359/exiliados-muestran-pesar-por-
la.html*

*(9)www.larazon.es/noticias/2895-cuba-
cuela-a-espana-7-exiliads-que-no-son-
presos-de-conciencia*

*(10)www.que.es/ultimas-
noiticias/es[ama/201104222328-
liberado-anticastrista-participo-
infiltracion-armada-efe.html*

*(11)www.europapress.es/latam/cuba/no
ticia-cuba-disidente-rodriguez-lobaina-
abandonara-espana-si-continua-
situacion-critica-destierro-forzoso-
20110427223553.html*
*(12)www.finanzas.com/noticias/cuba/20
11-04-12/463939_expreso-cubano-
queja-trato-gobierno.html*

*(13)www.convencion-internacional-
anticomunista.com*

(14)blogguerosrevolucion.ning.com/profil
es/blogs/los-democratas-para-quienes

(15)es-
la.facebook.com/People/Humberto-
illa/100000234874132

(16) Escrito por el autor en su Facebook (10 de abril de 2011 a las 19:12
h.): "(...) sin contar con el dinero que
mando a la oposición interna, que es
un secreto, pero solo en 18 días a un
solo opositor (Néstor Rodríguez Lobaina, de Oriente) me he gastado 450 dólares, a uno solo, porque le mando a
muchos".

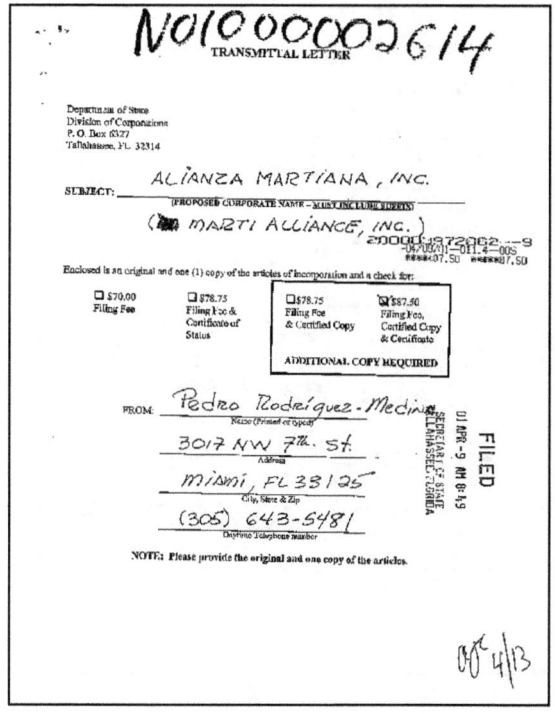

La carta que testifica la tramitación de la
Alianza Martiana.

ARTICLES OF INCORPORATION
In Compliance with Chapter 617, F.S., (Not for Profit)

ARTICLE I   NAME
The name of the corporation shall be: English translation

ALIANZA MARTIANA, INC. / MARTI ALLIANCE, INC.

ARTICLE II   PRINCIPAL OFFICE
The principal place of business and mailing address of this corporation shall be:

3017 NW 7th. St., MIAMI, FL 33125

ARTICLE III   PURPOSE
The purpose for which the corporation is organized is:

to promote friendship among the peoples of the Americas.

ARTICLE IV   MANNER OF ELECTION
The manner in which the directors are elected or appointed:

BY ELECTION OF GENERAL ASSEMBLY OF members.

ARTICLE V   INITIAL DIRECTORS/OFFICERS
The name and addresses:

Blanca Cuza   Mauricio Fernández
Rosario M. Cruz.   Héctor Emecia
Max Lesnick   Juan Betancourt

ARTICLE VI   INITIAL REGISTERED AGENT AND STREET ADDRESS
The name and Florida street address of the registered agent is:

Pedro Rodríguez - Medina
3017 NW 9th st., MIAMI, FL 33125

ARTICLE VII   INCORPORATOR
The name and address of the Incorporator is:

Pedro A. González, 3017 NW 9th st., MIAMI, FL 33125

Having been named as registered agent to accept service of process for the above stated corporation at the place designated in this certificate, I am familiar with and accept the appointment as registered agent and agree to act in this capacity.

Signature Registered Agent   APR. 1/01
                                                    Date

Signature/Incorporator   APR. 1/01
                                                    Date

FILED
01 APR -9 AM 8:49
SECRETARY OF STATE
TALLAHASSEE, FLORIDA

Continuación del documento de la Alianza Martiana

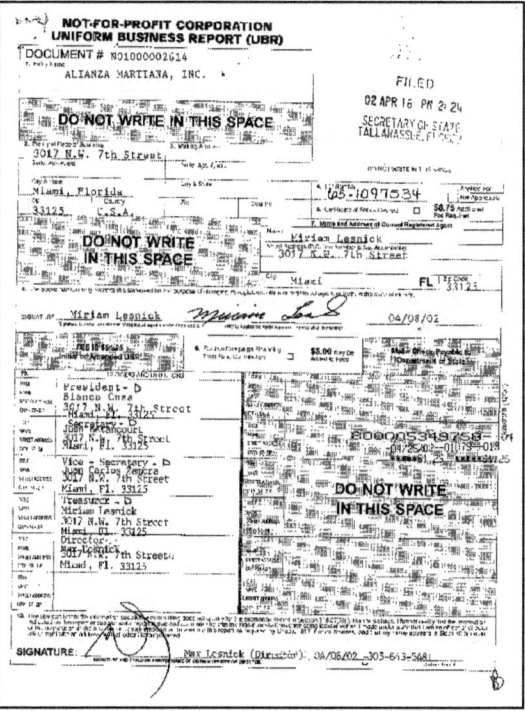

Otro documento de la Alianza Martiana donde Pedro trabajó arduamente en sus inicios.

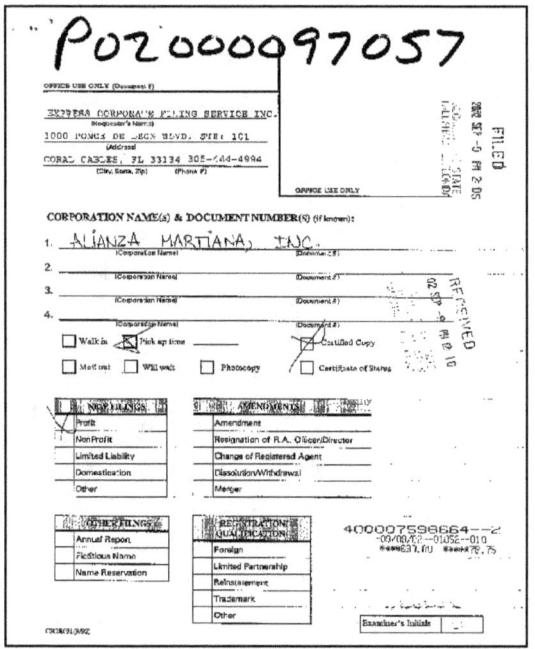

Junto a Héctor García hizo de esta organización una meta alcanzable por su Patria.

ALIANAZA MARTIANA, INC.
3017NW 7 ST., MIAMI, FL 33125
DOC: N01000002614

TO WHOM IT MAY CONCERN:

THIS LETTER IS TO STATE THAT I MAX LESNICK HAVE DISSOLVED ALIANZA MARTIANA, INC. WITH DOC. # N01000002614. AND WOULD LIKE TO FORM A NEW CORPORATION WITH SAID NAME. I ALSO STATE THAT I HAVE NO INTENSIONS TO REVOCATE THE DISSOLVED NON-PROFIT CORPORATION AND THEREFORE RELEASE SAID NAME TO MYSELF FOR THE PURPOSE OF FORMING THE ATTACHED ARTICLE OF INCORPORATION. THANK YOU IN ADVANCED FOR YOUR PROMPT ATTENTION IN THIS MATTER.

CORDIALLY,

MAX LESNICK

El documento testifica la disolución de la "primera Alianza" y el nombramiento de la actual de Max.

ARTICLES OF INCORPORATION
In compliance with Chapter 607 and/or Chapter 621, F.S. (Profit)

ARTICLE I   NAME
The name of the corporation shall be:

ALIANZA MARTIANA, INC.

ARTICLE II   PRINCIPAL OFFICE
The principal place of business/mailing address is:

3017 NW 7 ST.
MIAMI, FL 33125

ARTICLE III   PURPOSE
The purpose for which the corporation is organized is:
ANY AND ALL LAWFUL BUSINESS

ARTICLE IV   SHARES
The number of shares of stock is:
SHARES: 100

ARTICLE V   INITIAL OFFICERS/DIRECTORS (optional)
The name(s), address(es) and title(s):
JORGE C. ZAYAS (P)   ADDRESS: 3017 NW 7 ST.
LORENZO S. RUIZ (S)   MIAMI, FL 33125
PEDRO S. MARTINEZ (T)
MAX LESNICK (D)

ARTICLE VI   REGISTERED AGENT
The name and Florida street address of the registered agent is:

MAX LESNICK
3017 NW 7 ST.
MIAMI, FL 33125

ARTICLE VII   INCORPORATOR
The name and address of the incorporator is:

JORGE C. ZAYAS   MAX LESNICK ADDRESS: 3017 NW 7 ST.
LORENZO S. RUIZ   MIAMI, FL 33125
PEDRO S. MARTINEZ

Having been named as registered agent to accept service of process for the above stated corporation at the place designated in this certificate, I am familiar with and accept the appointment as registered agent and agree to act in this capacity.

X _____   9-06-02
   Signature Registered Agent   Date

X _____   9-06-02
   Signature Incorporator   Date

Otro anexo de este proceso de refundación de la Alianza Martiana, donde Pedro fue fundador en sus inicios e hicieron recorridos para organizarla en otros Estados, incluido Cayo Hueso.

Capítulo III

Halcones Negros

Demonios

*Los espíritus de las Torres Gemelas
están entre las sombras de las Madres
de la Plaza de Mayo. Andan buscando a
sus desaparecidos. Hay una lágrima
cuajada en el Pentágono. Osama Bin
Laden no aparece, pero el mar del Golfo anda de rojo.*

*La lluvia trata de llevarse huellas y
maldiciones. Son piedras invisibles.
Ahora la NASA quizás con los Illuminatis invente un nuevo telescopio que
arme las osamentas y les configure el
apellido. ¡Tanta piedra sobre piedra
pega garfios en los pies! El remolino de
cenizas y difuntos llega a los casquetes
del polo, aunque el deshielo no termina.*

*Un hombre va solo con sus pensamientos. Es un "don nadie" entre los
ennegrecidos cristales de su auto. Todos son así, pero se sienten importantes. Los buenos y los malos. Al final
todo se vuelve mierda. La tierra los hace polvo y hasta en los rezos del santo
crucifijo purifican sus pecados. El infierno está lleno, pero sucede como los
"camellos" en La Habana, siempre cabe
uno más.*

*Tal vez en la prehistoria hicieron falta los papiros y los almanaques. Total,
ahora, la guerra es la misma guerra.*

373

Quizás la diferencia esté en que la gente se cambia por una coca cola. O se regala lejos-cerca por la pacotilla y los verdinasis. No son todos, pero el plural se hizo para aumentar sujeto y predicado. Hoy es ayer. Mañana, ahora mismo.

La noticia impacta a Pedro Rodríguez Medina. CINCO cubanos terroristas en Miami. La cosa está que arde. Dicen que son infiltrados de Fidel Castro. Enciende su celular. Marca a los amigos. Menos mal que las líneas a Washington no se complican como las de Cuba. Y eso que cuesta un ojo de la cara. Es un atraco.

Todo viene junto. A mí que me critiquen, pero si mi hija se puede defender, que se defienda. Ayer tuve que pagar a un tipo ahí una libra de arroz en 42 pesos. Ni cuando Batista. Con un peso antes, me comía un pan con timba, si guayaba y queso, y hasta me llevaba el almuerzo para la vieja y el hijo.

Bueno y qué... cerraron la fábrica y tengo el 60 por ciento en la casa, pero eso no es el lío. El lío es salir de esto. Se nos acabó la teta y ahora qué.

El titular de la Agencia Prensa Latina es exacto: "Prensa de EE.UU silenció juicio de cinco antiterroristas cubanos". La noticia, fechada en La Habana, trae el resto:

La Habana, 22 ago (PL) El silencio de los medios de comunicación de Estados Unidos durante los siete meses de duración del proceso contra cinco antiterroristas cubanos fue denunciado hoy aquí.

Un artículo publicado en el diario Granma, titulado "La Farsa", explica que el juicio contra los Cinco – como se les conoce internacionalmente- fue uno de los más prolongados en la historia del derecho de ese país.

René González, Gerardo Hernández, Fernando González, Ramón Labañino y Antonio Guerrero están presos en cárceles norteamericanas desde 1998.

Los Cinco cumplen severas condenas por informar sobre planes terroristas fraguados por grupos anticubanos radicados en el sur de la Florida y tratar de evitar acciones de ese tipo contra Cuba.

El caso, matizado por argumentos de política exterior y supuesto antiterrorismo, involucró a 74 testigos, 43 por la fiscalía y 31 por la defensa.

También participaron generales, un almirante y un asesor de la Casa Blanca, quienes coincidieron en que Cuba no constituía un peligro para ese país.

Destaca el artículo que el proceso judicial contra los Cinco resultó ser un suceso para grandes titulares pero se mantuvo en secreto y lo cubrió solo la prensa de Miami en forma interesada.

**La burocracia me tiene hasta los coj...
Bueno, lo que pusieron de los balseros**

le ronca. Ahora sí que se jodieron. Están en la Base. Se les acabó el Yuma. Yo creo que es mejor aquí, al menos estamos comiendo picadillo de cáscara de plátano y fregando con Maguey. Quién le iba a decir a mi abuela, qué mi abuela, a mi mujer que se las da de fina, que iba a lavar con hierba.

Tengo que llamar a la gente –piensa Pedro, mientras se toma los medicamentos del día y se hace la prueba del azúcar – **voy a defender a estos inocentes. La cosa en Cuba está ardiendo, pero estos tracanallas tampoco se saldrán con la suya.**

La gusanera anda revuelta. Lo que se armó en el Versalles es de película. Aquí se los come el miedo. Allá sí que los cojones andan a tres trozos. Con Fidel ni el gallo de Morón canta.

Todavía en su memoria – y en la de mucha gente, amigos y enemigos – está lo que le pasó en los estudios del Canal 41, América Te Ve. Por aquellos tiempos Max Lesnik escribió:

ACTO DE REPUDIO EN LOS ESTUDIOS DEL CANAL 41, AMERICA Te Ve.

Por El Duende

Cuando el pasado miércoles a las tres de la tarde -a la hora que mataron a Lola- el periodista y ex preso político Pedro Rodríguez Medina, director del Blog electrónico ¿Combate News?, participa-

ba en el espacio televisivo ¿Arrebatados? de María Laria, que se trasmite
por el Canal 41 América TV, muy lejos estaba él de imaginar que sería víctima de una encerrona que terminaría
en un verdadero acto de repudio al final del programa.

El tema de discusión de la tarde era
sobre si sería posible que los cubanos de distintas opiniones políticas pudieran discutir civilizadamen-
te, a pesar de las diferencias entre
ellos. Entre los invitados al panel de
discusión estaba Rodríguez Medina, la ex presa política Cary Roque,
el locutor de WQBA Nelson Rubio y un
abogado de apellido Flores, patrocinador
del programa de María Laria.

Pedro Rodríguez Medina habló de dia-
logo y reconciliación. Pero cuando dijo que era partidario de los viajes de
los cubanos a la isla, ardió Troya.

El resto de los panelistas le cayeron en
pandilla a Rodríguez Medina. El más
exaltado era el abogado Flores seguido
de los otros tres participantes, todos ellos conjurados para ahogar con
gar con gritos los argumentos del solitario defensor del diálogo y la cordiali-
dad entre cubanos.

Eso fue lo que los televidentes vieron
en las pantallas de sus televisores. Pero
lo bueno, digo lo bochornos, vino des-

pués, cuando al cerrarse los micrófonos y apagarse las cámaras de televisión, el abogado Flores, haciendo honor a su apellido, echando ¿flores? Por su boca inició una catarata de insultos y diatribas contra Rodríguez Medina. A ello se sumaron a coro los otros participantes en el programa que fueron secundados por gran parte del público que asistía al show de María Laria, que para hacerle honor al nombre del programa, le gritaban ¿arrebatados? a Pedro Rodriguez Medina: ¡Comunista! ¡Comunista! ¡Comunista! ¡Comunista!.

Aguántenme que lo mato, gritaba soberbio e iracundo el abogado Flores, mientras era reducido a la obediencia por cinco guarda jurados de uniforme que tenían a su cargo la seguridad en los estudios del Canal 41.

Como nos lo contaron se lo contamos. Ver para creer. Un acto de repudio en la televisión de Miami. Uno que estaba en el estudio del 41 como espectador y que no intervino en la trifulca, nos resumió lo que allí pasó, diciendo : ¿Tremendo arrebato el que se formó con los ¿Arrebatados? de María Laria, la gatica que tira la piedra y esconde la mano?.

Una gota más de veneno contra su persona. Empero, nadie – o casi nadie – se percata de que con todo, su Isla amada va triunfante. Ahora el asunto de los CINCO recrudece más las relaciones, pero cada día el exilio se transforma desde adentro. La mafia y los tracanallas se están debilitando. Una nueva generación de cubanos llena los Estados Unidos y no traen en sus cabezas la perversidad de los mutilados batistianos.

Por fin, llega el día de la reunión para apoyar a Los Cinco. De esos momentos iniciales, es su tocayo Pedro González Munné quien cuenta:

"El Comité por los CINCO se hizo en el 2001 en el edificio de José Fernández, - uno de los fundadores, en plena Pequeña Habana en el 518 West Flagler Street, Miami FL 33130-1326, al lado del río de Miami.

"En la foto está Don Pedro, el doctor Alberto N. Jones de Palm Coast en la Florida, Adita, la única agenciera a Cuba que dio fondos para trabajar, creo unos $250.00; Elena Freire, Raúl, del entonces Comité Demócrata Cubano-Americano, y José. Max Lesnik estaba, pero no quiso salir en la foto. No había dinero, solo trabajo.

"En cuanto a los Chárter fui personalmente a pedirles ayuda para trabajar por los CINCO, como hemos hecho desde el principio: En mi libro "Rehenes del Odio" están sus cartas, pero nadie quiso participar. No les veían beneficio hasta que en Cuba se comenzó y en-

tonces, como siempre, lo hicieron para congraciarse y mantener sus negocios."

Empero, la lucha de los dos Pedros no acabó en estas divergencias y dificultades. Cada uno, con sus alcances y actitudes, siguieron defendiendo una razón que les aprieta el pecho. Saben que uno de los juicios más amañados y manipulados en las cortes de Miami fueron los de Gerardo, Ramón, Antonio, René y Fernando.

El enorme apoyo y la solidaridad internacional que alrededor del mundo han tenido a lo largo de estos años, codo a codo con el pueblo y el gobierno cubanos, le dejan la satisfacción de que no se sumaron a una causa perdida. En sus luchas individuales del "todos contra todos" el imperio se ha mordido las pezuñas delante de sus ojos.

De esta etapa también hay otras constancias:

PUBLICO THE NEW YORK TIMES ANUNCIO A PAGINA COMPLETA SOBRE CASO DE LOS CINCO PATRIOTAS CUBANOS.
Comité Nacional Libertad para los Cinco de EEUU.
Pedro Rodríguez Medina
Director-Editor
Combate News
Estimados amigos, colegas y compañeros:
El Comité Nacional Libertad para los Cinco Patriotas Cubanos presos en EEUU., informó que el anuncio a página

completa en el New York Times, sobre los Cinco, fue publicado el miércoles 3 de marzo de 2004.

El anuncio apareció en todas las ediciones del periódico en todo el país, en la página A7 en la edición de New York y en la pagina A5 en todas las otras ediciones, del lado derecho, un espacio excelente.

Además del anuncio, y aprovechando la publicación, estamos tratando de llegar a otros medios de comunicación. Para lograr este objetivo, hemos contratado una publicista de New York, tiempo completo, para trabajar junto a otros voluntarios que están trabajando en esta campaña publicitaria. Como hemos dicho en ocasiones anteriores, el objetivo principal de nuestra campaña publicitaria es el de elevar el nivel de conocimiento público sobre la lucha de los Cinco prisioneros políticos Cubanos. La lucha política es esencial para lograr su libertad.

La campaña para juntar $50,000 para el anuncio fue lanzada oficialmente en Octubre del 2003. Desde entonces, hemos recibido una tremenda muestra de apoyo desde los Estados Unidos y alrededor del mundo.

Desde los $10,800 reunidos por nuestros amigos Alemanes de la red ¡Basta Ya! hasta más de $10,000 reunidos por la comunidad Cubana progresista de Miami, y todas las donaciones provenientes de España, Bélgica, Italia, Francia, Colombia, Argentina, Sudáfrica, Inglaterra, Puerto Rico, Ecuador, Australia, Canadá, y muchos otros países y de alrededor de Estados Unidos, cada dólar llegó acompañado de la inmensurable solidaridad y amor para los Cinco Cubanos.

Este es un gran ejemplo de unidad entre los pueblos que se unen en solidaridad y en coordinación internacional, para pelear por la libertad de nuestros cinco hermanos que estaban defendiendo heroicamente a su país del terrorismo.

Extendemos nuestro profundo agradecimiento a todos los amigos de los Cinco Cubanos que trabajaron en este esfuerzo y quienes continuarán educando, agitando y organizando hasta que se consiga la libertad de Gerardo, Antonio, Ramón, Fernando y René. Sin lugar a dudas, la publicación del anuncio fue solo posible con la participación de todos los amigos que ayudaron en este esfuerzo.

Queremos extender especial agradecimiento a Migiwa Kanazawa, artista gráfica de New York quien diseñó el anuncio. Todavía necesitamos más donaciones ya que queda mucho por hacer para elevar el nivel de conciencia y conocimiento sobre el caso. Estamos produciendo cientos de paquetes de prensa (incluyendo videos), pagando a la publicista, y preparando una producción masiva de posters y otros materiales de lectura.

Debido a que no es posible ver el anuncio en el NY. Times en Internet, les enviaremos una copia del anuncio o una reproducción, lo antes posible, a todas las personas que enviaron donaciones. Mientras tanto pueden ver el anuncio (en una versión más pequeña) en nuestra página web: www.freethefive.org
www.freethefive.org/nytimesaddownload.cf

¡Felicitaciones a todos los que Apoyaron!

¡La Victoria es Segura!

¡Libertad para los Cinco!

Comité Nacional Libertad para los Cinco. 415-821-6545.

Al entrar en detalles, Rodríguez Medina puntualiza:

"Con relación a los CINCO todo se desarrolló más o menos como sucedió con lo del niño Elián. Se dio el escándalo y me molesté por la actitud de los extremistas de la derecha mafiosa de Miami.

"Además de la actitud de las autoridades locales que se dejan manipular por estos elementos que tienen el control político, social, económico y que además manipulan a los votantes de la comunidad cubana.

"Hice esta causa mía y estoy estaré hasta que no regresen a la Patria y se haga justicia. Está comprobado que fue una manipulación, y el mundo entero sabe que no son terroristas. Aquí los verdaderos terroristas andan sueltos. Lo que ha sucedido con Luis Posada Carriles, vinculado directamente con el atentado al avión de Cubana que explotó en las costas de Barbados, demuestra lo que sucede en Estados Unidos con hechos y personas relacionadas con Cuba y su proyecto socialista".

La mafia no duerme. Después de aprovecharse del bumerán de la crisis de los balseros, comienza a levantar su pirámide sobre los truenos de la primavera negra del 2003. En estos años, el recrudecimiento de las campañas anticubanas, apuntaladas en una disidencia que se niega así misma - al abogar métodos pacíficos, pero sale a las calles a provocar- estremece a la Isla y también al exilio.

Las llamadas Damas de Blanco, comprobadamente pagadas por las organizaciones que financian los planes subversivos contra Cuba y alentadas por personajes como Iliana Ross, tratan de desestabilizar el confuso ambiente ideológico de un segmento de minorías que, ante las carencias del llamado Período Especial, empiezan a mirar y creer en las promesas que llegan del sur de la Florida.

Pocos, de los que regresan con maletas llenas de artículos que cada vez se hacen más deficitarios entre los cubanos, separan oportunidades y realidad. Salvados, de ambas partes, por el cariño de familia tratan de marginar las aristas políticas que laceran el entendimiento.

Son miles los que allá - no solo en Miami- jamás han podido revalidar los títulos que se llevaron de su "maldito comunismo". Trabajan como esclavos, pero se sienten felices porque tienen lo que jamás tuvieron en Cuba. Al menos, con ese sueño viven entre los fantasmas de sus propias huellas.

Los cuentos de "pepito" y la coladita de café por las mañanas compartidas con la vecina de enfrente son burbujas profanadas por el tiempo. Ya no pueden llegar a casa del "nague" para desconectar un rato o pedirle que le tire un cabo, sin concertar la cita por teléfono.

Una carrera contra el olvido y la soledad. Infernal añoranza, escondida entre gomas de mascar y las excitantes bombillas de las avenidas. Cáncer en el alma, lento, confundido entre síntomas de múltiples diagnósticos. Pero ahí, robando la identidad y las sonrisas.

Pedro Rodríguez Medina no tiene nada – o casi nada – de su mapa genético en la isla. Pero lo que sucede en el Restaurant Versalles le provoca náuseas. A veces, piensa que está demasiado mayor para comprarse estas lides. No está en él vivir a la deriva de lo que sucede en la nación que prácticamente no vivió, pero donde

ancló para siempre su derecho a existir.
Nada puede serle ajeno.

En sí mismas las cosas se abismaban
y mis ojos de carne las veían
abrumadas de estar, realidades
desnudas de sus nombres. Mis dos ojos
eran almas en pena por el mundo.
En la calle sin nadie la presencia
pasaba sin pasar, desvanecida
en sus hechuras,
fija en sus mudanzas,
ya vuelta casas,
robles, nieve, tiempo.
Vida y muerte fluían confundidas.

todavía indecisas, claridades:
el alba entre confusas azoteas.
Ya las constelaciones se borraban.

Octavio Paz
(México-1914)

Lo que se armó en el Versalles dicen
que fue de película. Aquí se los come el
miedo. Los cubanos sí que llevan los
cojones a tres trozos. Con Fidel ni el
gallo de Morón canta. Bueno, el amigo
mío que recibió la noticia de ese que
anda por esos asuntos de la televisión
en Miami, dice que la escultura era del
Comandante. Y el Comandante paró el
revolico del 5 de agosto. La gente lo si-
guió a multitudes y se acabó la inten-

tona. Aquí los majases no tienen cueva, Felipe Blanco se las tapó.

De aquellos hechos, nuevamente su pluma es machete. Y por el mundo virtual la protesta viva, corre:

El Periodismo al Servicio de los Asalariados de La Mafia de Miami
Por: Pedro Rodríguez Medina
Director-Editor
Combate News
Resulta que en Miami gobierna una mafia cubanoamericana, que no aparece, pero que cuenta con una estructura cuyo grosor va desde los millonarios cubanos ocultos en la sombra hasta los propagandistas y politiqueros visibles.

Es decir, los que dan la cara están a sueldo de la Jefatura de la Mafia de Miami oculta. Entre estos propagandistas y politiqueros se encuentra Nelson Rubio, un oportunista ex comunista e internacionalista cubano convertido al anticomunismo rabioso, para poder vivir como vive en la capital del titulado "exilio cubano".

Es importante saber, que los primeros en asentarse en Miami, después del triunfo revolucionario en Cuba, fueron los batistianos y los ladrones de cuello blanco de origen cubano, pero en la actualidad en la medida que América Latina se vaya independizando, todos los reaccionarios del continente irán viniendo para esta plaza. Primero los nicaragüenses y ahora los venezolanos.

Por eso en Miami, suceden cosas tan vulgares y repugnantes, que la propia derecha norteamericana rechaza.

Es decir, la mafia miamense se ha casado con un discurso anticomunista tan vulgar, que está a la derecha de la derecha ultra-conservadora estadounidense, y desde luego, es un comportamiento de gente sin clase moral.

Y para llevar adelante esta posición tan bochornosa, la Jefatura de La Mafia oculta, utiliza a sujetos como Nelson Rubio; - repito - ex comunista e internacionalista recién convertido, que por su pasado, le teme a la Cosa Nostra de Miami.

Por supuesto, la mafia miamense utiliza al Sr Rubio, pero lo desprecia.

Además, hay un dato interesante, al principio todo este aparato de desinformación politiquera, era sostenido financieramente por la Jefatura de la Mafia. Sin embargo, los mafiosos millonarios, que por cierto son muy eficientes actuando sin principios solo por sus intereses económicos, han logrado ya en este momento, que toda esta maquinaria a su servicio sea mantenida económicamente por el dinero de nosotros los contribuyentes.

Es decir, poseen un engranaje de propaganda y subversión impresionante a nivel de los Estados Unidos de América y fuera de EE.UU., el cual es costeado por algunas Fundaciones.

Pues bien, el Sr. Nelson Rubio trabaja para el canal 41 de América Te Ve., en el programa titulado "Arrebatados" de la conductora María Laria en Miami y para la emisora de radio WQBA., guarida de propaganda al servicio de los intereses anti cubanos.

En la WQBA, este sujeto dirige el noticiero matutino en compañía de Daniel Torres, quien era el director del Noticiero Nacional de Radio en Cuba. Obviamente, los dos personajes siempre se mantienen en la comida, tanto en la Isla de Cuba como en Miami.

Ambos se arrodillan fáciles. Son los abanderados de los Periodistas Dependientes junto a Raúl Rivero y tantos otros camaleónicos personajes de la farándula desinformativa, encabezada por el asalariado Padrino Carlos Alberto Montaner.

La Señora María Laria que dirige "Arrebatados" me ha invitado varias veces a debatir allí distintos temas. En esta última transmisión tratamos el asunto del escultor "arrepentido" ya que todo lo hizo deliberadamente en una componenda económica con los asalariados de la extrema derecha, cuya obra se acaba de quemar en Miami, en la calle 8, frente al Restaurante Versalles. (Lugar emblemático de los verticales extremistas

389

cubanos de Miami y que llegará a ser continental, con la llegada gradual de lo peor de Iberoamérica por el curso que toman los acontecimientos en nuestra Patria Grande).

La escultura en cuestión representa la figura de Fidel Castro. Personaje de la historia que Ud., puede rechazar o admirar, pero destruir una obra de arte porque representa algo o alguien que nos disgusta, es un acto de barbarie.

Y como me dijera mi amigo Yndamiro Restano, "más allá, de lo tangible, la obra de arte, cuando es verdadera, posee un valor estético; que incluso, una vez terminada la obra, ya no pertenece ni siquiera al artista".

Porque por ese camino de barbarie, de destruir todas las obras que choquen con nuestros prejuicios, habría que pulverizar, en nombre de la democracia, todas las estatuas, bustos y esculturas hechas a los reyes o incinerar los cuadros de Picasso porque era comunista.

Pero en Miami, todo es posible y no es la primera vez que se pisotea el arte. Hace unos años, un cuadro de Mendive, talentoso pintor cubano, también fue quemado; a pesar que no representaba precisamente a Fidel Castro, sino a Cuba.

De cualquier manera, en este último programa que participé en el canal 41., entró un correo que me envío Yndamiro Restano, quien también condena estos actos de barbarie y este periodismo propagan-

dístico al servicio de los peores intereses cubanoamericanos. Pero Nelson Rubio se negó a que se leyera, ya que este inquisidor solamente lee los correos que coinciden con su estrecho libreto.

La negra está contenta. La hija llega del Yuma mañana. Tal vez se me pegue algo. Ayer las damas de blanco armaron tremendo revuelo. Aquí nunca se dice na', pero to' se sabe. Hay tremendo barretín con los derechos humanos. Que no venga la guerra, aleluya. La letra del año está fú. Tengo que ir a buscar la pasta del queso que vendí ayer. Menos mal los guajiros estos que traen cosas pa' La Habana. Si le llega el biombo a la negra, me jodo.

Todo recicla. La biblia dice... La inversión extranjera y el turismo se convierten en tacitas de oro para la economía. Los americanos no pueden acabar con esto. La proclama de Fidel Castro arranca lágrimas. El pueblo es fidelista y todo el mundo anda asustado con su enfermedad y los ataques que vienen del norte. La disidencia sigue buscando las lajas del pastel. Va a la fiesta y compra los palcos en el teatro de la contrarrevolución.

De la jauría de lobos que tratan de montar con show mediáticos, las damitas de blanco resaltan entre los elegidos de la SINA en la ciudad de la Giraldilla. Por algunas provincias de país algunas abe-

jas tratan de fabricar el panal. La histórica e internacional Plaza de la Revolución José Martí, es un excelente escenario. También Pedro acusa:

*Señala Combate News a La Mafia de
Miami responsable por protesta de "Damas de Blanco"*

*El gobierno de Cuba acusó a los mafiosos
miamense de estimular la protesta de
una decena de mujeres, esposas de disidentes encarcelados, en la Plaza de la
Revolución.*
*El diario Granma señaló que días antes,
la congresista cubano-americana Ileana
Ros-Lehtinen llamó por teléfono a las
mujeres y "con evidente propósito injerencista" para invitarles a realizar la protesta.*
*En una nota oficial, el periódico agregó
que las mujeres intentaron reclamar la
excarcelación de "contrarrevolucionarios
sancionados por actividades contra nuestro pueblo y sus posiciones mercenarias y
anexionistas".*
*La protesta fue disuelta cuando una
fuerza de policías femeninas del Ministerio del Interior las levantó del piso, donde
se habían acostado y entrelazado sus
brazos, y las subieron a un autobús para
trasladarlas a sus casas.*
*La nota de Granma añadió que las muje-
res intentaron realizar "una provocación
burda y descarada en los alrededores de*

la Plaza de la Revolución". "Para lo cual convocaron, como siempre, a los medios de la prensa extranjera acreditados en nuestro país, con el fin de que difundieran sus acciones provocativas", según la versión oficial.

Según la nota, la evacuación de "las provocadoras a sus hogares" se realizó para "evitar un enfrentamiento con nuestra población", que a esa hora se dirigía a sus centros de trabajo y estudio y "espontáneamente" rechazó el incidente.

"Ni provocaciones, ni patrañas mercenarias, empleando métodos ordenados por sus amos yanquis, mellarán la firmeza y voluntad de las actuales y futuras generaciones cubanas, las que trabajan por construir una sociedad mejor", anotó Granma.

Las mujeres que visten de blanco son tituladas "Damas de Blanco" son el único grupo disidente que desarrolla actividades callejeras, con asistencia a misas los domingos, seguida de una caminata por la céntrica Quinta Avenida para reclamar la liberación de sus familiares.

Del grupo original de 75 disidentes encarcelados en 2003, aún quedan en esa condición 55, a los que el gobierno cubano acusa de haber conspirado con Estados Unidos para socavar a la Revolución.

Las 10 mujeres que participaron en la protesta pretendían entregar al ministro del Interior, Abelardo Colomé, una carta con "copia" para el presidente Raúl Castro pidiendo la excarcelación de sus familiares.

La calle al 444 Palm Avenue se la sabe de memoria. ¡Si fuera el Vedado, el nuevo y el viejo, con las mulatas meneando las caderas y la gente con sus javitas de nylon o anunciando que llegó la carne a la bodega! La Revolución puede no ser un paraíso, pero hasta los perros andan libres por la calle. Lo único que falta es que traigan collares de longaniza. Se cagan y mean sin que a los dueños los lleven a la Corte.

Trae el sabor amargo de la presión alta y la depresión. No hubiese salido de casa si no fuera porque tiene que ir a los círculos de estudio de su amigo Andrés Gómez. Los amigos de Cuba le pasaron correos y están eufóricos con el discurso de Raúl en Camagüey. El Cambio será lento y generacional. La sociedad cubana va hacia el mejoramiento. Una batalla tan ardua como las habituales, quizás más.

Sumido en sus pensamientos, a veces, se le antoja recordar. La guerra sicológica es una de las peores guerras. Se la han hecho en los dos lados. Lo importante es que él nunca ha mentido. Cuando fue, fue. Ahora es y punto. Lo que le duele es que económicamente no ha podido dar, y es cuando más quiere y se necesita dar. Al menos, con todo lo que ha podido, sigue en pie.

Parquea el auto. Habla con su secretaria. Chequea los correos y manda los habituales emails a sus contactos. Pronto tendrá que cerrar la Agencia para siempre, como van las cosas, ni así de afuera puede mantener el negocio.

Remover el pasado no huele a flores. Tal vez a copetudas o a difuntos. Hay frustraciones que se pegan a la médula espinal y ni con anestesia se acuestan a dormir. El asunto de la Alianza Martiana es como las moscas. Vuelven aunque las espantes. Si no en él, en todos los que tuvieron la sana convicción de darles un poco o mucho de su tiempo y sus recursos.

Lázaro Fariñas, un amigo común de Pedro y su tocayo Munné, revolvió el panal con otro de sus chistes. Munné lo relata:

"El formulario de la constitución de la Alianza lo llené yo de mi puño y letra. Pedro puso el dinero para abrir la cuenta y luego el señor Lesnik tomó la corporación ilegalmente. El señor Lázaro me dijo el otro día que había sido un golpe de estado de Max, como si fuera un chiste. Dios los cría y el diablo los junta".

Pero nada de eso lo amilana a ambos. La esencia que los mueve es una. La Patria que llevan como dermis, aunque no sean juzgados con el dedo bueno de la mano izquierda, vale más que las rencillas o los puntos de vista. Muchas cosas, en estos años que corren del nuevo milenio, salen a la luz o la buscan. El asunto de la Alianza está bajo investigación. La verdad no es secreta. Todo parece cuestión de que se arme el rompecabezas primogénito.

La batalla para apoyar a los CINCO es una de sus tareas cotidianas y también el manantial no languidece ni con severas sequías. El ataque de la ultraderecha brilla, por constante y agresivo. De este tema recuerda Rodríguez Medina:

"Con relación a los CINCO nada detendrá la historia. Cuba y los cubanos no están ni estarán solos en esta lucha por reclamar justicia. Mi portal Combate News es mi campo de batalla y seguiré corriendo los riesgos que ello implica. No es la primera vez que me lo bloquen o desaparecen. Y no será la primera ni la última en que lo volveré a montar."

Al sondear un poco más con relación a la Alianza Martiana argumenta:

"Tanto Munné como yo dejamos todo como está. Lo importante es que en el momento en que decidimos unirnos y ayudar a Cuba lo hicimos, como lo hacemos ahora, cada cual con sus posibilidades y su alcance.

"En lo personal nada tenemos contra Max. Nuestra bronca no es ideológica ni personal, pero la verdad de los acontecimientos tampoco puede ocultarse.

Incluso, lo apoyo en sus trabajos en defensa de la Revolución. El hecho de que nunca me haya apoyado en momentos decisivos, es otra cosa."

Al duro con la corrupción. Ya era hora de que los corruptos también salieran en la prensa, como los burros y los actos. Raúl si le está dando en la costura a la cosa. Ya ni aceite venden por la izquierda. Pero hay que sacar las papas podridas. Mucha gente se ha jodio por esto. Nadie paga los muertos si esto se va a bolina.

Hay que gente que dice que no está con esto, pero trabajan como mulos y están en to', hay más que dicen que están y sí se lo dan, cógelo. Total, Liborio paga y eso no lo suda nadie. Encontrar un trabajo está que chifla, y van a seguir reduciendo plantillas. Bueno, Loncho tiene razón, esto necesita un cambio. ¿No dicen que la ley del comunismo es que el que no trabaja no come?

Un anuncio de la Eurocopa le aviva los recuerdos. Como fotogramas pasan aquellas imágenes por su emblanquecida cabeza. La mata de mango baila al compás de la suave brisa que se cuela por la amplia ventana de su cuarto. Es como un oasis donde sueña con todos los amores que no tuvo. Los que se robó y los que le regalaron. El espejo, enorme como sus añoranzas, le devuelve el gesto. A veces, no sabe si llamarle una sonrisa.

...Mi padre... siempre me sorprendía. Solo él puede fajarse con un cura, a puñetazos limpios, en el mismo colegio católico de Belén...

Ríe, como un cascabel sin mucho ruido. Era fantástico irse a jugar baloncesto. Sí que era bueno. No por gusto fue el grandulón del equipo.

... Son las cosas buenas de mi infancia y mi juventud. Lástima que no tenga ni una foto... tiempos divinos aquellos del Campeonato de la Federación Atlética Intercolegial. ¿Cuándo volveré al Vedado?... tengo que ir a Cuba. Iré a ver si queda algo del Club Cubanaleco.

... Esa bronca fue del carajo. La culpa fue del réferi Quintanita. Paramos el juego por mirar la bronca...tremenda pelotera en medio del público y mi padre ahí, creyendo que estaba sobre el ring, boxeando... me quedé pasmado cuando vi al cura con toda la sotana rota de los alones de los que querían separarlos... y luego el cura sin sotana... y la policía al instante dando tolete.

Toma agua y se alisa la barba. En el televisor comienza la película de la media noche. Trata de espantar los pensamientos. Está agotado pero no tiene sueño. Le duele el ojo derecho. Hace 15 días que se lo operaron. Mañana hablará con el médico. Tal vez no todo esté bien.

... Nunca fui un buen pelotero. En la cancha no se me iba una canasta. Papá Luis sí que era un atleta. Buen pelotero y buen boxeador. Había que respetarle la pegada. Tenía prohibido el brazo por desbaratarle la cara con los puños a...

Un bostezo le cierra los ojos. Le duele la cintura. Ojalá duerma en paz. Tenía que hacer su rutina de chequeo a la Agencia de Seguridad. Tomar el timón después de varios días en reposo por la cirugía del ojo, no le convence mucho. Pero va.

Coño, la negra me marcó al celular... quién sabe si me da unos fulitas de los que le dejó la hija. Ya lo del queso se cayó. Dice la guajira que están chequeando todo en los puntos de control y decomisando hasta el melón. No dejan vivir a nadie. Voy a tener que ponerme a pinchar en lo mío. La vieja tal vez tenga razón, que lo mejor es trabajar con el gobierno para tener un retiro. ¿Y si me exigen estudiar? Yo dejé la universidad, mi cabeza no da pa' eso... Marita es médico y siempre tengo que estarle dando dinero para que se ponga las uñas postizas. No le alcanza con el chama y su onda de alquilarle un playestechion.

En Facebook están los cuatro caballos del apocalipsis. Se pone picantico el piquete de los grupos. Hasta en eso anda la mafia y la CIA. Los apasionados y los oportunistas. Ciberguerra. El diablo y los OVNI un día, a la usanza de Julio Verne, tal vez les den la vuelta al mundo y se acabe el odio.

Pedro Rodríguez Medina sabe de estas falacias que roban más allá del derecho a la libre expresión. Su página la han des- aparecido en espacios de horas. Más, él, como siempre vuelve y vuelve otra vez.

Uno de sus blogs responde a otra de las organizaciones que ha fundado sin afanes de lucro. Más su "americanada" biografía es la espada de Damocles. Nadie cree – o casi nadie – en el mejoramiento humano.

Manda una sonrisa electrónica cuando un cuestionario le sugiere que quizás ha- ya que pactar con el diccionario de refra- nes y borrar aquel que sentencia... "árbol que nace torcido, jamás su tronco endere- za"... Al futuro puede que le haga falta ponerse sin perjuicios estos aretes nue- vos de 22 quilates.

"La Fundación para la Normalización de las Relaciones EE.UU/Cuba (FOR- NORM) –cuenta - **se formó en el año 2006 como una organización educativa sin fines de lucro. Es la creación de un grupo diverso de líderes y activistas comunitarios, y su meta es proporcio- nar información realista acerca de las ventajas de una relación normal y res- petuosa entre EE.UU. y Cuba.**

"Nuestra misión es informar a diri- gentes políticos, empresarios, líderes

cívicos y público en general acerca de la historia y las presentes condiciones de las relaciones entre EE.UU. y Cuba. Deseamos buscar nuevos caminos hacia el bien común, y consideramos que existen magníficas oportunidades de cambios ventajosos para ambos países.

"Estas incluyen beneficios económicos, intercambios culturales, deportivos y educativos, así como la reunificación familiar. Todo esto es factible si nos guiamos por la realidad, en vez de obsoletos dogmas políticos y una fallida política típica de la guerra fría.

"Nuestro compromiso es difundir información veraz acerca de las políticas de ambos países, las oportunidades que se han perdido y el despilfarro del dinero de los contribuyentes que ha caracterizado la política de confrontación.

"Por eso queremos fomentar un nuevo debate acerca de la posibilidad de normalizar las relaciones, respetando la soberanía de cada país. Exhortamos a los líderes y a los ciudadanos de ambos países a forjar una relación basada en el respeto mutuo.

"Es menester aprovechar las oportunidades para una apertura, y renovar la tradicional amistad y admiración mutua que existe entre los pueblos de Cuba y EE.UU", afirma con esos gestos tan peculiares que hacen del cubano un auténtico parlante.

FORNORM no es una utopía. La posibilidad y factibilidad de las ventajas de unas relaciones normales que borren para siempre el lacerante diferendo son reales. Cuba - como recalca su Presidente Raúl Castro -, tiene el diálogo en la mesa, pero en igualdad de condiciones, como también ha dejado claro el General de Ejército.

Rodríguez Medina continúa sus declaraciones:

"Nuestros dos pueblos tienen mucho que ofrecerse, y mucho que contribuir a la calidad de vida de ambos países. Sin embargo, creemos que la situación actual de las relaciones está caduca y necesita rexaminarse de una manera justa y amplia. La normalización ofrece ventajas en varios campos, como la agricultura.

"En este sentido, el incremento bilateral del comercio en productos agrícolas ofrecería nuevos mercados a los agricultores y ganaderos estadounidenses, y pondría singulares productos cubanos al alcance de los consumidores en EE.UU.

"En tecnología y medicina se ganaría en que la tecnología moderna norteamericana y sus avances médicos podría ayudar al pueblo cubano. Al mismo tiempo, EE.UU. podría aprovecharse del mundialmente reconocido sistema de Salud Pública de Cuba y sus recursos especializados en la biotecnología".

Nada que sea despreciable. La cercanía geográfica y los millones de seres que están divididos y lastimados por un mar que no es precisamente el Caribe ni las aguas del Golfo, encontrarían al reparador de sueños. El "enanito" de Silvio Rodríguez ahora salta sobre el hocico de Titán, el perrito de Pedro. Juegan y se besan. No hay ladridos. Aceptación y tolerancia.

No tengo a un anciano delante de mí. Es un hombre vigoroso que la energía le fluye desde adentro como las cataratas del Niágara. Levanta hueso sobre hueso. Desdibuja la mordida de la artrosis. Trae la esperanza prendida en las palabras:

"Podríamos reducir la dependencia en el petróleo procedente del Medio Oriente – acota – si se le da la oportunidad a las compañías petroleras de EE.UU, para explotar las recién descubiertas y abundantes reservas de petróleo y gas en Cuba.

"En el turismo se lograrían avances importantes, respetándose el derecho fundamental de los ciudadanos de ambos países a viajar libremente, se estimularía el comercio bilateral relacionado con el turismo, los contactos

individuales, y el disfrute de las riquezas culturales.

"Con el tráfico de las drogas, el establecimiento de mecanismos conjuntos
de vigilancia podría ayudar a prevenir
el posible uso de las aguas territoriales
cubanas, para el transporte de las drogas hacia EE.UU y viceversa. Cuba ha
manifestado en numerosas ocasiones
su deseo de cooperar ampliamente con
las autoridades estadounidenses en esta materia", dice con ese convencimiento
propio de las ideas que llevan en sus alas
el bien y el concepto humanitario de que
la paz siempre es posible entre los hombres, por encima de sus categorías filosó-
ficas.

FORNORM está preñada de los anhelos
de los buenos cubanos. Esos que no se
miran antes el ombligo ni cuentan los es-
pasmos de las tripas, para pensar en la
tierra que les regaló el primer sol del
primer día. Titán viene a sus pies y le
mueve el rabo. El péndulo que inventó
por el lejano 1581, el italiano Galileo Ga-
lilei se mueve de manera positiva. Las
energías oscuras de los halcones negros
están neutralizadas.

Pedro cambia de posición en su butaca.
Se alisa otra vez la barba y mueve las
manos. Pestañea. Tal vez ahora siente
aquella sensación de libertad que, entre
pinchazos en la médula espinal y el coraje de las travesuras, se le apoderaba del
cuerpo cuando junto a su amigo Alcides

León armaba, poco a poco, una avioneta de verdad.

Por el suelo del cuarto parecen resurgir aquellas piezas tiradas de varios tipos de aviones. La uñas se le ennegrecen de repente. Huelen a grasa y a hierros viejos. Un fuselaje por aquí. Varios motores por allá. Alas y tanques de gasolina, de menos de 20 galones. Titán rastrea. Tal vez siente el espíritu de los viejos tiempos. O los olores de los escondrijos donde Alejandro Magno les dejó a los chiquillos el secreto de los navegantes y los exploradores.

Suspira. Toma un sorbo de café y acaricia la carita picaresca de su mascota. Es inevitable emocionarse otra vez con los sustos que pasaron entonces. El falleteo de la avioneta recién parida en el aire era, ahora y después, el cachumbambé que nunca montó durante la infancia.

Reanuda la conversación. Es muy saludable acunar los recuerdos agradables.

"Creo que la normalización de las relaciones entre Estados Unidos y Cuba son provechosas en todos los sentidos. En el deporte, por ejemplo, permitir la participación, sin obstáculo alguno, de atletas cubanos y equipos deportivos en actividades organizadas en EE.UU y viceversa, sería un deleite para los fanáticos del deporte en ambas nacio-

nes y fomentaría el mutuo entendimiento.

"Con la educación, compartir las amplias oportunidades educativas que ofrecen nuestros países, resultaría en una bendición para los estudiantes y maestros en ambos lados del estrecho de la Florida y permitiría el estudio de lo mejor que cada país tiene que ofrecer, incluso, por ejemplo, los avances de Cuba en la educación médica y la medicina preventiva.

"En el arte y la cultura, un importante enriquecimiento fluiría del libre intercambio de lo mejor del mundo artístico norteamericano y de la riquísima cultura artística cubana, incluso su ampliamente difundida música y su mundialmente reconocido ballet clásico.

"Respecto a las relaciones humanas y mercado laboral, las familias divididas recibirían con gran beneplácito el fin de decenios de una dolorosa y cruel separación. La muy bien educada fuerza laboral cubana le ofrecería magníficas oportunidades a las empresas norteamericanas".

Inobjetable la visión de este hombre que cala hondo y desentraña cada minuto de su guerra por Cuba, con las líneas y entre líneas de los postulados martianos. Patria es Humanidad. Y en este puntillazo, relata, pausado y seguro, los alcances de **FORNORM:**

"La inmigración, que tanto lacera y separa, es otro de los objetivos de la organización. Una reforma en las leyes de inmigración ayudaría a la reunificación familiar, protegería la seguridad nacional de EE.UU. y pudiera evitar muchas de las tragedias que ocurren frecuentemente en alta mar.

"Es preciso aclarar que no somos partidistas políticos. Nosotros creemos que un cambio verdaderamente inteligente de las relaciones entre EE.UU., y Cuba podrá alcanzarse solo cuando ciudadanos de todas las orientaciones, en ambos países, participen en discusiones racionales, no ideológicas, y examinen la realidad de los hechos. Por consecuencia, nuestra información está dirigida a todos los ciudadanos sin tomar en cuenta sus afiliaciones políticas.

"Durante siglos, las historias de ambas naciones se han entrelazado. Desafortunadamente, decenios de embargo económico no han ayudado ni a una ni a otra. Ha llegado el momento de detener el daño y construir puentes. La reconstrucción comienza con entender la realidad y normalizar las relaciones. FORNORM es una organización que obedece a la realidad.

"Por eso instamos a todos que valoren. Exhortamos a que los dirigentes y autores de la política exterior necesitan orientación sobre la necesidad de encontrar caminos nuevos para que prosperen las relaciones entre nuestros países. Y pedimos que nos ayuden a que podamos hacerlo, enviando su contribución en apoyo a nuestro empeño. Nuestra visión es una relación respetuosa entre Estados Unidos y Cuba, para el beneficio de ambos países".

Toma agua. Se para. La brisa que entra por el amplio ventanal de su cuarto le arranca un suspiro. No está solo en este empeño. En la isla que retoza con el son y las memorias de las lomas y el sombrero de yarey, millones lo ansían. Alma, corazón y vida andan flotando entre los tentáculos misteriosos del triángulo de las Bermudas. Gravitan por las 13 colonias de un oeste americano que, todavía, pistola en mano, lanza sus humaradas de napalm.

Mientras pasa la estrella fugaz
acopio en este deseo instantáneo
montones de deseos hondos
y prioritarios
por ejemplo que el dolor no me apague
la rabia
que la alegría no desarme mi amor
que los asesinos del pueblo se traguen
sus molares caninos e incisivos
y se muerdan juiciosamente
el hígadoque los barrotes de las celdas
se vuelvan de azúcar o se curven de
piedad

y mis hermanos puedan hacer de nuevo
el amor y la revolución
que cuando enfrentemos el implacable
espejo
no maldigamos ni nos maldigamos
que los justos avancen
aunque estén imperfectos y heridos
que avancen porfiados como castores
solidarios como abejas
aguerridos como jaguares
y empuñen todos sus noes
para instalar la gran afirmación
que la muerte pierda su asquerosa
puntualidad
que cuando el corazón se salga del pecho
pueda encontrar el camino de regreso
que la muerte pierda su asquerosa
y brutal puntualidad
pero si llega no nos agarre
muertos de vergüenza
que el aire vuelva a ser respirable y de
todos
y que vos muchachita sigas alegre y
dolorida
poniendo en tus ojos el alma
y tu mano en mi mano
y nada más
porque el cielo ya está de nuevo torvo
y sin estrellas
con helicóptero y sin dios.
Mario Benedetti
(Hombre que mira al cielo)

Amanece. Los halcones negros buscan las nuevas presas. Aplauden a las recién nacidas. Entregan premios a los desnaturalizados. La disidencia trae un Proyecto Valera. Los héroes empuñan nuevamente las armas. Se levantan.

Ñoooo... el negro de la esquina, el que se mudó nuevo y dice la chismosa de Rosa que vino de oriente, se peló al raspe. Parece una iguana asustá. Está feo, mejor echarle el ojo primero, quién sabe... no me gusta su pinta. Seguro que ni ha leído un diccionario desde que Julio César fornicó a Cleopatra. Habla cantando y enredao.

No ha llegado el pan. El combatiente armó tremendo guaguancó. Ese fue el que dijo las 440 en la Rendición de Cuentas. Yo no, callao to´ el tiempo. Mi lucha es con el queso y la guara de los dólares. Siempre alguien te los compra. El queso, ya se chivó la cosa. Pero ahora la negra me dijo que diera vueltas por allá, que es posible que trajeran leche en polvo.

Por las esquinas el reguetón y el hip jop lastima los oídos. Hay convocatoria por el Primero de Mayo. En la televisión están pasando los documentales de las Razones de Cuba. Cogieron con la masa en la mano a los HP. Los yanquis creen que nosotros somos comemierdas. Hasta el negro coquipelado ese anda hablando con la presidenta del CDR para ver a qué hora se van a desfilar.

Miami es lo mismo de siempre. La crisis empieza a poner espinas en las hamburguesas Mac Donald. Se están yendo para Las Vegas mucha gente. El frío es violento, pero hay trabajo y se gana más. Obama empieza a perder credibilidad y hay marchas de indignados. El movimiento pacífico Ocupar Wall Street (OWS) convocó a una huelga general en Estados Unidos para el Primero de Mayo.

El caldero arde. Pancartas para condenar el capitalismo. Allí, en los propios Estados Unidos. Las noticias confirman que crecen los grupos de odio. El argumento es el creciente rechazo al presidente Barack Obama, problemas de la economía y la inmigración ilegal. El informe es de Southern Poverty Law Center (SPLC), sacado del estudio "Año de odio y extremismo: el Movimiento Patriota Explota".

Los temores ruedan desde 2011 por las perturbaciones económicas, el cambio en los patrones raciales y la perspectiva de que un presidente negro siga en la Casa Blanca, considerado por la derecha como un enemigo del país.

Todos saben que la mafia ya no es la misma. Tiene el hígado gastado y anda sin vísceras buscando como dar más apo-

411

yo a la minoría disidente que radica en la Isla y nadie le hace el juego. Son los mismos de los mismos, aunque armen huelgas de hambre en las cárceles, se suiciden y hasta traten de involucrar a la iglesia y a la diplomacia de terceros países en sus show de teatros sin tablas.

Cuba con sus cubanos se adentra en un proceso de cambios y actualización del socialismo. Hay inconformidades, serias limitaciones, salarios estrechos que no se corresponden con los precios y la demanda. Empero, el Partido Comunista hace su VI Congreso y echa a rodar los Lineamientos para la Política Económica y Social del país. Empiezan las reformas y los cambios. Se liberan las trabas y sube, poco a poquito, la economía. Vuelve a romperse el corojo.

El socorrido tema de los derechos humanos y las campañas que día a día les necrosan las glándulas salivares a los viejos y recomidos anticubanos se caen por sí solos.

Pedro Rodríguez Medina ahora – tal vez como nunca – es una comida sin sal para sus llamados tracanallas. El ataque sigue y no lo dejan entrar a sus páginas. No aceptan sus contraseñas. Le interfieren hasta el celular. Nadie le perdona que sea lo que es. Todavía pican los aguijonazos que clavó cuando el revuelo que armaron con el caso de la doctora cubana Hilda Molina.

En aquel momento – como hoy hace ante cualquier tema cubanito. Cu - su voz ganó el ciberespacio para quitarle la ropa a los contrarrevolucionarios de siempre:

En resumen, Yndamiro Restano planteó que el caso de la Dra. Hilda Molina es un asunto puntual, por una situación especial, que en todos los lugares acontece. Sin embargo dijo, hay temas más importantes que la industria mediática de Miami calla como sucede con la violación masiva de los derechos humanos de millones de ciudadanos que el gobierno estadounidense les prohíbe viajar a Cuba. Dos contra uno y las trampas de María Elvira Salazar:

El show de María Elvira mostró ayer su naturaleza corrupta. Un oportunista mitómano y el conductor de un programa pornográfico de Miami, intentaron hacer su sainete mediático con el caso de la Dra. Hilda Molina. Pero el tiro le salió por la culata a los bufones al servicio del aparato mafioso batistiano, que controla esta ciudad. Ya que el poeta y periodista independiente, Yndamiro Restano les "aguó la fiesta".

En resumen, Yndamiro Restano planteó que el caso de la Dra. Hilda Molina es un asunto puntual, por una situación especial, que en todos los lugares acontece. Sin embargo dijo, hay temas más impor-

tantes que la industria mediática de Miami calla como sucede con la violación masiva de los derechos humanos de millones de ciudadanos que el gobierno estadounidense les prohíbe viajar a Cuba. De la misma manera, que pasa con los miles de cubanos a quienes se les impide visitar a sus familiares cuando ellos lo deseen o puedan. Los cubanos, que viven en Estados Unidos sólo pueden reunirse con sus familiares cada tres años.

Posteriormente, se efectuó un careo entre los participantes y la conductora del programa María Elvira Salazar, se colocó - como siempre hace - del lado de los contrincantes de Yndamiro Restano. Durante las discusiones, tanto Loret de Mola, que así se llama el oportunista dolarizado; como Javier Seriani de origen argentino, el conductor del programa pornográfico de Miami; dieron muestras de su incultura; su frivolidad y su obsesión enfermiza por el dinero.

Seriani, específicamente, acusó a Yndamiro de odiar a los Estados Unidos. Sin embargo, el periodista independiente, que defiende el derecho de los ciudadanos a viajar libremente, es quien ama y respeta verdaderamente al pueblo estadounidense. Por el contrario, Seriani, que apoya la restricción de las libertades de los ciudadanos, no ama más que el dinero que está haciendo en Miami con su pornografía mediática y le importa poco el pueblo de Estados Unidos. Por su parte,

Yndamiro Restano le dijo que él creía en Walt Whitman, en Emerson, en William Faulkner, pero no en Truman ni en Bush ni en la Condoleezza. Obviamente, ninguno de los contrincantes sabía quienes eran el poeta, el filósofo y el novelista en quienes cree el periodista independiente. Por supuesto, les quiso decir que el creía en el espíritu de la nación y no en sus hombres de poder.

Precisamente, cuando escribo esta nota, he recibido varias llamadas telefónicas y me comunican, que Silvio Armando Pérez Roura, el bochorno de Ceiba Mocha y miliciano arrepentido que se auto titula líder del exilio anticastrista, - como buen asalariado de la mafia miamense - está atacando furiosamente a Yndamiro Restano desde los micrófonos de su emisora radial. Javier Seriani, también está haciendo lo mismo, desde su programa. Incluso, están ofendiendo a la familia del periodista independiente y particularmente, al padre de Yndamiro, el Sr Julio Restano.

El miliciano arrepentido, dice que el padre de Yndamiro Restano fue fiscal durante los juicios contra los criminales de Guerra celebrados al principio de la Revolución Cubana: Y esto es cierto. Sin embargo, Pérez Roura oculta y no dice que en aquel momento, él gritaba y pedía

415

"PAREDÓN" *para aquellos reos juzgados por sus crímenes.*

Ayer, en el programa de María Elvira Salazar, salió chorreando lodo la entraña maligna de la contrarrevolución anticubana de Miami. En la noche del miércoles 28 de Mayo del presente año 2008, se enfrentaron en ese espacio televisivo, el amor a Cuba y a la humanidad de Yndamiro Restano y la obsesión por el dólar de Loret de Mola y Javier Seriani, quienes apoyados por María Elvira Salazar, son mercenarios al servicio de La Mafia de Miami, que controla la Industria Mediática y siembra cada día el terror en el Condado Miami-Dade.

La historia los ha condenado y su cosecha futura nada se avecina. De la semilla del odio sólo nacen culebras.

Verbo vivo que él mismo, con el tiempo que ha transcurrido desde entonces, guarda más allá de su memoria, porque contrario a lo que muchos creen – e incluso afirman- por esta conducta verdaderamente revolucionaria frente a los ataques de su querida Cuba sufre hoy una secuela de daños y perjuicios, tanto económicos como sociales.

"Desde los sucesos del niño Elián González vengo denunciando a la Jefatura de la Mafia de Miami y a sus asalariados, con escrito como el siguiente", cuenta y nos muestra:

Ha existido y existe una Mafia cubana dentro de la Comunidad en el Exterior que se desplazó con el triunfo de la revolución para Estados Unidos de Norteamérica y otros lugares en el mundo. Su Jefatura radica en la Ciudad de Miami, Estado de Florida, EE.UU, compuesta en muchos casos por oportunistas que no han luchado ni en favor ni en contra de la Revolución Cubana. Estos elementos, como otros, que si lucharon en favor y otros en contra de la revolución de 1959, que comanda Fidel Castro, se quejan impacientes de que Washington D.C., no acaba de dirigirse hacia Cuba mientras proclaman un supuesto vínculo del Gobierno Cubano con el terrorismo.

Después se ponen bravos cuando los acusamos de: PLATTISMO. (Es en referencia a la Enmienda Platt que le impuso los Estados Unidos a la Constitución cubana de 1901)

Estos cubanos pretenden y desean para la Patria que los vio nacer la destrucción y la muerte con tal de acabar con sus adversarios. Lloran y piden diariamente durante años a todas las administraciones del gobierno estadounidense la intervención militar en Cuba.

Ahora bien, todo es producto de como dice el Dr. Jesús Arboleya Cervera, la extrema derecha cubano-estadounidense evoluciona desde su origen cubano para

convertirse en un grupo político estadou-
nidense. El tema de Cuba- elemento de
cohesión cultural para el conjunto de la
comunidad cubano-estadounidense y
fuente de los extraordinarios privilegios
recibidos por los inmigrantes cubanos, ha
servido a la extrema derecha para impo-
ner su hegemonía en el enclave y para
conectarse con los grupos de poder en Es-
tados Unidos interesados en el derroca-
miento de la revolución cubana.

"Jesús Arboleya Cervera, es Doctor en
Ciencias Históricas y profesor de la
Universidad de La Habana. Ha publi-
cado libros y numerosos ensayos sobre
los temas de la emigración y el exilio
cubanos. Ganó premio en el Concurso
Internacional de Ensayo Pensar a Con-
tracorriente, con el trabajo titulado La
revolución del futuro", argumenta y
nuevamente su cubanía resplandece por
encima de la adversidad de su presente.

Es un hombre sencillo, aun cuando su
alta estatura impone una fisonomía que
impacta y enmascara, a veces, la extraordinaria nobleza de su espíritu. De esos
malestares del alma que le asaltan sus
noches de vigilia recuerda el incidente
que aconteció a un amigo, solo por el
simple hecho de que él lo estaba apoyan-
do.

"Me sentí muy mal con la pérdida de
las elecciones de mi amigo Raúl Martí-
nez – narra - **ya que, aunque no fue mi**
persona el motivo de la derrota por la

alcaldía de la Ciudad de Hialeah si se aprovechó Carlos Hernández, el ganador.

"Sacaron por internet con volantes a las calles que Raúl Martínez estaba siendo apoyado por los elementos castristas como yo, que era un Agente desinformador al servicio de la dictadura comunista de Cuba. En fin, esas mentiras siempre afectan a políticos, mucho más si es del Partido Demócrata.

"Este muchacho, Carlos Hernández, de la Ciudad de Hialeah, es un mal agradecido, traidor a la amistad. Recuerdo como todo comenzó siendo el sargento de la policía. Me abordó en los portales del Restaurante El Chico, solicitándome que le hablara al Alcalde - en ese entonces - Raúl Martínez, para que lo retirara de la policía y le ayudara a postularse para concejal de la ciudad.

"Hacia varios años que lo conocía por ser amigo de mi primo Herman Echevarría, que había sido por varios años Concejal de la ciudad y amigo de Raúl Martínez, hasta que rompió su promesa de fidelidad a la amistad, postulándose para la alcaldía contra Raúl por consejos y promesas de apoyo de Lincoln Díaz Balart y de Ileana Ros-Lehtinen, ambos en el Congreso Federal de EE.UU, y de origen cubano.

"Este primo mío - por parte de mi padre - es otro que también nos clavó un puñal por la espalda. Pero bueno, continuando con el caso de Carlos Hernández, hablé con Raúl Martínez y le conté lo que me había dicho Carlitos Hernández. Raúl lo recibió y le ayudó, lo nombró teniente de la policía, al año lo retiró y endosó en las elecciones del Municipio de la Ciudad de Hialeah para concejal.

"Salió por cuatro años, después ya se sabe la historia y trayectoria de él, siguió los pasos de mi primo Herman Echevarría en ser un traidor a la amistad. Claro, con la diferencia que Herman Echevarría perdió las elecciones contra Raúl Martínez en aquel entonces.

"En fin, todos ellos al servicio de la mafia de Miami han organizado la mafia de Hialeah con el pretexto del anticastrismo. En definitiva no son nada, son oportunistas que cogen la problemática cubana para sus intereses personales".

Su agenda descansa sobre la mesita de la computadora. Es una escalera de notas importantes. Año tras año, desde que llegó al sur de la Florida y se dedicó a vivir en un exilio que desentrañó con pesadillas y le cobra con su propia sangre, tiene ahí, como en varias carpetas de su garganta virtual, la valentía y transparencia de sus actos.

Su batalla con el **"gusano rojo"** viene a la conversación:

"Este Guillermo Milán Reyes radicado en Suecia trata de confundir, desde Suecia, a todas las comunidades del mundo. Yo le digo así porque es traidor a la causa de la revolución cubana, un difamador. Un ave rapaz que está al servicio del padrino de Europa, el cubano americano Carlos Alberto Montaner, un asalariado de la de jefatura de la mafia de Miami y agente de la Central de Inteligencia (CIA).

"Su alegato es que en Cuba no hay democracia. Claro, no la democracia que desean los entreguistas y vende Patria. Mi enfrentamiento con él ha sido duro, lo mismo que él conmigo. Por internet anda navegando este contrapunteo todavía."

Entonces, recuerda que el sitio digital "PorsiempreCuba" lo creó en el año 2000, con el objetivo de dar a conocer a la comunidad latina en Estados Unidos y, en especial a la cubana, residente en cualquier lugar del mundo, las noticias nacionales e internacionales del panorama latinoamericano.

Y resalta que su otro portal, Combate News, es un órgano nacionalista e informativo, identificado con la idea de la independencia y soberanía de Cuba, el cese de las agresiones norteamericanas a la

Isla, el levantamiento de las sanciones políticas y económicas impuestas por más de 40 años a los cubanos y el restablecimiento de relaciones diplomáticas entre ambos países.

Son las armas de la palabra y la tecnología las que tiene a su alcance y allí, donde la luz de las estrellas anuncian el infinito, Pedro, cubano y martiano, pinta soles para todos.

¡Qué manera de sentirme bien, caballero, qué manera...! Mira cómo vienen el coquipelado y el bodeguero de la Plaza. Se dieron los buenos lagueres. Y no cabía nadie más en las calles. Esto está rico, anunciaron muchas medidas que acabarán con el relajo y el paternalismo. Yo me voy a sacar la patente y pincho con el cuñao. El camión si que da un melón largo, ni con las Yutong se arregla el transporte en Cuba, de La Habana a Santiago cuesta un melón.

Oyeeee negra... ¿qué bolá? ¿Trajeron o no la leche en polvo? Estoy escachao y ahora con lo que viene, hay que bailar antes que cierren la pista. Mañana te veo, tengo un cuadre ahí y...

Se toca el reloj Orient y dobla la esquina de la Calzada 10 de Octubre como un rayo. Apenas se percata que la mulata que le rompe el coco le pasa por al lado. Ella está en lo suyo. Hace dos días que llegó el marido de Italia. La tarde cae con su plomizo sol crepuscular y pinta sombras entre los caserones soberbios que aprietan, de tramo en tramo, los viejos edificios que no esconden aquellos largos tiempos en que fueron los estrenos de La Habana.

Lejos de allí, a la misma hora, perdido entre la gente y el tránsito, otro negro igual que él, pero con un sombrerito a lo Frank Sinatra, encendía un Malboro. No traía rumbo. Desde aquel día en que un cura lo bendijo cuando llegó de la Base de Guantánamo firmó un pacto secreto con el diablo. Quedó sin nombre y dejó a las olas del mar el apellido.

¿DERECHA O IZQUIERDA?

Pedro mira el largo cuestionario y enciende la computadora. Abre la ventana y apaga el aire acondicionado. Necesita oler el viento. Agarrarlo con los peñones carcomidos del sur de sus entrañas. Absorberlo. Los puertos y los faros se despiertan. Un cañonazo le devuelve la razón.

Mira al televisor. Anuncian un show de un cubano famoso en su country. No porque es hijo del hijo del otro hijo. Ahora sí es hijo del padre, el hijo y el espíritu santo. La saliva es verde y trae un cuño de estrellas importadas. Los dientes muerden el vientre de la madre. Ríe de Oringa. Tal vez sea eso, eternamente oringa.

Rodríguez Medina empuja la primera letra. Nuevamente hierro contra hierro.

El tema de los derechos humanos puede ser un buen material de estudio para OVNI (Objetos Voladores No Identificados). En la biblia Caín mató a Abel y Poncio Pilatos se lavó las manos.

No tiene pereza, quiere responder el cuestionario.

LÓGICAS DIALÉCTICAS

G.G.G: En el diferendo Estados Unidos - Cuba ha marcado como pauta el tema de los Derechos Humanos. En consecuencia, Cuba ha sido llevada por años al banquillo de los acusados en las Asambleas de las Naciones Unidas. ¿Usted considera que en Cuba se violan los Derechos Humanos?

P.R.M: El caso de los derechos humanos es discutible. Se violan en todos los países del mundo. Estados Unidos ha llevado a Cuba al banquillo en Naciones Unidas sin éxito, y Cuba ha llevado y continuará llevándolo por el criminal bloqueo al pueblo cubano.

Lo que hay que reflexionar es sobre los humanos derechos que tiene el pueblo cubano.

G.G.G: Partamos de que las comparaciones no son buenas y que hablamos de dos sistemas sociales diametralmente opuestos. Con esta acotación, ¿Considera Usted que en los Estados Unidos no se violan los Derechos Humanos? ¿Hasta dónde es cierto que hay democracia y esa libertad de expresión que los grupos de derecha, los contrarrevolucionarios y la disidencia interna de la Isla alegan que no hay en Cuba?

P.R.M: Las alegaciones de los enemigos siempre existirán, ellos son irreconciliables. Los grupos de la derecha del exilio, los disidentes y contrarrevolucionarios son la misma cosa. Los derechos humanos – repito – se violan en todos los países del mundo. La democracia de Estados Unidos es representativa, representa a los grandes intereses políticos, sociales y económicos.

G.G.G: Usted ha tenido el privilegio, vamos a decirle así, de crecer y vivir en sociedades y entre personas de diversas ideologías, asunciones patrióticas y comportamientos humanos muy diversos. ¿Existía en Cuba, antes del triunfo revolucionario libertad de expresión, respeto a los Derechos Humanos y una sociedad civil mayoritaria con una calidad de vida sostenible y en ascenso?

P.R.M: Cuba antes del triunfo revolucionario, era un país próspero en comparación con los países de América Latina, tenía el apoyo directo del capital nacional y extranjero, principalmente el de Estados Unidos. En esa época no se hablaba de derechos humanos. Cier-

to es que existían diversas ideologías y comportamientos humanos muy diversos y sobre todo políticos muy corruptos que se hacían millonarios saqueando el erario público. Una sociedad civil o sea, una élite minoritaria clasista y capitalista que manejaba a una clase media alta. Con una inmensa mayoría de pueblo con una calidad de vida miserable y difícil, tanto en el sector urbano como en el campesinado.

G.G.G: La propaganda anticubana, en general, cuando ataca directamente a los líderes de la Revolución y, en especial al Comandante en Jefe Fidel Castro, le hacen responsable de la pobreza y del subdesarrollo que para ellos se traduce en estado de miseria y hambre que vive hoy el pueblo cubano. ¿Considera usted que en alguna medida, la mínima medida, esto es cierto? ¿Ha visto pasar hambre y ha encontrado una realidad depauperante en los muchos viajes que ha realizado a la Isla?

P.R.M: Cierto es que no se ha hecho lo suficiente para sacar adelante varios renglones de producción, pero por otra parte hay que considerar - lo que no hace la propaganda anticubana – que Cuba nunca ha sido un país desarrollado y, que lleva medio siglo con sanciones económicas y bloqueado por la primera potencia del mundo. En mi estudios y visitas a la Isla he comprobado que existen muchas necesidades, pero no hambruna – como en otros países – ni hambre como dice la propaganda de la contrarrevolución.

G.G.G: Usted creció en medio de una familia burguesa, por parte de madre, y simpatizante activa de la dictadura de Fulgencio Batista, por parte paterna. ¿Notó alguna vez en ambas posiciones clasistas alguna preocupación, voluntad personal o política de hacer bien público, respetar los Derechos Humanos y trazar políticas y destinar fondos para mejoras sociales de los cubanos? ¿Tiene algún ejemplo que pueda testimoniar la conducta social del gobierno de Batista? ¿Cuál es para Usted una dictadura: el Gobierno de Fulgencio Batista o el de Fidel Castro como lo quieren hacer ver y demostrar quienes están en contra de las ideas socialistas y de la Revolución Cubana?

P.R.M: No creo, a ese nivel no, pero individualmente sí vi muchas ayudas. El gobierno de Batista fue un desastre, en algunos momentos trató de ser demócrata y en otros dictador. En definitiva, predominó la censura, las torturas, el asesinato político, el latrocinio y gobernó dictatorialmente utilizando los estatutos.

El gobierno revolucionario de Cuba se supone sea la dictadura del proletariado, cosa que me gustaría sea así.

G.G.G: Entre los tópicos que se han esgrimido históricamente contra Cuba para acusarla de violadora de los Derechos Humanos está, según los voceros de Estados Unidos, la situación en que viven los niños y los jóvenes cubanos. ¿Considera Usted que este segmento de la población en la Isla está vejada en sus ejercicios de libre elección, tanto física como moral? ¿Encontró en Cuba alguna vez niños tristes, miedosos, sucios o mendigos como los ilustran las campañas anticubanas? ¿Se le lava y adoctrina el cerebro con ideas comunistas a estos grupos etarios?

P.R.M: **En Cuba no existen niños en las calles ni aeropuertos pidiendo limosnas. Todos ellos están en sus escuelas y todos con sus uniformes y zapatos. Es una de las tantas difamaciones de la campaña anticubana. La juventud cubana tiene a su alcance los beneficios que no tienen jóvenes en otros países de nuestra América.**

G.G.G: La Operación Peter Pan desarraigó a muchos niños cubanos de su identidad histórica y familiar. También se culpa al gobierno revolucionario de condenarlos a vivir en el exilio y alejados, en mayoría, de crecer bajo la tutela de sus padres. ¿Para usted, quién es el verdadero responsable de esta Operación? ¿Usted cree que estos niños han sido más felices en USA? Como investigador privado y sin romper ninguna regla ética,

¿conoce casos donde se pueda ilustrar su respuesta anterior?

P.R.M: No tiene perdón de Dios los que fraguaron esa Operación Peter Pan. Fue un desastre para la mayoría de esos niños. He investigado ampliamente ese caso, que preparó el gobierno de Estados Unidos con la Iglesia Católica Apostólica y Romana con algunas instituciones tituladas civiles y religiosas, al servicio de la Agencia Central de Inteligencia (CIA). Inventaron la patria potestad donde hicieron la propaganda desde Estados Unidos, diciendo por todas las vías que el gobierno cubano les quitaría sus hijos a los padres.

Y hasta mi querida madre mandó por esa vía a mi medio hermano José Carlos, su final fue que lo reclutaron y enviaron a la guerra de Viet Nam, donde lo desmovilizaron por trastornos mentales.

G.G.G: ¿En Estados Unidos se respetan los Derechos Humanos de los niños? ¿Piensa Usted que se adoctrinan bajo las ideas capitalistas? ¿Todos los niños y jóvenes estadounidenses tienen las mismas oportunidades? ¿Hay algún rasero diferenciador entre los niños y jóvenes americanos y los hispanos, incluidos los que nacen en Estados Unidos?

P.R.M: Existe diferencia entre unos y otros, los jóvenes de origen cubano en

sus años de estudiantes se consideran iguales a los anglos, pero a medida que van creciendo se van dando cuenta que no es así, cuando se sienten discriminados por ellos. Claro, no todos los casos son iguales, pero sí en una inmensa mayoría nos discriminan.

Los niños y jóvenes cubanos no hay que adoctrinarlos, ya que ese adoctrinamiento es contante en la vida cotidiana con las películas, los programas de televisión y con la enseñanza de sus mayores hablando en contra del sistema de Cuba.

G.G.G: Según su experiencia existencialista, ¿Dónde el ser humano tiene verdadero sentido de vida, en el socialismo o en el capitalismo? ¿Las personas en Estados Unidos viven sin problema alguno? ¿Hay garantizados de hecho una niñez y una vejez feliz? ¿Se respetan limpia y esencialmente los Derechos Humanos?

P.R.M: Indudablemente, en el socialismo existe más seguridad – en todos los sentidos – que en el capitalismo. La niñez está completamente asegurada. Pero en la vejez, ahí hay un cambio sustancial, aunque en el socialismo los ancianos tienen su seguridad en el capitalismo también, de distinta manera, pero tienen su vejez asegurada, si trabajaron contribuyendo a su retiro. De lo contrario, no tienen nada asegurado, cosa que en el socialismo sí tienen esa ventaja.

G.G.G: ¿Cómo clasifica Usted, partiendo del concepto integrador de los Derechos Humanos, el asedio y los acosos que ha recibido en su persona por defender sus principios nacionalistas y martianos? ¿Siente Usted trasgredidos sus Derechos como ciudadano cubano – americano? Razonando sobre esta arista conceptual, ¿Usted cree que a los llamados presos de conciencia el gobierno cubano les ha impedido el ejercicio de sus Derechos Humanos? ¿Hay alguna diferencia con el tratamiento que se dan entre sí los representantes del pluripartidismo, la mafia anticubana y los propios congresistas de la Cámara Alta del Senado de Estados Unidos?

P.R.M: Los asedios y acosos que he recibido y que recibo son por los elementos extremistas titulados verticales anticomunistas, y los que se le han plegado por oportunismo. ¿Los Derechos Humanos?, solo lo he sentido cuando tengo que viajar en avión, me registran en un lugar aparte como si fuera un terrorista ya que me tienen en una lista negra.

No soy cubano americano, soy residente en EE.UU, y viajo con mi pasaporte cubano. ¿Presos de conciencia?, no entiendo eso, para mí solo existen presos comunes, poli común – que son los que han cometido delitos políticos y común al mismo tiempo - y presos políticos. Los actuales prisioneros por delitos contra los poderes del Estado o por estar al servicio de una potencia extranjera tienen el rigor de su sanción, y tienen una disciplina que cumplir de Cárceles y Prisiones.

Congresistas de origen cubano en Washington DC, la mafia anticubana y los que abogan por un pluripartidismo, son contrarrevolucionarios que se sienten impunes por el apoyo de las distintas administraciones.

G.G.G: ¿Dónde considera Usted que se violan y vetan los Derechos de libre expresión, democracia participativa y ética de principios patrióticos: en la Casa Blanca o en el Parlamento Cubano?

P.R.M: En la Casa Blanca no existe democracia participativa, solo tienen libre expresión y éticas de principios patrióticos. En el Parlamento de Cuba sí existen las tres. Democracia, éticas de principios patrióticos y libre expresión.

G.G.G: La mujer norteamericana, ¿hace pleno disfrute de sus Derechos Humanos?

P.R.M: La mujer norteamericana tiene más derechos humanos que los hombres.

G.G.G: ¿Quién en Estados Unidos cumple y disfruta a pie de letra los principios y normativas de la Declaración Universal de los Derechos Humanos? ¿Usted cree que la Unión Europea pueda ilustrarse como paradigma para el resto de las naciones?

P.R.M: No, repito, los derechos humanos se violan en todas las partes del mundo. Que tire la primera piedra quien esté libre de pecado.

Por allá – o por aquí – las geografías no son las que imponen las distancias. Tener el crédito o las siglas de alguna organización importante o reconocida no significa siempre andar entre los pañales del decoro. Dicen que debajo de cualquier piedra sale un sapo.

Lo que sí pasa y por más de cuatro décadas – para los justos y los injustos, pecadores y ángeles – es que la Asamblea de las Naciones no acaba de ponerle el cascabel a la verdad y hacer honra de las votaciones. Siempre el derecho se va por la derecha.

Cuando los cubanos, con su Resolución 65/6 "Necesidad de poner fin al Bloqueo Económico, Comercial y Financiero impuesto por los Estados Unidos contra Cuba" recibieron el NO de ese imperio brutal e Israel, contra las 187 naciones que les dieron la razón a la Isla y tres que se abstuvieron (Islas Marshall, Palau y Micronesia), el calendario 2011 estrenó un lucero negro y volvió a escupir pus hegemónico sobre la galaxia.

Bendita la Declaración Universal de los Derechos Humanos. Con tanta escasez y los cambios climáticos, la infeliz no puede comprar tinta para anexarle esencias. Todavía nadie se acuerda que existe un Tercer Mundo.

Hoy estoy romántico. Me voy a dar una vueltecita por el agro. Dice la lengüilarga de Rosa que llegaron los inspectores y se formó la corredera. Bajaron la malanga de precio y la fruta bomba. Seguro se jodió el Chino, ayer me dijo que iba a hacer un tirito de aguacate y ese no tiene ni madre.

Guantanamera...guajira guantanamera... yo quiero cuando me muera...sin patria pero sin amo, tener en mi tumba un ramo de flores y una bandera.... ¡¡¡qué rico, carajo!!! Venga fiesta... esto es Cuba y no hay más na'....guantanameraa...guajira guantanameraaaaa...

¡Qué mulata...mami...te como hasta la raspita! Ya tengo el carro vendío y con eso arreglo la casa en Varadero. Guara. Raúl si está poniendo la cosa buena. Cincuenta años, coño, pero llegó lo que tenía que llegar...songoro cosongo de mamey... ¡Mulata me tienes loco! ¡Ay mamita...! Guantanameraaaaa.... Guajira guantanamera...yo soy un hombre sincero.... De donde crece la palma y antes de morirme quieroooooo echar mis versos del alma....

PARA SIEMPRE

Primer Comité en Miami por la Libertad de Los Cinco antiterroristas cubanos prisioneros en cárceles de EEUU.

Al centro, a la izquierda de Pedro, el señor Max Lesnick, en otro momento de la constitución del primer Comité por Los Cinco en Miami.

Tampa, Universidad de la Florida: conferencia de constitución de una filial de la Alianza Martiana, habla Delvis Fernández Levy, presidente y fundador del Fondo Educativo de la Alianza Cubano Americana (CAAEF).

En Tampa, con el señor Cuza, Caito, Ariel, Pedro y delante Juanito – ya fallecido - en otro de los instantes donde se hicieron actividades de La Alianza Martiana.

En la Embajada de Washington DC, junto al entonces Embajador Remírez de Estenoz, cuando se presentó el afiche para recaudar fondos para la campaña de Los Cinco, así como con fines de propaganda y adquisición de fondos que se utilizarían para la creación de la programación radial de la Alianza Martiana, Radio Miami.

GRACIELA GUERRERO GARAY

Capítulo IV

Sin Final

Espinas

XXVIII-

Amor, de grano a grano,
de planeta a planeta,
la red del viento
con sus países sombríos,
la guerra con sus zapatos de sangre,
o bien el día y la noche de la espiga.

Por donde fuimos,
islas o puentes o banderas,
violines del fugaz otoño acribillado,
repitió la alegría los labios de la copa,
el dolor nos detuvo
con su lección de llanto.

En todas las repúblicas desarrollaba el
viento su pabellón impune,
su glacial cabellera
y luego regresaba la flor a sus trabajos.

Pero en nosotros
nunca se calcinó el otoño.
Y en nuestra patria inmóvil
germinaba y crecía
el amor con los derechos del rocío.
(Pablo Neruda)

Como siempre, va a entrar a su página
en uno de los Blog cubanos de los que es
miembro. Se sorprende. Le han vetado la

entrada. Un nuevo dolor le sacude su ya enfermo corazón.

Empieza a navegar por el ciberespacio. Trata de encontrar una causa. Se detiene. Su autobiografía no es apta para estrecheces. Lo comprende. La costumbre es más grande que el amor. No es ni será el último incomprendido. Pero duele. A Pedro Rodríguez Medina le duele.

Acaricia a Titán, un pequeño y meloso perro de origen inglés que comparte sus monólogos y soledades, los desencantos y las alegrías. Siempre parece comprenderlo y le alivia momentos como estos.

Se le salen las palabras, acariciando la bonita cabeza de su compañero de vida. Ahora quisiera ser una de esas zorras que casaría Titán dentro de una cueva. A veces, lo adormila en el cansancio de las actitudes ajenas. No juzga. Le gusta que le digan la verdad de frente.

...”me sacaron de Blogueros y Corresponsales de la Revolución...creo que de poco sirvió estar con ellos en el primer encuentro...al menos, debieron avisarme, Titán...

Su mascota le salta sorprendentemente encima y le hociquea la cara. Quizás sea el único que lo comprende. Seguro son problemas de las reglas: El perro es el mejor amigo del hombre.

Va la computadora y busca las memorias que dejó LA POLILLA CUBANA' WEB LOG. Relee aquel resumen que cruzó las redes por los cuatro puntos cardinales.

Y, desde la otra orilla, un cubano re-
yoyo, Director y Editor de la web que
se precia de colocar las "noticias más
combatidas, por combativas, de la comunidad cubana en el exterior", COM-
BATE NEWS, el querido Pedro Rodríguez Medina, regalándonos un rico
anecdotario de su vida dentro del nido
mafioso de Miami. No faltó el momento
poético, con las simpáticas décimas de
Vick Gómez Millar, dedicadas a Pedro:

Pedro Rodríguez Medina
tuvo buena inspiración:
Blogueros, Revolución,
y en su estructura se empina.
A hombre, cuando domina
la mejor inspiración,
puede abrir el corazón
y de manera sencilla
abrazar a una Polilla
y eso sí es un notición.
¡¡Uno de esos días especiales, que
guardamos para siempre en nuestros
corazones!!

Suena el celular. Su amigo Andrés Gómez, coordinador de la Brigada Antonio
Maceo y director de la revista Areito digital, le había enviado un email para citar-
lo al Círculo de Estudio.

443

BRIGADA ANTONIO MACEO

NOTA INFORMATIVA
POR LA PRESENTE SE INFORMA A
TODOS NUESTROS COMPAÑEROS
QUE NUESTRO PRÓXIMO CÍRCULO
DE ESTUDIOS SE EFECTUARÁ EN:
LUGAR: ALIANZA MARTIANA
(3009 NW 7TH STREET, MIAMI)
DIA: MARTES 17 DE JULIO DE 2012
HORA: 8:00 PM
LE ROGAMOS SU MÁS PUNTUAL
ASISTENCIA.

Tiene que chequearse la presión. La memoria debería bloquear las heridas de la psiquis. Todavía tiene una conversación pendiente con Norelys Morales, la fundadora de Blogueros.

...” es un sitio web para los revolucionarios y como yo no lo soy me eliminaron...”

El ovillo de sus terminaciones nerviosas echa a rodar. Muchas razones lo hacen volver a Cuba y lo hará. Solo es cuestión de tiempo. Titán empieza a correr como un loco. Puede que ande a la par de sus neuronas. No puede negar lo que es y mucho menos lo que fue. Las aguas pasadas si mueven molinos.

Pedro Rodríguez Medina.
Ex-preso político cubano.
Condenado a 20 años de prisión y concluso a sentencia de 30 años - hasta

1979, que fue puesto en libertad por el diálogo entre la Comunidad Cubana en el Exterior y el Gobierno de Cuba - a otra causa por infiltración y Atentar Contra los Poderes del Estado. Actualmente reside en el Condado Miami-Dade, en la Ciudad de Hialeah. Estado de la Florida, EE.UU. Es fundador de La Alianza Martiana y de La Fundación para la Normalización de las Relaciones US/CUBA. (FORNORM).

No ha renunciado a la ciudadanía cubana asumiendo otra nacionalidad ni piensa hacerlo. Miembro de la comunidad cubana en el exterior, planteando la tesis del Cambio Lento Seguro y Generacional. Nacionalista y Martiano. Defensor de la Soberanía Nacional de Cuba. Está en contra del Bloqueo a Cuba. No acepta la doble ciudadanía. Fue Director del Miami Technical College durante nueve años.

Actualmente está retirado y continúa de Asesor de Investigaciones Privadas y Seguridad Preventiva. Es Director-Editor de Combate News y Presidente de Hialeah-Habana Travel, Inc. Por sus actividades comunitarias ha sido reconocido con proclamas en tres ocasiones por el Alcalde y los Concejales de la Ciudad de Hialeah, una por Hialeah Housing Authority y en cuatro ocasiones por la Cámara de Comercio

Latina de Hialeah y, por la Asociación de Comerciantes y Profesionales de Hialeah.

Fue fundador de organizaciones contrarrevolucionarias, entre ellas: "Federación Mundial de Ex-Presos Políticos". "Ex-Club" Asociación de Ex-Prisioneros Políticos y Combatientes"." La Cumbre Patriótica Cubana." "Ideología y Combate".

"Partido Nacionalista de Centro". Perteneció al Estado Mayor de la Jefatura del Campamento de entrenamientos de la Brigada de Asalto 2506, y posteriormente pasó a ocupar el Mando del Campamento de entrenamientos de la Federación Mundial de ex presos políticos. Escribió en algunos Tabloides del Condado Miami-Dade, y decidió hacer su propio periódico que le llamo Combate News. Le dicen: "El Periódico y las Noticias más ¡Combatidas por Combativas! de la Comunidad Cubana en el Exterior. "El Colegio Nacional de Periodistas de Cuba" (en el exilio) le otorgó Placas de Reconocimiento. El periódico MIAMI HERALD en su edición de los domingos en el NEIGHBOUR, en entrevista a Rodríguez Medina, en su página principal sacó la foto de Combate News diciendo: el mejor Tabloide del Condado Miami-Dade.

Actualmente continúa siendo su Director-Editor y está en Internet en el sitio web:

http://mx.groups.yahoo.com/group/CO
MBATENEWS
http://combatenews.bligoo.com.mx/fron
tpage" \t
http://combatenewsporsiemprecuba.bli
goo.com/diffusion/site" \t

Quita suavemente sus sandalias a Titán, que las trae en la boca como un hueso récords Guinness. Cierra la ventana
del ordenador que le desboca su carta astral. Tendría que buscar la ley del perseguido. Quién sabe si ya viene de vidas
anteriores. El impaciente ratonero lo
mira y ladea la cabeza. Para las orejas.
Puede que su inteligencia canina no sea
tan caníbal como otras.

New York. La candileja del águila. Trai-
ción otra vez. El hombre tropieza y tropieza. Las piedras no se acaban. Los comercios están llenos de zapatos.

...»No podía creerlo... Felipe Pérez
Roque en eso. Y eso que me dijo una
vez que nos encontramos que yo me
podía dar el lujo de atacar a estos con-
trarrevolucionarios, con el argumento
de que nunca fui revolucionario ni co-
munista, y sí contrarrevolucionario...
Vamos, Titán, vamos a comer, que
duele el estómago...»

Tampoco pudo contener la otra imagen
que llenó como relámpago su mente. Fue

447

en La Habana, en el Palacio de las Con-
vecciones. Felipe Pérez Roque.

"...te imaginas Pedro, que tu actitud es más revolucionaria que muchos que se dicen revolucionarios. Coño, Fidel estaba delante y movió la cabeza..."

"Loco" come de prisa y se pasa la lengua por el hocico. Le brillan los ojos. Sabe que ya es hora de dormir. El cerebro debe tener paz cuando los minutos se secan en la espera.

Hoy tiene un día agitado. Se siente bien. Las fracturas de las costillas, después de la caída en el patio por no lastimar a Titán, le han dado tregua. Andrés Gómez lo ha invitado a una actividad que convocó la Alianza Martiana en el Hotel Embassy Suites, en 3974 NW South River Dr., a las dos y media de la tarde.

"Fue un encuentro muy bueno de solidaridad con nuestro CINCO héroes –cuenta-. Estábamos aproximadamente cien personas y en dos oportunidades, Andrés haciendo historias sobre la impunidad de los terroristas y en otra, con relación al diálogo de la emigración en Estados Unidos con las autoridades cubanas - que terminó con más de tres mil presos políticos que pusieron en libertad y dejaron salir de Cuba con sus familiares de 1978 – 1979. Me preguntó si era correcto lo que él estaba diciendo, todos me miraron y para algunos fue una sorpresa que Andrés me

distinguiera solicitando mi afirmación".

Mira el almanaque. El tiempo vuela.
Faltan solo diez días para que el 2012 le
regale un nuevo cumpleaños. Pocos lo re-
cuerdan, pero esta vez julio le regala
buenas nuevas. Compartir con el grupo la
actualización que hizo Andrés del actual
proceso de apelación de los CINCO llenó
su espíritu. Las dolencias lo tenían demasiado tiempo dentro de la casa. El sol
había salido para todos.

Alguna estrella anda de amores por el
firmamento. Otra sorpresa viene en una
llamada telefónica. Es como un regalo. Lo
acaban de invitar a un programa sobre la
campaña del Partido Socialista de los
Trabajadores. Se suma. Estará con ellos
para celebrar el aniversario de la primera
batalla de la Revolución Cubana. A las
siete de la noche parquea su carro en 719
NE 79th, St. Miami, a esa hora, es una
ciudad embrujada.

**"Fui a la reunión con el Partido Socia-
listas de los Trabajadores** – dice y su
voz se siente optimista- . **Se pusieron
contentos ya que hacía mucho tiempo
que no asistía a sus reuniones. Conocí
a la señora que va postulada para la
presidencia de Estados Unidos. Como
te imaginarás, allí todos son nativos
estadounidenses pero me pusieron un**

micrófono para hacerme simultánea-
mente la traducción.

"Al final me dieron la palabra y hablé
con relación a los líderes sindicales de
los obreros del Condado Miami-Dade.
Comimos, bebimos y compartimos como
sinceros camaradas. Todos los presentes saben que no soy ciudadano de Estados Unidos, que soy cubano residente
con mi trayectoria nacionalista y martiana, defendiendo los intereses de Cuba. Ellos complacidos con mi presencia
y con un amor inmenso por la revolución cubana. Son personas sencillas del
pueblo americano, sacrificados por sus
ideales socialistas, comunistas y defensores del proletariado. Dignos discípu-
los de Marx y Lenin."

La noche le parece un oasis. Faltan segundos para que toda Cuba esté en 26.
La Base de Guantánamo seca los queji-
dos de sus muertos y no tiene aserrín para tapar las huellas del grillete.

El Guaso baila. Amaneció temprano esta Santa Ana. Tal vez algún soldado
quiere ir a la fiesta. La cerca y las minas.
En las garitas y las torres de vigilia no
entregan pasaportes ni visas para entrar
a Cuba. Todavía el águila no trasmuta.
Las palomas   blancas no copulan con
aves de rapiña.

En el Condado Miami – Dade la derecha
es un carril con sopa amarga. Y están solos. Le han cortado las alas a muchos buitres.

LONTANANZAS

Rancho Boyeros parece una ciudad parida. Las luces juegan con la oscuridad de la noche. Un enorme planetario de estrellas se cuela por los ojos, mientras el aire que entra por la ventanilla lo hace respirar.

Titán corre de un lado para otro. Es el "loco" que él bautizó entre las mil carreras que hace por la casa y el patio. Lo saca de sus pensamientos. Volver a vivir es recordar.

No sabe que una mujer lo espera, mientras la populosa avenida esconde los secretos de sus huéspedes. Ha pasado el tiempo. Hasta las nubes pasan y la tierra gira.

Se amontona todo otra vez bajo su almohada. Nada es igual, pero tuvo un comienzo. Es difícil perdonar y la amnesia no se vende en la farmacia. Levita. Ya es un hombre libre, con todo a cuestas, pero libre.

En el aeropuerto de Rancho Boyeros está Ramón Mestre Gutiérrez, su amigo y compañero de prisión. Se va, ya le dieron la salida. Con la máquina del tiempo no hay presente, ni pasado ni futuro. Te montas y te vas. Regresas. El infinito es una gota de agua en el océano.

El reloj digital se ha detenido en marcha atrás. Viraron las agujas. Hay más ami-

451

gos de los que pensaba despedir. Ya pronto él estará en estas lides. Después de la cárcel cualquier cosa es una perla.

La madre de Cesar Páez, el que murió de leucemia en la prisión, Eulalia Sánchez de Perales, también se va. Se le acerca. Una pieza se le mueve por algún lado del tórax. No piensa. Solo recuerda al poeta, mientras los ojos femeninos le penetran los suyos.

Poema 1

Cuerpo de mujer,
blancas colinas, muslos blancos,
te pareces al mundo
en tu actitud de entrega.
Mi cuerpo de labriego
salvaje te socava y hace saltar el hijo
del fondo de la tierra.
Fui solo como un túnel.
De mí huían los pájaros
y en mí la noche
entraba su invasión poderosa.
Para sobrevivirme
te forjé como un arma,
como una flecha en mi arco,
como una piedra en mi honda.
Pero cae la hora de la venganza,
y te amo.
Cuerpo de piel, de musgo,
de leche ávida y firme.
¡Ah los vasos del pecho!
¡Ah los ojos de ausencia!
¡Ah las rosas del pubis!

¡Ah tu voz lenta y triste!
Cuerpo de mujer mía,
persistirá en tu gracia.
¡Mi sed, mi ansia sin límite,
mi camino indeciso!
Oscuros cauces
donde la sed eterna sigue,
y la fatiga sigue, y el dolor infinito.
(Pablo Neruda)

¿Su sobrina? La pequeña mano se pierde entre las suyas. Enormes, como el remolino de sangre que sube a la garganta. Ya no tendrá que pensar en cazar las mariposas de la Rampa. Aracelis Fernández Mijares será su esposa. No entrará solo al primer mundo.

El gorgoreo de sus periquitos lo hace aterrizar. Una mueca sonrisa le desdibuja el rostro. ¿Quién puede controlar la vida? El destino está hecho, dice un cuerdo. Para los locos todos son imprevistos.

...Galopa la noche en su yegua sombría

Desparramando espigas azules sobre el campo.

Al fin se duerme. Acaba de entrar en la red social de Facebook y encuentra una carta. Hialeah amanece teñida de azul. ¿Cómo estará La Habana? Y esos recuerdos nuevamente ahí. Sin dolores de más. Titán no se despierta. ¿Roger Ferrer?

Cuando se chequé el azúcar y tome el desayuno, va a responderle.

Sr. Rodríguez-Medina: Gracias por enviarme el acceso a su página. Ayer, entré a la de María Elena Salinas y en ella me llamó la atención su foto y entré a su página, admirándome de como a pesar de sus antecedentes contrarrevolucionarios se produjo en Ud. un cambio radical en cuanto a cuestiones fundamentales como la defensa de la soberanía cubana, su oposición al bloqueo económico y su lucha en pro del acercamiento entre el gobierno de Estados Unidos y el gobierno cubano, entre otras cosas.

Es totalmente comprensible que el ser humano rectifique posiciones y experimente cambios de conducta. He tenido conocimiento de que ha habido casos parecidos con anterioridad, como los casos de Luis Tornés y el Sr. Moreno, ambos fallecidos y ex brigadistas de Girón. Aunque en los casos anteriores no se registró la misma resonancia que veo ha tenido el caso suyo.

Humildemente, yo lo felicito.

Lo que es raro y sintomático de la inconsistencia ideológica de instituciones del exilio que lo han homenajeado a Ud. en reiteradas ocasiones, y a Juanes porque ha querido ir a cantarle al pueblo de Cuba lo quieran crucificar.

Será una tontería de Juanes, será algo improductivo en cuanto a lograr cambios en las esferas de poder; pero el simple hecho de arriesgar su carrera artística y la venta de sus discos etc. es algo digno de reconocimiento, como ha sido su lucha en defensa de sus ideas.

A Jesús lo abandonaron antes de que "cantara el gallo". A Juanes le han negado su concurso algunos compañeros, por la propaganda sistemática y también, creo yo, porque no todos son capaces de exponerse a reducir sus ganancias y buscarse problemas, como lo está haciendo Juanes.

He oído comentarios tan desatinados como: "¿Por qué no invitan a Willy Chirino y a Gloria Estefan?" Willy Chirino y Gloria Estefan son afines a la ideología del exilio, son declarados enemigos del gobierno cubano. Nada más faltaba que propusieran a Saavedra como promotor del evento, con megáfono y todo. Perdone Ud. la extensión de este comentario.

Atte Róger Ferrer.

Se afeita. Titán sabe que saldrá y da un gemido. Después ladra.

Washington - Al menos 20 millones 500 mil estadounidenses, el 6,7 por ciento de la población, vive hoy en la extrema pobreza, según estadísticas de la Oficina del Censo.

Para esta consideración los expertos to-
man en cuenta que estas personas están
ubicadas en el 50 por ciento o más abajo
del índice oficial de indigencia.

Los datos señalan que este sector es casi
la mitad de los 46,2 millones de norte-
americanos que viven por debajo de la
línea de pobreza.

El Censo considera que para estar en el
extremo de la cadena una persona debe
tener un ingreso individual de cinco mil
570 dólares o menos al año, y de 11 mil
157 dólares una familia de cuatro miem-
bros.

En la actualidad los pobres más indigen-
tes del país están en un nivel récord,
pues una de cada 15 personas enfrenta
esa condición.

...¿y los del alma...? ¿Dónde están los
del alma? Voy a poner esta noticia en
Combate News. Después los tracana-
llas hablan de Cuba...

Mira a sus periquitos con esa ternura
amelada de sus ojos. Sacude la cabeza de
Titán y lo lleva al patio. El ancho espejo
que ocupa toda la pared tiene una imagen. Es apuesta, de semblante firme y
bonachón. El sol entra por la amplia ventana de su cuarto. Hace un cono de luz
sobre el computador.

No hay tonos que jueguen y confundan.
El espejo es un haz con barba blanca.
Hay un hombre. Se ha tragado las sombras. No es un héroe. Puede que esté entre los elegidos de los ciegos. Va al ca-

mino, desnudo, con las manos abiertas. Sangra. Respira. Remienda las baldosas.

Es la primavera. No importa que el diablo disfrace manantiales. O intente confundir al descreído. Anda, porque la lucha trajo la campana y no puede morir en la estampida.

Pedro Rodríguez Medina no quiere un lugar en la historia. Si purga un Karma, es asunto de los dioses. Es feliz y no está solo. Allá, en los infinitos de los tiempos siempre habrá luz. La misma fe lo salva del olvido.

¡Cuba, Cuba, que vida me diste,
dulce tierra de luz y hermosura!
¡Cuánto sueño de gloria y ventura
tengo unido a tu sueño feliz!
¡Y te vuelvo a mirar...! Cuán severo,
hoy me oprime el rigor de mi suerte
la opresión me amenaza con muerte
en los campos do al mundo nací.
Mas ¿qué importa que truene el tirano?
pobre, sí, pero libre me encuentro.
Sólo el alma del alma es el centro:
¿Qué es el oro sin gloria ni paz?
Aunque errante y proscrito me miro,
y me oprime el destino severo;
por el cetro del déspota ibero
no quisiera mi suerte trocar.

(José María Heredia. Himno del Desterrado. Fragmentos.)

Se pone la camisa. Y sale a dar otro combate a la nostalgia. Así, sencillamente, entre las candilejas y el demonio. Donde la Patria no se olvida, las lágrimas son fuegos que matan a los mal nacidos. Mañana habrá puentes y millones de voces sostendrán las columnas. La vida, como el universo, nunca tiene final.

Pedro Rodríguez Medina es, para siempre, un hombre sin sombras. Sueños, tesis y huellas quedarán porque, sin pretenderlo, trae en el pecho esa gloria martiana que cabe en un grano de maíz y multiplica la esperanza en el mejoramiento humano.

Dos pueblos tienen las manos tendidas. Las palomas vuelan. La mafia del águila trae las alas rotas. Nido y pecho hieden a muerto. La nueva era espera por la cordura de los locos. Esos, los que nacieron de una placenta humana.

"Cuando alguien evoluciona, también evoluciona todo a su alrededor. Cuando tratamos de ser mejores de lo que somos, todo a nuestro alrededor también se vuelve mejor."
(De El Alquimista, Pablo Coelho)

El 28 de abril de 2012, en la ciudad de Washington DC, en el Primer Encuentro Nacional de Cubanos Residentes en los Estados Unidos de América, convocado por la Sección de Intereses de Cuba en los EEUU.

De izquierda a derecha: Esposa del Primer Secretario, los Cónsules y Primeros Secretarios, Tomás Lorenzo Gómez y Tito Gelabert Gómez con Pedro Rodríguez Medina.

Foto que tomaron con mis cuatro Periquitos el dia de mi cumpleaños, 25 de julio
de 2012.

Su casa es el oasis donde guarda cada minuto de angustia o alegría. Un lugar donde el verde da vida y sus mascotas le hacen sonreír y soñar casi siempre.

Titán, el divertido perrito de raza inglesa, es su fiel y confidente amigo. Junto a el "loco" - como le dice cariñosamente- pasa sus mejores ratos de entretenimiento y picardía.

Nuestra Bandera cubana, nuestro Héroe Nacional y Apostol de la Independencia de Cuba en la primera gesta emancipadora.

GRACIELA GUERRERO GARAY